经济管理与人力资源管理研究

赵 滨 李 琳 李新龙 ◎著

中国商务出版社
CHINA COMMERCE AND TRADE PRESS

图书在版编目（CIP）数据

经济管理与人力资源管理研究 / 赵滨，李琳，李新龙著. -- 北京：中国商务出版社，2022.9
　　ISBN 978-7-5103-4437-4

　　Ⅰ. ①经⋯ Ⅱ. ①赵⋯ ②李⋯ ③李⋯ Ⅲ. ①经济管理－研究②人力资源管理－研究 Ⅳ. ①F2

中国版本图书馆CIP数据核字(2022)第180845号

经济管理与人力资源管理研究
JINGJI GUANLI YU RENLI ZIYUAN GUANLI YANJIU

赵滨　李琳　李新龙　著

出　　版：	中国商务出版社
地　　址：	北京市东城区安外东后巷28号　邮　编：100710
责任部门：	外语事业部（010-64283818）
责任编辑：	李自满
直销客服：	010-64283818
总 发 行：	中国商务出版社发行部　（010-64208388　64515150）
网购零售：	中国商务出版社淘宝店　（010-64286917）
网　　址：	http://www.cctpress.com
网　　店：	https://shop162373850.taobao.com
邮　　箱：	347675974@qq.com
印　　刷：	北京四海锦诚印刷技术有限公司
开　　本：	787毫米×1092毫米　1/16
印　　张：| 14.5	字　数：299千字
版　　次：| 2023年5月第1版	印　次：2023年5月第1次印刷
书　　号：	ISBN 978-7-5103-4437-4
定　　价：	69.00元

凡所购本版图书如有印装质量问题，请与本社印制部联系（电话：010-64248236）

版权所有　盗版必究　（盗版侵权举报可发邮件到本社邮箱：cctp@cctpress.com）

前　言

　　我国经济形势正处在中华人民共和国成立以来相对稳定、持续增长、经济效益明显改善、生态环境效益开始改善的良好时期。我国经济增长模式正在经历明显的转变，正在从数量扩张型向质量改善型转变，不再盲目追求高经济增长率，而希望是有经济效益的经济增长率。因此，从国际横向比较，尽管近年来中国经济增长率呈减缓趋势，但仍然是全球经济增长率最高的国家之一，也是宏观经济比较稳定的国家之一。

　　人力资源正在成为当今知识经济时代的第一资源，科学管理人力资源是企业发展的当务之急。在21世纪，国家、地区和企业之间的竞争越来越集中于人才的竞争，因此，了解目前企业人力资源管理的状况，人力资源管理的基本理论、方法，掌握人力资源管理的实际操作技能，并了解人力资源管理与企业战略及其他各项管理工作的相互关系，能够使企业全面发挥人力资源管理在企业经营管理活动中的作用。

　　本书共九章，第一、二章介绍了经济学与管理理论及企业管理的一些基础知识；第三章对当前经济进行了宏观的分析；第四章介绍了企业模式的形成及企业在管理方式上的创新；第五章介绍了企业经济管理在信息化发展中的技术选择；第六章介绍了人力资源管理的概念及当前人力资源管理所处的大环境；第七章描述了企业人力资源的战略及规划；第八章的主要内容是人力资源管理者队伍的建设；第九章介绍了人力资源与管理智能的战略转型与优化。

　　编者在本书撰写过程中，借鉴了许多前人的研究成果，在此表示衷心的感谢。由于经济管理与人力资源管理的范畴比较广，需要探索的层面比较深，编者在撰写过程中难免会存在一定的不足，对一些问题研究不透彻，敬请读者谅解，并诚挚地欢迎广大读者以及专家批评指正。

目 录

第一章 经济学与管理理论 … 1
第一节 经济学理论 … 1
第二节 管理理论 … 9

第二章 企业管理基础知识 … 21
第一节 现代企业经营管理 … 21
第二节 现代企业生产管理 … 31
第三节 现代企业战略管理 … 44

第三章 宏观经济分析 … 55
第一节 宏观经济分析的意义和内容 … 55
第二节 总需求与总供给 … 68
第三节 通货膨胀与经济周期 … 76

第四章 企业模式的形成与管理创新 … 91
第一节 企业模式的形成 … 91
第二节 企业管理的创新 … 100

第五章 企业经济管理信息化的技术选择 … 109
第一节 企业经济管理信息化技术 … 109
第二节 企业经济管理信息化技术的增值机制 … 116
第三节 企业经济管理信息化技术选择原则与方法 … 123

第六章 人力资源管理综述 … 137
第一节 人力资源 … 137
第二节 人力资源管理简述 … 145
第三节 人力资源管理的环境 … 155

第七章　企业人力资源战略与规划 ·············· 160
第一节　人力资源战略 ·············· 160
第二节　人力资源规划 ·············· 163
第三节　组织结构与职位分析 ·············· 171

第八章　人力资源管理者队伍建设 ·············· 181
第一节　人力资源管理者的职业化 ·············· 181
第二节　人力资源管理者的任务 ·············· 183
第三节　人力资源管理者的素质要求 ·············· 192
第四节　人力资源管理者的培养 ·············· 203

第九章　人力资源管理职能的战略转型与优化 ·············· 207
第一节　人力资源管理职能的战略转型 ·············· 207
第二节　人力资源管理职能的优化 ·············· 209

参考文献 ·············· 224

第一章 经济学与管理理论

第一节 经济学理论

一、计划经济与市场经济

人类社会解决生产什么和生产多少、如何生产以及为谁生产这三大基本问题的方法有三种，即自然经济方式、市场经济方式和计划经济方式。

（一）市场经济

市场经济作为一种体制，是在西方随着自然经济的瓦解而逐步形成的。市场经济是在财产权利的制度制约下，通过个人和企业在市场上自愿交换、分散决策来解决经济上的三个基本问题的。

用于解释市场经济机制的一个最简单的模型是这样的：市场活动的主体是大量分散决策的消费者和生产者；有两类市场——产品市场和要素市场。在产品市场上，生产者是产品供给方，消费者是产品需求方；在要素市场上，消费者是要素供给方，而生产者是要素需求方。消费者在要素市场上提供要素服务取得收入，而在产品市场上支出，以换取自己需要的产品；生产者在产品市场上销售产品取得收入，而在要素市场上支出，以换取生产所需的要素和服务。每个消费者通过市场交换使自己得到最大的满足，而每个生产者则力求得到最大的利润。

市场机制是产生均衡价格（即使供需数量相等的价格）的机制。当供大于求时，价格下跌；当求大于供时，价格上升。这并不是人为规定的法则，而是供需双方在市场中讨价还价的结果。根据各自追求远大利益的行为准则，价格较低时需求增加或供给减少或两者同时发生，而价格较高时则相反。当所有市场上都形成了均衡价格时，市场就同时解决了经济上的三个基本问题：产品市场上各种产品的均衡产量，是生产什么和生产多少的答案；生产者为取得最低成本而采用的技术和企业组织方式，是如何生产的答案；要素的价格和数量则解决了为谁生产的问题。

对市场体制的理论分析，是以下列假定为基础的：

1. 理性选择

这是最基本的假定。人是理性的，即每个人都会在一定的约束条件下争取自身的最大利益。这是经济生活中的基本事实。你在支出你的收入时当然在寻找一个最能使自己满意的方式，一模一样的商品，你会有意去买贵的那个吗？你在求职的时候当然希望得到包括物质和精神在内的最高报偿的工作，你没有必要无缘无故地选择最不得体愉快的工作，并且只得到一半工资。如果经济中多数人行为的准则是多工作、少拿钱、把财富分给邻居，那么就要寻找另外的评价经济有效性的标准，需要重写经济学了。但这毕竟不是事实。

经济学分析在理性人的假设下资源配置的机制及其效率，并非一定在推崇自私自利的价值观，并不必然否定人的社会性的一面否定他的高尚行为。

反过来，社会上合理的利他行为的存在，也不否定经济学在理性假设下得到的资源配置效率的结论——除非有人专门把自己的劳动或资金放在最没有生产率的地方。对这条假定的批评或者担心，有许多时候是由于对这个假定的含义和所起的作用的误解。

2. 自由和自愿的选择

在人们自愿前提下自由选择，是另一个基本的假设。自愿保证了交易是增进交易双方利益的；而自由则使得所有可能的这样的交易都可以进行，从而把社会总体的利益增进到最大限度。这里有时还有一个内含的假定，就是选择的交易活动没有溢出交易双方之外的效果，否则"自愿"进行的香烟交易会使第三者"不自愿"地吸到二手烟，带来选择者并不给以补偿的他人的损失。

3. 权利界定清晰

经济学一般假定在市场经济中，每个行为主体选择的权力是明确界定的。你只能用你拥有支配权的东西做交易，而所有经济物品的权利归属是清晰的。任何人不能侵犯他人的权利：不能强迫、不能盗窃、不能抢劫、不能欺诈，在现实的市场体制中，这些是靠法律来界定和保护的。当然，难免有权利界定不清的情况存在，这时交易就有困难了，显然对权利的法律界定和保护是市场机制得以顺利运转的基础条件。

有了这些基本假定，经济学证明，在满足完全竞争、信息完备、没有外部性等条件时，市场机制可以导致资源在一定意义下的最优配置，"看不见的手"将引导个体的自利行为，增进社会总体的利益。

然而，在现实世界里，上面所说的那些条件并不完全具备，这使得市场经济的运行绝不像前面描述的那样美妙和谐。垄断、经济活动的外部性、信息的不完备，使得市场机制无法实现通过价格来有效配置资源的功能。收入的不平均，甚至部分人连生存的基本需求也得不到保障，市场导致的这种分配是社会所不能接受的。分散的经济决策可能引起总体经济产出和物价严重的波动。自由放任的市场机制无法解决这些问题，经济需要"看得见的手"——代表社会公共利益的政府的干预。世界上没有哪个国家是纯粹的市场经济，市场机制必须由代表国家意志的计划手段加以补充。

（二）计划经济

如果说市场经济体制是非人为设计、自然形成的资源配置方式，那么，计划经济体制就是人为设计的替代市场体制的另一种资源配置方式。

当人们看到私有制基础上的市场体制带来的种种弊端，特别是一个世纪到半个世纪前一些极端严重的弊端：巨大的贫富差距、社会的不公正、人对人的压迫、周期性萧条和经济混乱等等，希望有一种新的能够直接代表社会利益和愿望的制度取而代之。于是通过社会革命消灭了私有制以后建立的社会主义公有制的国家中，选择了计划经济体制。

在纯粹的计划经济体制中，生产资料归国家所有。政府在了解全国人民当前和今后、私人消费和公共消费需求的基础上，通过指令性计划安排生产要素在各个行业、各种产品之间的分配，安排消费品在全体居民中的分配。

这样，政府的计划部门就集中地解决了经济上的生产什么和生产多少，如何生产以及为谁生产的问题。

事实上，没有一个社会主义国家实行过这种纯粹的计划经济方式。在我国实行的计划体制中，生产资料并不是完全归中央政府所有，许多是归各级地方政府和劳动者集体所有的。中央计划并不规定一切，各级地方政府、企业和劳动者集体有一定的根据市场需要安排生产的余地。特别是消费者有一定的用货币投票的权力，可以在一定程度上根据自己的喜好选择使用手中货币的方式，这种选择会通过市场上消费品供需的矛盾给政府计划部门一些信息。但是从总体上看，决定劳动、资本、土地的配置以及收入分配的主要力量，是国家计划。

计划经济方式有它的优点。对于一些明显有益于社会公众的事业、工农业基本建设、投资巨大且回收期长的项目，通过计划的集中决定方式比诱导从自利出发的分散的个体来决定，效率更高，速度更快。计划方式不用担心由于分散的个体对经济前景乐观或悲观的估计而引起宏观经济波动。计划方式有利于实现比较平均的收入分配。

但是，社会主义国家的实践表明，计划经济方式存在着难以解决的问题，这些问题严重影响了社会经济的发展。

第一，计划经济存在着信息方面的困难。做出一个有效的社会经济计划，必须详尽地了解消费者的需求、各种生产要素的数量、各种生产要素在不同产品生产中的生产率，以及所有这些数据的变化趋势。消费者的需求是一组复杂的关系，要素的生产率取决于不同的要素组合，人们的爱好和生产技术的变化更是难以预计。中央计划部门能够得到完全的信息吗？有能力处理这些信息吗？在没有充分信息和无力迅速处理信息的情况下，计划偏离实际、僵化和低效率就是不可避免的。

第二，更本质的困难来源于人的积极性。在计划体制下，企业努力开发新产品、创造新工艺、改进管理、降低成本的动力从哪里来？一名农村公社社员努力劳动所增加的收益，他只能拿到其中的几百分之一，他会持久地付出这种努力吗？计划体制在激励人们持久努力工作和创新从而保持经济活力的方面，是很不成功的。

第三，问题还来源于政府计划部门自身。怎么能够保证政府决策者的喜好与公众的偏好一致呢？政府决策者的意愿与消费者实际的利益不一致所带来的问题，在实行计划经济体制的国家中屡见不鲜。

计划经济体制实践的结果表明，在当代条件下，占国民产出绝大部分的产品，采用计划经济的方式来生产和分配，不如采用市场经济的方式有效。

市场经济和计划经济是配置资源的不同方式。如果多采用一些市场经济的方式对人民有好处，会受到人民的欢迎，以人民的利益为宗旨的党和国家，为什么不能这样做呢？在邓小平建设有中国特色的社会主义理论指导下，党的十四大提出了在我国建立社会主义市场经济体制的任务，做出了让市场机制在资源配置中起基础作用的选择。这几年我国经济的快速发展，人民生活的显著改善以及人们焕发出的创造热情，证明了这个选择的正确性。

二、需求与供给分析

（一）需求理论和影响需求的因素

商品是用来交换的劳动产品，而交换是通过市场进行的。在市场上，每一种商品都有自己的供给一面和需求一面。所谓需求，是指消费者在一定的价格水平上对某种商品的有支付能力的需要。

这个定义说明，一方面需求是以消费者的货币购买力为前提的，没有这个前提，任何需要只能是对某物的占有欲望，而不是需求；另一方面，需求是相对于商品的某一价格水平而言的，特定的价格形成特定的需求。

需求量，是指在一定价格水平下，社会上所有的居民所希望购买的某种商品的总量。一种产品的需求数量，并不是固定不变的，它要受很多因素的影响。对不同的产品，其影响因素是不同的，但通常以下几个因素是共同的：

1. 产品的价格

一般情况下，价格上涨，消费者的需求量就减少；价格下降，消费者的需求量就增加。例如，棉布提价，化纤布降价后，对棉布的需求量就减少，对化纤布的需求量就增加，使消费者的购买结构发生了变化。

2. 其他商品的价格

商品之间的关系可分为互补与替代。互补关系是指两种商品共同满足一种欲望（例如：录音机与磁带即为互补关系）。互补关系的商品之间价格变动对需求量的影响是：当一种商品的价格上升时，对另一种商品的需求量就减少；反之，当一种商品的价格下降时，对另一种商品的需求量就上升。替代关系是指两种商品可以互相代替来满足同一种欲望，例如，牛肉和羊肉。替代关系的商品之间价格变动对需求量的影响是：当一种商品的价格上升时，对另一种商品的需求量就增加；反之，当一种商品的价格下降时，对另一种商品的需求量就减少。所以，其他商品的价格是影响产品需求量的另一个重要因素。

3. 消费者嗜好的变动

例如，在我国，过去对咖啡的需求量较小，因为中国人习惯于喝茶。但是随着人们嗜好（包括习惯）的变动，人们对某种产品的需求量也会发生变化。

4. 消费者的个人收入

一般来说，随着个人收入的增加，对产品的需求量就会增加；反之就会减少。例如，近些年来，农民对电视机等家用电器的需求量增加很快，因为农民的收入增加了。

5. 广告费

一般来说广告费支出得越多，人们对产品的需求量也越大。但当广告费增加到一定数量时，因广告而引起的需求量的增加却变得有限。

6. 对价格变化的期望

人们对该产品将来价格的期望如何，也影响对产品的需求量。如果人们对价格看涨，需求量就会增加；如果看跌，需求量就会减少。

除此之外，还有社会人口的数量及其组成，消费者对未来的看法、度假制度、地域等。

（二）供给理论和影响供给的因素

供给是处在市场上的商品的另一面。所谓供给，是生产者或销售者在一定价格水平上提供给市场的商品量。作为供给也要具备两个条件：第一，有出售愿望；第二，有供应能力。两者缺一不可。在厂商的供给中既包括了新生产的产品，也包括了过去生产的存货。

影响企业（或行业）供给的因素很多，但主要有以下几点：

1. 产品的价格

产品的价格越高，企业的利润就越多，企业为了增加利润，就愿意生产更多的产品。所以，价格上涨，供给量就会增加；价格下降，供给量就会减少。

2. 产品的成本

如果产品的价格既定，成本越高，利润就越少，从而企业的供给量就会减少；反之，成本越低，利润就越多，供给量就会增加。企业产品成本的高低，又受企业生产技术水平、原材料价格和工资水平的影响。所以，如果企业的生产技术有了改进，原材料价格下降了或工人工资占比下降了，都会导致产品成本的降低，从而扩大企业的供给量。

3. 生产者对未来价格的期望

如果生产者对产品未来的价格看涨，厂商就会多生产；反之，就会少生产。

4. 其他商品的价格

如果其他商品的价格高，企业会获得更大利润，生产者对当前产品就会少生产。

除此之外，还受厂商所要达到的目的、现有的技术水平以及厂商对未来的预期等因素的影响。

（三）均衡价格的决定与变动

均衡是物理学中的名词，是指当一物体同时受到方向相反的两个外力的作用，这两种力量恰好相等时，该物体由于受力相等而处于静止的状态，这种状态就是均衡。马歇尔把这一概念引入经济学中，主要指经济中各种对立的、变动着的力量处于一种力量相当、相对静止，不再变动的境界。这种均衡是和一条弹线所系的一块石子或一个盆中彼此相依的许多小球所保持的机械均衡大体上一致的。均衡一旦形成之后，如果有另外的力量使它离开原来均衡的位置，则会有其他力量使它恢复到均衡。正如同一条线所悬着的一块石子，如果离开了它的均衡位置，地心引力将立即有使它恢复至均衡位置的趋势一样。

经济学中的均衡又分为局部均衡与一般均衡。局部均衡是假定其他条件不变的情况下分析一种商品或一种生产要素的供给与需求达到均衡时的价格决定。一般均衡是假定在各种商品和生产要素的供给、需求、价格相互影响下分析所有商品和生产要素的供给和需求同时达到均衡时的价格决定。需要说明的是，这里所讲的均衡价格是属于局部均衡的分析，且只适用于完全竞争的市场结构。完全竞争的市场结构，是指在一个行业内，企业数目很多，以至于任何一个企业所生产的产品数量在整个市场上所占的份额都是微不足道的，而且它们都生产同质的产品。所以，任何一个企业都无力左右市场，操纵市场的价格。此时，市场价格的形成，完全取决于供需双方。也就是市场需求曲线和市场供给曲线的交点决定该产品的市场价格，在这个交点上，商品的需求价格与供给价格相一致，商品的需求量与供给量也一致，这时的价格就叫均衡价格，这个量就叫均衡量。

（四）需求与供给弹性

价格的变动会引起需求量（或供给量）的变动。但是，不同的商品，需求量（或供给量）对价格的反应是不同的。有的商品价格变动幅度大，而需求量（或供给量）变动幅度小；有的商品价格变动幅度小，而需求量（或供给量）的变动幅度大。弹性理论正是要说明价格的变动比率与需求量（或供给量）的变动比率之间的关系。

需求弹性是说明需求量对某种影响因素变化的反应程度。用公式表示就是：需求量变动率与影响因素变动率之比，即：

$$E = Q_{变动}\% / X_{变动}\%$$

式中：E——需求弹性的弹性系数；Q——需求量；X——影响需求量的某因素。

需求弹性也可理解为，影响需求量的某因素每变化1%，需求量将变化百分之几。

例如，价格每下降1%，可使需求量增加2%，则弹性系数为2。

影响需求量的因素有很多，可以有：产品价格、居民收入、相关产品的价格等。所以，需求弹性可以分为：需求的价格弹性、需求的收入弹性、需求的交叉弹性等。其中主要的是需求的价格弹性，所以，一般说需求弹性就是指需求的价格弹性。

影响商品供给弹性大小的因素，就长期来说比较复杂；就短期来说，主要取决于某商品生产的难易程度。一般来说，劳动密集型产品生产规模变动容易，供给弹性就大；资本密集型产品生产规模变动困难、供给弹性就小。

三、企业

企业是一种经济组织，它自主地决策如何取得生产要素（生产所需要的资源，如资本、管理人员和工人），并把它们结合起来生产出产品和劳务，通过供应社会，从而达到自身的目的。

（一）经济学中的企业

经济学这样模型化地理解企业：一个一无所有的人，他以市场价格从消费者那里购买所需要的一切要素：雇用劳动（包括管理人员的劳动）并付给他们工资，从资本拥有者那里租赁厂房和机器设备并付给他们利息，从土地所有者那里租用土地并付给他们租金。这些要素提供服务的时候，就是生产。从产品出售得到的收入中减去付给要素的报酬，就是利润。这个人的目的，是使利润最大化。这个"人"，或者说是一部知道价格信息、生产技术、会做利润最大化计算的计算机，就是企业。

在许多情况下，例如，像本书这样想要介绍市场机制的基本原理的时候，这样看待企业大体是可以的。然而现实世界中的企业，作为组织，是由有各自独立利益和目标的群体构成的，企业的组织方式、权利分配方式，与企业表现出来的目标和经营效果有密切的关系。通过企业内部进行的交易，是人们交易的重要方式，是对市场交易方式的替代。企业内部的问题与整个经济系统的资源配置效率有密切的关系。经济学当然不满足于把企业看成无内部结构的一个追求利润最大化的"点"，而要深入地剖析企业。被称为企业理论的微观经济学分支就在做这项工作。

企业理论要先深入地探讨企业的本质，究竟什么是企业？企业与市场的边界在哪里？企业理论研究企业内部信息和组织结构设计，如何激励员工的积极性？如何有效地利用信息？如何通过制度的设计防止"偷懒"？

企业理论研究企业的资本结构，股票和债券的比例是如何确定的？它对企业经营者的行为有什么影响？

企业理论还研究企业所有权与控制权分离所带来的问题，股东和市场是如何制约经营者的？不同所有者的利益是如何协调的？

这些研究大大地扩展了传统的微观经济学的视野。

（二）现实中的企业组织

企业是把生产要素（例如，劳动力、厂房、机器、原材料）结合起来生产出产品和服务的经济组织。在我国，有大大小小数以千万计的各种企业。其中大部分是不断地开张又不断关闭的很小的企业，也有拥有数万甚至数十万员工的稳定的大企业。小企业使大量的人口得以就业、大企业作为国民经济的支柱，高效率地提供了大量的产品。

在发达的市场经济国家，企业的组织通常采用三种法律形式：

1. 个人独资企业

只有一个所有者，他同时是企业的经营者。他对企业的债务负无限责任，独自享有全部经营成果。他想怎么经营就怎么经营，决策简单，又没有与他人分享利益、权利的法律问题，这是这种企业的优点。但他个人无法筹集巨额资金，企业的规模只能比较小。

2. 合伙制企业

有两个或更多的人合伙出资、分享利润、共同管理。与独资企业相比，这种形式便于集资，便于发挥合伙人的才干。但缺点也有：决策复杂了，因为合伙人间难免有意见分歧；每个人对企业负有连带的无限责任；企业的稳定性差，一个人要退出，企业就得重组或者关闭。

3. 公司制

公司的多个所有者通过持有股份的方式拥有公司的所有权，通过转让股份转让所有权，根据股份分享企业的盈利和对于企业决策的发言权。这种方式便于筹集大量资金。有限责任公司中每个股东只对公司负限于其股份的有限责任，而不会涉及股份以外的财产。大公司的所有权与经营权分离，便于专业化的管理人员高效地经营企业。企业最终所有人的变更并不影响企业稳定的存在。

我国的国有企业在计划经济体制下实质上只是政府的一个部门，并不是现代市场经济意义上的企业。20世纪80年代以后的不断改革，一步一步地降低国有企业附属于政府的地位。从1991年以后开始扩大试点、逐步推行现代企业制度，希望能在公有制为主体的基础上，借鉴国际上通行的现代公司制度，重建能够适应市场体制要求的企业组织。

第二节　管理理论

一、管理的概念及性质

（一）管理的含义和重要性

管理是人类各种活动中最重要的活动之一。自从人们开始形成群体去实现个人无法达到的目标以来，管理工作就成为协调个人努力必不可少的因素了。组成群体无非是为了集结个人的力量，以发挥集体的更大作用。这种群体实际上就是人类社会普遍存在的"组织"现象。

所谓组织，是由两个或两个以上的个人，为了实现共同的目标组合而成的有机整体。组织是一群人的集合，组织的成员必须按照一定的方式相互合作，共同努力去实现既定的组织目标。这样，组织才能形成整体力量，以完成单独个人力量的简单总和所不能完成的各项活动，实现不同于个人目标的组织总体目标。组织存在于日常生活和工作的各个方面。企业是一种组织，医院、学校和其他农业单位等也是组织的具体表现形式。任何一个组织，都有其基本的使命和目标。例如，医院的使命和目标是治病救人；学校的使命和目标是培育人才；企业的使命和目标是满足用户的需要；等等。组织的使命和目标说明了组织存在的理由。

为了完成组织的使命和目标，组织需要开展业务活动（通称作业工作），如医院中的诊治、学校中的教学、工业企业中的生产等。组织是直接通过作业活动来达成组织目标的，而作业活动的开展自然离不开人力资源（人员）、物力资源（原材料、机器设备）和财力资源（资金）等的运用，否则作业活动就只能成为"无米之炊"。既然一个组织需要各种资源去完成作业活动，这些资源是否能够良好地协调和配合，会直接影响组织的作业活动能否有效而顺利地进行。对组织而言，这就需要开展另一项活动——管理。管理是伴随着组织的出现而产生的，是保证作业活动实现组织目标的手段，是协作劳动的必然产物。凡是需要通过集体努力去实现个人无法达到的目标，管理就成为必要。因此，小至企业、大至国家，任何组织都需要管理，它是协调个人努力必不可少的因素。正如马克思指出的那样：一切规模较大的直接社会劳动或共同劳动，都或多或少地需要指挥，以协调个人的活动，并执行生产总体的活动所产生的各种一般职能。一个单独的小提琴手是自己指挥自己，一个乐队就需要一个指挥。指挥之于乐队，就像经理人员之于企业，他们的存在是确保组织各项活动实现预定目标的条件。

管理的重要性伴随着组织规模的扩大和作业活动的复杂化而日益明显。如果说简单的组织只需要简单的管理，因而管理的重要性还不十分突出的话，那么时至今日，科学技术和经济已获得高度发展，组织的规模越来越大，组织面临的环境越来越复杂，作业活动也越来越现代化，在这样的时代中，管理就越来越成为影响组织生死存亡和社会经济发展的关键因素。国际上有许多著名的管理学家和经济学家都非常强调管理的重要性，如有人把管理看作工业化的催化剂和经济发展的原动力，同土地、劳动和资本并列成为社会的"四种经济资源"；或者同人力、物力、财力和信息一起构成组织的"五大生产要素"；还有的人则把管理、技术和人才的关系比喻为"两个轮子一个轴"。如同没有先进的科学技术，作业活动乃至管理活动无法有效地开展一样，没有高水平的管理相配合，任何先进的科学技术都难以充分发挥作用，而且，科学技术越先进，对管理的要求也越高。由此可见，管理活动对现代组织的重要性。组织中的活动包括作业活动和管理活动两大部分。组织是直接通过作业活动来达到组织目标的，但组织为了确保这一基本过程（对企业来说，该基本过程表现为生产过程）顺利而有效地进行，还需要开展管理活动，管理是促成作业活动顺利实现组织目标的手段和保证。

什么是管理？管理的定义，在中外许多管理学著作中均有描述。由于这些学者是从不同角度和侧面对管理加以解释，所以这些定义会有一些不同。综合这些定义，能够较为全面概括管理这一概念的内涵和外延的定义可以是：管理，就是在特定的环境下，对组织所拥有的资源进行有效的计划、组织、领导和控制，以便达到既定的组织目标的过程。这个定义包含以下四层含义：

1. 管理活动是在特定的组织内外部环境的约束下进行的

任何组织存在于一定的内外部环境之中，并受到环境的约束。企业的生存离不开外部的原材料供应和顾客的需求，其生产经营活动要受到国家政策、法律等多种因素的影响；学校的生存取决于学生求学的欲望和用人单位的需求。管理理论的学习和管理实践活动必须注重组织的内外部环境，适应环境，利用内外部环境的各种有利因素；并根据内外部环境的变化而不断创新。

2. 管理是为实现组织目标服务的

管理活动具有目的性，其目的是实现组织的目标。一个组织要实现的目标即使在同一时期也往往是多种多样的。企业的目标包括提高组织资源的利用效率和利用效果，主动承担社会责任以便获得更好的发展空间、不断开拓市场，最大限度地获取经济利益，创造条件促进职工发展等；学校的目标包括培养出高素质的毕业生，增强教师的教学科研水平等。不管是什么样的组织，都要重视效率和效果问题，效率和效果是衡量管理工作的重要标志。

3. 管理工作要通过有效利用组织的各种资源来实现组织目标

资源是一个组织运行的基础，也是开展管理工作的前提。传统意义上的资源主要是指人、财、物，强调的是内部的、有形的资源。现代意义上的资源远不止这些，组织管理成效的好坏、有效性如何，集中体现在它是否使组织花最少的资源投入，取得最大的、合乎需要的成果产出。产出一定、投入最少，或者投入不变、产出最多，甚至是投入最少、产出最多，这些都意味着组织具有较为合理的投入产出比，有比较高的效率。然而，仅仅关心效率是不够的，管理者还必须使组织的活动实现正确的目标，这就是追求活动的效果（效能）。效率和效果是两个不同的概念。效率涉及的只是活动的方式，它是与资源利用相关的，只有高低之分而无好坏之别。效果则涉及活动的目标和结果，不仅有高低之分，而且可以在好坏两方面表现出明显的差别。高效率只是正确地做事，好效果则是做正确的事。效率和效果又是相互联系的。例如，如果某个人不顾效率，他很容易达到有效果。很多企业的产品如果不考虑人力和材料等投入成本的话，可以造得更精确、更吸引人。因此，管理不仅关系到使活动达到目标，而且要有效性，把"效率"和"效果"结合起来。作为一个组织，管理工作不仅仅追求效率，更重要的是从整个组织的角度来考虑组织的整体效果以及对社会的贡献。因此，要把效率和效果有机地结合起来，把管理的目的体现在效率和效果之中，即通常所说的绩效。

4. 管理最终要落实到计划、组织、领导和控制等一系列管理职能上

管理职能是管理者开展管理工作的手段和方法，也是管理工作区别于一般作业活动的重要标志。这些管理职能是每个管理者都必须做的事情，是管理理论研究和管理实践的重点，不受社会制度、组织规模和管理者的喜好所左右。

从上面对管理的分析不难看出，管理普遍适用于任何类型的组织。因为任何组织都有特定的组织目标，都有其特定的资源调配和利用问题，因此，也就有管理问题。

营利性组织需要管理，这类组织十分重视投入与产出的比较，十分强调对资源的利用效果。但是，人们往往认为只有大企业才需要管理，因为大企业拥有更多的资源，职工人数更多，更需要有周密的计划和高效率的沟通与协调。事实上，小企业同样需要管理。每年都有大量的小企业破产倒闭，其原因并不仅仅是小企业拥有的资源少，更重要的原因是管理方面的问题。

从非营利性组织来看，不仅政府、军队、公安等组织需要管理，学校需要管理，医院、诊所和医疗保险单位需要管理，研究所、报社、博物馆及大众性广播机构、邮电和交通服务单位需要管理，而且各种基金会、联合会、俱乐部以及政治党派、学术团体和宗教组织等也都需要管理。管理活动遍布人类社会的方方面面，无时无处不在。

当然，不同类型的组织，由于其作业活动的目标和内容存在一些差异，因而管理的具体内容和方法也不尽相同。但从基本管理职能、管理原理和方法来看，各种不同类型的组织具有相似性和共通性。

（二）管理的本质及性质

1. 管理的本质

学习和运用管理，首先要准确地把握管理工作的本质及特性。管理工作不同于生产、科研、教学、治疗等具体的作业活动，它具有一定的特殊性。

要把握管理的本质和特性，可以从分析管理工作和作业工作的关系入手。

第一，管理工作是独立进行、有别于作业工作又为作业工作提供服务的活动。

第二，管理不是独立存在的，管理活动和作业活动并存于一个组织之中，才能保证组织目标的圆满实现。

第三，从事管理工作的人并不是绝对不可以做一些作业工作。对管理工作与作业工作的概念区分，并不意味着这两类活动一定要由截然不同的两批人去做。

管理工作的本质，就是从事管理工作的人通过他人并使他人同自己一起实现组织的目标。在通常情况下，管理人员并不亲自从事具体工作，而是委托他人去干，自己花大量时间和精力进行计划安排、组织领导和检查控制其他人的工作。管理人员之所以在身份和地位上不同于其他人，就是因为其"分内"工作性质与这些人的作业工作有着迥然的差异，而且，管理人员还要对这些人的工作好坏负最终责任。正是在促成他人努力工作并对他人工作负责这一点上，管理人员与作业人员有所区别，他们才构成了组织中相对独立的两大部分。

2. 管理的科学性与艺术性

关于管理的性质，许多管理学者从多方面进行过分析、总结，其中强调的管理工作具有科学性和艺术性的双重特征，最能刻画出管理工作的本质特性。对管理科学性的了解可从以下两方面来看：

第一，管理是一门科学，是指它以反映客观规律的管理理论和方法为指导，有一套分析问题、解决问题的科学的方法论。管理学发展到今天，已经形成了比较系统的理论体系，揭示了一系列具有普遍应用价值的管理规律，总结出许多管理原则。这些规律和原则是由大量的学者和实业家长期在总结管理工作的客观规律的基础上形成的，是理论与实践高度凝结的产物，不会因为地域、文化乃至社会制度的差异而不同，也不以人们的主观意志为转移。

第二，管理是一门不精确的科学，指导管理的科学比较粗糙，不够精确。这一方面因为管理是一门正在发展的科学，与数学、物理学等自然科学相比，管理科学的发展历史相对较短，还需要一个逐步走向完善的过程；另一方面，管理工作所处的环境和要处理的许多事务常常是复杂多变的，管理科学并不能为管理者提供一切问题的标准答案，仅凭书本上的管理理论和公式进行管理活动是不能成功的。主管人员必须在管理实践中发挥积极性、主动性和创造性，因地制宜地将管理知识与具体的管理活动相结合，才能进行有效的管理。

这一点决定了管理的艺术性。管理的艺术性，就是强调管理活动除了要掌握一定的理论和方法外，还要有灵活运用这些知识和技能的技巧和诀窍。

管理的艺术性强调了其实践性，没有实践则无所谓艺术。无视实践经验的积累，无视对理论知识灵活运用能力的培养，管理工作注定要失败。管理的科学性与艺术性并不互相排斥而是互相补充的。不注重管理的科学性只强调管理工作的艺术性，这种艺术性将会表现为随意性；不注重管理工作的艺术性，管理科学将会是僵硬的教条。管理的科学性来自管理实践，管理的艺术性要结合具体情况并在管理实践中体现出来，二者是统一的。

二、管理的职能和类型

（一）管理的基本职能

关于管理的基本职能，在管理的定义里已经阐明，是计划、组织、领导和控制，也就是说管理是由这样一系列相互关联、连续进行的活动构成的，或者说管理作为一个过程，管理者在其中要发挥这样的作用。

关于管理职能比较流行的观点是将其简化为计划、组织、领导和控制四个基本职能。

1. 计划

如果你在旅行时没有任何特定的目的地，那么任何路线你都可以选择。由于组织的存在是为了实现某些目的，因此，就需要有人来规定组织要实现的目的和实现目的的方案，这就是管理计划职能应做的工作。计划是管理的首要职能，管理活动从计划工作开始。具体来说，计划工作的程序和内容如下：

第一，在研究活动条件的基础上，确定组织在未来某个时期内的活动方向和目标。组织的业务活动是利用一定条件在一定环境中进行的。活动条件研究包括内部能力研究和外部环境研究。内部能力研究主要是分析组织内部在客观上对各种资源的拥有状况和主观上对这些资源的利用能力；外部环境研究是要分析组织活动的环境特征及其变化趋势，了解环境是如何从昨天演变到今天的，找出环境的变化规律，并据以预测环境在明天可能呈现的状态。

第二,制定业务决策。活动条件研究为业务决策提供了依据。所谓业务决策,是在活动条件研究的基础上,根据这种研究揭示环境变化中可能提供的机会或造成的威胁以及组织在资源拥有和利用上的优势和劣势。

第三,编制行动计划。在确定了未来的活动方向和目标以后,还要详细分析为了实现这个目标,需要采取哪些具体的行动,这些行动对组织的各个部门和环节在未来各个时期的工作提出了哪些具体的要求。因此,编制行动计划的工作,实质上是将决策目标在时间上和空间上分解到组织的各个部门和环节,对每个单位、每个成员的工作提出具体要求。

2. 组织

再好的计划方案也只有落实到行动中才有意义。要把计划落实到行动中,就必须有组织工作。组织工作决定组织要完成的任务是什么,谁去完成这些任务,这些任务怎么分类组合,谁向谁报告,各种决策应在哪一级上制定,等等。组织工作的具体程序和内容如下:

(1) 设计组织

包括设计组织的机构和结构。机构设计是在分解目标活动的基础上,分析为了实现组织目标需要设置哪些岗位和职务,然后根据一定的标准将这些岗位和职务加以组合,形成不同的部门;结构设计是根据组织业务活动及其环境的特点,规定不同部门在活动过程中的相互关系。

(2) 人员配备

根据各岗位所从事的活动要求以及员工的素质和技能特征,将适当的人员安置在组织机构的适当岗位上,使适当的工作由适当的人承担。

(3) 组织变革

根据业务活动及其环境特点的变化,实施组织结构、结构的调整与变革。

3. 领导

每一个组织都是由人力资源和其他资源有机结合而成的,人是组织活动中唯一具有能动性的因素。管理的领导职能是指导和协调组织中的成员,包括管理者激励下属、指导他们的活动、选择有效的沟通渠道、解决组织成员之间的冲突等,从而使组织中的全体成员以高昂的士气、饱满的热情投身到组织活动中去。

4. 控制

为了保证组织目标的实现和既定计划的顺利执行,管理必须监控组织的绩效,必须将实际的表现与预先设定的目标进行比较。如果表现了任何显著的偏差,管理的任务就是使组织回到正确的轨道上来。内容包括行动偏离目标和标准时，对组织活动的纠正以及对目标和标准的修改和重新制定。后者是指当组织内外环境发生变化，原来制定的目标和标准已不再适用。

控制工作过程包括衡量组织成员的工作绩效、发现偏差、采取矫正措施三个步骤。控制不仅是对以前组织活动情况的检查和总结，而且可能要求某时点以后对组织业务活动进行局部甚至全局的调整。因此，控制在整个管理活动中起着承上启下的连接作用。

计划、组织、领导和控制是最基本的管理职能，它们分别重点回答了一个组织要做什么、怎么做、靠什么做、如何做得更好以及做得怎么样等基本问题。管理各项职能不是截然分开的独立活动，它们相互渗透并融为一体。从管理职能在时间上的关系来看，它们通常按照一定的先后顺序发生，即先计划，继而组织，然后领导，最后控制。

对于一个新创建的企业往往更是如此。然而，这种前后工作逻辑在实践中并不是绝对的，没有哪个管理者是周一制订计划，周二开展组织工作，周三实施领导工作，周四采取控制活动。这些管理职能往往相互融合，同时进行。没有计划便无法控制，没有控制也就无法积累制订计划的经验。人们往往在进行控制工作的同时，又需要编制新的计划或对原计划进行修改。同样没有组织架构，便无法实施领导，而在实施领导的过程中，又可能反过来对组织进行调整。管理过程是一个各职能活动周而复始的循环过程，而且在大循环中套着中循环。

三、管理者及其应具备的技能

（一）管理者和管理者的类型

管理活动通常是通过人来进行的，人是进行管理活动的主体，因此，把执行管理任务的人统称为"管理人员""管理者"。管理的任务当然也就是管理人员的任务。管理者是组织最重要的资源，其工作绩效的好坏直接关系着组织的成败兴衰。那么，管理者在组织中具体扮演什么角色呢？

1. 管理者的角色

管理者扮演十种不同、但却是高度相关的角色。这十种角色可以进一步组合成三方面：人际关系、信息传递和决策制定。

在人际关系方面，经理人员首先要扮演好挂名领导的角色。承担这种角色，经理要在所有的礼仪事务方面代表其组织。此外，经理还要扮演联络者和领导者的角色。作为联络者，经理要同组织以外的其他经理和其他人相互交往，维护自行发展起来的外部接触和联系网络。作为领导者，经理要处理好同下属的关系，对组织成员做好激励和调配工作。

在信息联系方面，经理人员主要扮演信息监听者、传播者和发言人的角色。作为监听者经理要注意接收和收集信息，以便对组织和环境有彻底的了解，进而成为组织内外部信息的神经中枢。作为传播者，经理要把外部信息传播给他的组织，并把内部信息从一位下属传播给另一位下属。作为发言人，经理要把组织的有关信息传递给组织以外的人，既包括董事会和更上一层次的管理当局，也包括供应商、同级别的人、政府机构、顾客、新闻媒体以及竞争对手。

在决策方面，经理人员又要扮演企业家、故障处理者、资源分配者和谈判者的角色，并且相应地执行四方面的任务：一是寻求机会，制订方案，从事变革，并对某些方案的设计进行监督；二是在组织面临重大的、出乎预料的故障时，采取补救措施；三是负责对组织的所有资源进行分配，事实上就是做出或批准所有重大的组织决定；四是代表组织参加与外界的重要谈判。

这些角色是一个相互联系的整体，虽然各种类型的管理者由于行业、层次和职能的不同，担任每一角色的分量也不完全相同，但总的来说，都或多或少地担任着这些角色。

当然，管理学这一学科还处于发展之中，今后对管理者工作的理解还会不断地深入和扩充。

2. 管理者的类型

一个组织中从事管理工作的人可能有很多，可以从不同角度对管理者的类型进行划分。虽然前面提到组织中所有的管理者扮演的角色大体上差不多，但不同位置上的管理者工作的侧重点或者说扮演每一角色的分量会有很大的不同，因此，通过对管理者类型的划分，使不同层次、领域的管理者进一步明确自己所扮演角色的工作细节，对组织管理工作的完善十分重要。

（1）管理者的层次分类

组织的管理人员可以按其所处的管理层次区分为高层管理者、中层管理者和基层管理者。同时，整个组织层次还包括基层作业人员。

高层管理者是指对整个组织的管理负有全面责任的人，他们的主要职责是制定组织的总目标、总战略，掌握组织的大政方针并评价整个组织的绩效。他们在与外界交往中，往往代表组织以"官方"的身份出现。这些高层管理者的头衔有公司董事会主席、首席执行官、总裁或总经理及其他高级资深经理人员以及高校的校长、副校长和其他处于或接近组织最高层位置的管理人员。

中层管理者通常是指处于高层管理者与基层管理者之间的一个或若干个中间层次的管理人员，他们的主要职责是贯彻执行高层管理者所制定的重大决策，监督和协调基层管理者的工作。中层管理者通常享有部门或办学处主管、科室主管、地区经理、产品事业部经理或分公司经理等头衔。与高层管理者相比，中层管理者更注意日常的管理事务，在组织中起承上启下的作用。

基层管理者亦称一线管理人员，也就是组织中处于最低层次的管理者，他们所管辖的仅仅是作业人员而不涉及其他管理者。他们的主要职责是给下属作业人员分派具体工作，保证各项任务的有效完成。在制造业，基层管理者可能被标为领班、工长或工段长；而在学校中则由教研室主任来担任。

作为管理者，不论他在组织中的哪一层次上承担管理职责，其工作的性质和内容应该说基本上是一样的，都包括计划、组织、领导和控制几方面。不同层次管理者工作上的差别，不是职能本身不同，而是各项管理职能履行的程度和重点不同。

高层管理者花在计划、组织和控制职能上的时间要比基层管理者多，而基层管理者花在领导职能上的时间要比高层管理者多。即便是就同一管理职能来说，不同层次管理者所从事的具体管理工作的内涵也并不完全相同。例如，就计划工作而言，高层管理者关心的是组织整体的长期战略规划，中层管理者偏重的是中期、内部的管理性计划，基层管理者则更侧重于短期的业务和作业计划。

作业人员与管理者，即使是基层管理者也有本质区别。这种区别就在于管理者要促成他人努力工作并对他人工作的结果负责。当然，如前面所述，管理人员有时也可能参与作业工作。另外，在鼓励民主管理或参与管理的组织中，作业者也可能参与对自己工作或他人工作的管理。

（2）管理人员的领域分类

管理人员还可以按其所从事管理工作的领域宽度及专业性质的不同，划分为综合管理人员与专业管理人员两大类。

综合管理人员是指负责管理整个组织或组织中某个事业部全部活动的管理者。对于小型组织（如一个小厂）来说，可能只有一个综合管理者，那就是总经理，他要统管该组织包括生产、营销、人事、财务等在内的全部活动。而对于大型组织（如跨国公司）来说，可能会按产品类别设立几个产品分部，或按地区设立若干地区分部，此时，该公司的综合管理人员就包括总经理和每个产品或地区分部的经理，每个分部经理都要统管该分部包括生产、营销、人事、财务等在内的全部活动。

除了综合管理人员外，组织中还可能存在专业管理人员，即仅仅负责管理组织中某一类活动（或职能）的管理者。根据这些管理者管理专业领域性质的不同，可以具体划分为生产部门管理者、营销部门管理者、人事部门管理者、财务部门管理者以及研究开发部门管理者等。对于这些部门的管理者，可以泛称为生产经理、营销经理、人事经理、财务经理和研究开发经理等。

对于现代组织来说，随着其规模的不断扩大和环境的日益复杂多变，将需要越来越多的专业管理人员，专业管理人员的地位也将变得越来越重要。

（二）管理者应具备的技能

管理人员的分类虽然很多，他们的工作重点各有区别，通常他们所能发挥作用的大小，及他们能否开展行之有效的管理工作，在很大程度上取决于他们是否真正具备了管理所需的相应管理技能。由于管理工作的复杂性，要把承担管理工作的全部技能都列出来是不大可能的。

管理者应具备的技能和前面讲过的管理者的角色相关。通常而言，一名管理人员应该具备的管理技能包括技术技能、人际技能和概念技能三大方面。

1. 技术技能

技术技能是指使用某一专业领域内有关的工作程序、技术和知识完成组织任务的能力。例如，工程师、会计师、广告设计师、推销员等，都掌握相应领域的技术技能，所以被称作专业技术人员。对于管理者来说，虽然没有必要使自己成为精通某一领域技能的专家（因为他可以依靠有关专业技术人员来解决专门的技术问题），但要掌握一定的技术技能，否则就很难与他所主管的组织内的专业技术人员进行有效的沟通，从而也就无法对他所管辖的业务范围内的各项管理工作进行具体的指导。医院院长不应该是对医疗过程一窍不通的人；学校校长也不应该是对教学工作一无所知的人；工厂生产经理更不应该是对生产工艺毫无了解的人，而如果是生产车间主任，就更需要熟悉各种机械的性能、使用方法、操作程序、各种材料的用途、加工工序、各种成品或半成品的指标要求等。

2. 人际技能

人际技能是指与处理人事关系有关的技能或者说是与组织内外的人打交道的能力。对一个组织而言，比如，一个企业，对于不同层次和领域，管理者可能分别需要处理与上层管理者、同级管理者以及下属的人际关系，要学会说服上级领导，学会同其他部门的同事紧密合作；同时掌握激励和诱导下属的积极性和创造性的能力，以及正确指导和指挥组织成员开展工作的能力。人际技能要求管理者了解别人的信念、思考方式、感情、个性以及培养个人对自己、对工作、对集体的态度，个人的需要和动机，还要掌握评价和激励员工的一些技术和方法，最大限度地调动员工的积极性和创造性。

3. 概念技能

概念技能是能够洞察企业与环境相互影响的复杂性，并在此基础上加以分析、判断、抽象、概括并迅速做出正确决断的能力。任何管理都会面临一些混乱而复杂的环境，管理者应能看到组织的全貌和整体，并认清各种因素之间的相互联系，如组织与外部环境是怎样互动的，组织内部各部分是怎样相互作用的等，并经过分析、判断、抽象、概括，抓住问题的实质，并做出正确的决策。这就是管理者应具备的概念职能。

概念技能包含一系列的能力：能够把一个组织看成一个整体的能力，能够识别某一领域的决策会对其他领域产生何种影响的能力，能够提出新想法和新思想的能力，以及能够进行抽象思维的能力。

上述三种技能是各个层次管理者都需要具备的，只是不同层次的管理者对这三项技能的要求程度会有区别。一般来说，越是处于高层的管理人员，越需要制定全局性的决策，所做的决策影响范围越广、影响期限越长。因此，他们需要更多地掌握概念技能，进而把全局意识、系统思想和创新精神渗透到决策过程中。由于他们并不经常性地从事具体的作业活动，所以并不需要全面掌握完成各种作业活动必须具备的技术技能。但是，他们也需要对技术技能有基本的了解，否则就无法与他们所主管的专业技术人员进行有效的沟通，从而也就无法对他们所管辖的业务范围内的各项管理工作进行具体的指导。

第二章 企业管理基础知识

第一节 现代企业经营管理

一、现代企业经营管理概论

（一）企业经营管理与经营职能

1. 企业经营管理的含义

企业经营管理是指在市场经济条件下，对企业经营活动具有支配作用的人，面向市场和用户需要，平衡企业内外一切条件和可能，自觉地利用价值规律，通过一系列的运筹、谋划活动去达成企业目标。企业经营管理是一个连续不断的循环过程。现代企业经营管理是现代企业管理的重要组成部分。

2. 企业经营管理的职能

（1）决策职能

决策是企业管理的基本职能。企业经营管理过程中无时无刻不在进行着决策，因此可以说经营管理在一定程度上就是决策。在企业经营管理中，决策是指为了达到某个特定的目标，在经过详细的调查和严密分析的基础上，借助一定的科学手段和方法，从两个以上的可行方案中，选择最优方案，并付诸实施的过程。

（2）计划职能

计划就是在调查研究和总结经验的基础上预测未来，以一种合理的、经济的和系统的方式对企业未来的发展目标做出决策，然后把确定的目标进行具体安排，制订长期和短期计划，确定实现计划的措施和方法。

（3）协调职能

所谓协调，就是指消除管理过程中各环节各要素之间的不和谐状态，加强相互之间的合作，达到同步配合发展的目的。协调可分为对外协调和对内协调、垂直协调和水平协调。对外协调是指本企业与外界环境之间的协调，如企业与国家、市场和其他单位之间的协调；对内协调是指企业内部各部门、各环节之间的协调。垂直协调是指对上下级机构和人员之间的纵向协调；水平协调是指企业内部各部门、各单位之间的协调。

(4) 开发职能

有效的经营管理必须善于有效地开发和利用各种资源。企业经营管理中开发职能的重点在于产品的开发、市场的开发、技术的开发、人才的开发等方面。

(5) 财务职能

企业的经营管理过程始终与财务活动相伴随。财务活动就是资金的筹措、运用与增值。企业各项经营管理活动的计划与决策都离不开对财务因素的考虑，因此，财务职能已经逐渐成为合格的管理者应具备的一项基本职能。

(6) 公关职能

企业是社会经济系统的一个子系统，是进行经济活动的基本单位。企业与社会经济系统的诸多环节保持协调一致的职能便是公关职能。公关职能要求管理者以企业为中心，有意识地进行积极的协调和必要的妥协，使各种利益团体根据各自的立场，对企业的生存与发展给予承认与合作。

(二) 企业经营思想与经营目标

1. 企业经营思想

企业的经营思想也称为企业的经营哲学，是指贯穿企业经营活动全过程的指导思想，它是由一系列观念或观点构成的，对企业经营过程中发生的各种关系的认识和态度的总和。具体包括以下六个观念：

(1) 市场观念

树立市场观念，就是要以市场为导向，不断开发市场需要的产品，满足市场的需要，并创造市场需求。

(2) 客户观念

客户是市场与消费者的具体组成部分，满足市场的需求要从研究客户入手，树立"用户至上"的理念。

(3) 竞争观念

在市场经济条件下，企业时刻面临着竞争，企业要敢于竞争又要善于竞争，要懂得竞争与合作并存，而不是盲目的竞争。

（4）创新观念

企业的生命力在于创新能力。创新观念既包括产品创新、服务创新、技术创新，也包括经营理念与方式创新。

（5）开发观念

开发观念要求企业经营者善于将企业中的资金、物质资源、人力资源、市场资源、技术资源、信息资源、管理资源等各种资源不断开发并合理利用。

（6）效益观念

企业经营的根本目的包括社会效益和经济效益两方面，也是企业经营的任务所在。企业的社会效益包括以产品或服务满足社会需求、为社会提供就业机会、树立价值典范等，经济效益是指企业经营中产生的利润。

2. 企业经营目标

经营目标是企业在一定时期内，其生产经营活动所期望达到的最终目的。根据经营目标的重要性划分，可以将经营目标分为战略目标与战术目标。战略目标是指企业经营活动的方向和所要达到的水平，包括成长性目标，如销售额与销售增长率、利润额与利润增长率、资产总额、设备能力、品种、生产量等；稳定性目标，如经营安全率、利润率、支付能力等；竞争性目标，如市场占有率等。战术目标是战略目标的具体化，一般具有短期性。

（三）企业经营环境分析

企业经营环境分析包括外部环境分析和内部环境分析两大部分。企业外部环境分析包括对政治环境、经济环境、法律环境、社会文化环境、科学技术环境、自然地理环境等方面的分析。内部环境分析包括对企业资源、内部管理、市场营销能力、财务状况、研发能力、生产能力、营运能力等的分析。

（四）企业竞争分析

产业竞争结构分析模型，即五力分析法。一个产业的竞争状态取决于五种基本的竞争力量，即新加入者的威胁、购买者的议价能力、替代品或服务的威胁、供应者的议价能力、行业现有企业的竞争力。

五力分析法可以让企业清楚地分析所在行业中的竞争状况，以及竞争压力的来源，使企业能够正确地采取措施应对竞争。

二、现代企业经营决策与计划

（一）经营决策及分类

经营决策是指企业为了达到一定的经营目标，在国家宏观产业政策与规划的指导下，在市场调查和市场预测的基础上，运用科学的方法，根据一定的价值准则，从两个或两个以上的备选方案中，选择一个比较满意方案的过程。

企业决策主要涉及企业总体发展战略模式的选择、经营战略目标的抉择、经营策略的制定等问题。企业经营决策可以按照不同的标志加以分类。

1. 根据决策问题的性质可分为战略性决策、管理性决策和业务性决策。
2. 根据决策者在企业组织中的层次，可以分为高层决策、中层决策和基层决策。
3. 按决策问题是否重复出现，可以分为程序性决策和非程序性决策。
4. 按决策问题所处的条件不同，可以分为确定型决策、风险型决策和非确定型决策。

（二）经营决策的原则与程序

1. 经营决策的原则

一个高质量的决策，除了具有好的决策基础和运用科学的决策方法外，还必须遵循一些基本原则。

（1）全局性原则

（2）整体性原则

（3）可行性原则

（4）经济效益原则

2. 经营决策的程序

要做出正确的决策，必须有一个科学的决策程序，它主要分为：提出问题；确定决策目标；搜集资料；拟订多种方案；选择最满意方案；实施方案及反馈六个步骤，每个步骤之间的关系如图2-1所示。

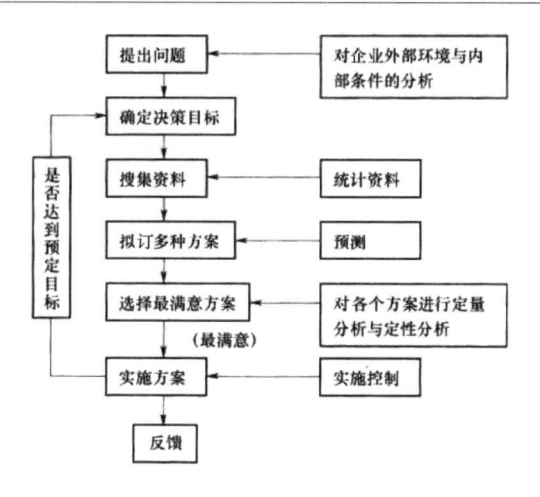

图 2-1　经营决策程序关系图

（三）经营决策方法

根据决策问题所处的条件，企业的决策方法可以分为确定型、风险型和非确定型三类。

1. 确定型决策方法

确定型决策所处理的未来事件的各种自然状态是完全稳定而明确的。线性规划法和盈亏平衡分析法是两种常用的确定型决策方法。在这里仅介绍盈亏平衡分析法。它是一种简便有效、使用范围较广的计量决策方法。

盈亏平衡分析法是依据与决策方案相关的产量（销售量）、成本（费用）、盈亏的相互关系，分析决策方案对企业盈亏发生的影响来评价和选择决策方案的。盈亏平衡分析法就是研究企业生产经营活动中盈亏问题的一种经济数学模型。盈亏平衡点，是指企业生产某种产品，在一定条件下，经营结果既不盈也不亏，其产品销售收入等于产品总成本之点。因此，盈亏平衡点又被称为盈亏临界点或保本点。如图 2-2 所示，以 X 轴表示产量，Y 轴表示销售收入和成本，Q 点即为盈亏平衡点。

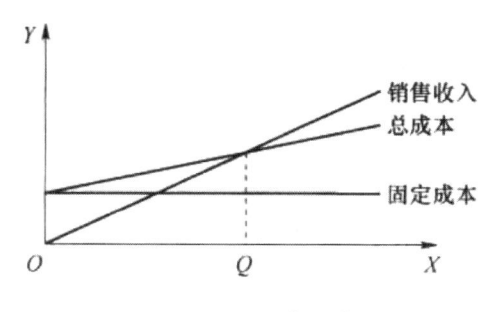

图 2-2　盈亏平衡示意图

盈亏平衡点的基本计算公式为：

$$Q = C/(P-V)$$

式中，Q 代表盈亏平衡点产量（或销售量）；C 代表固定成本；P 代表销售单价；V 代表单位产品变动成本。

盈亏平衡点销售额计算公式为

$$R = C/(1-V/P)$$

式中，R 代表盈亏平衡点销售额；其余变量同前式。

2. 风险型决策方法

风险型决策的特点是对问题的未来情况不能事先确定，是随机的，但对未来情况发生的各种可能情况的概率是可以知道的，根据各种情况的概率和损益值计算得到各方案的期望值，对不同方案的期望值进行比较，期望值大的方案为最优方案。风险型决策可以采用决策表法和决策树法。

（1）决策表法

决策表法是利用决策矩阵表（又称期望值表），计算各方案的损益期望值进行比较的一种方法。其计算公式为：

$$EVM_j = \sum_{i=1}^{m} P_i Q_{ij}$$

式中，EVM_j 代表第 j 个方案的损益期望值，j=1，2，3，…，n；P_i 代表第 i 种自然状态出现的概率，i=1，2，3，…，Q_{ij} 代表第 j 个方案在第 i 种自然状态下的条件损益值。

需要说明的是，以上公式计算出来的数值是各方案的年度期望值，而没有考虑各方案的年限和投资额因素。

（2）决策树

决策树是把与决策有关的方案列成树枝形的图表，使管理人员能形象地分析要决策的问题，然后对决策树的各个方案，计算出它的期望值，比较期望值的大小，就能找出较好的方案。

决策树是由方框"□"和圆圈"○"为节点，并由直线连接而成的一种形状如树枝的节构图。方块代表是决策节点，由它引出的若干树枝，表示不同的自然状态，构成为概率枝。在概率枝的末端列出不同状态下的损益值，如图2-3所示。

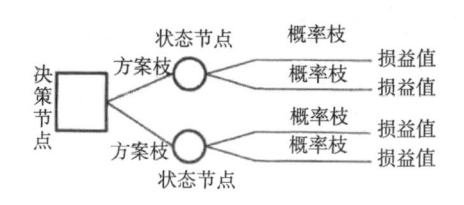

图 2-3 决策树图

3. 非确定型决策方法

非确定型决策的特点是对问题的未来情况不但无法估计其结果，而且也无法确定在各种情况下结果发生的概率，在这种情况下，方案的选择主要取决于决策者的经验，其对企业和环境状况的分析判断能力，以及审时度势的胆略。非确定型决策方法主要有以下几种：

（1）大中取大法

大中取大法也叫乐观决定法。这一抉择标准的基本思想是持乐观态度，先从各方案中取出其最大收益值，然后从选出的最大值中再选出最大值，以最大值所在方案为决策方案。这种方案常常为敢冒风险的进取型决策者所采用。

（2）小中取大法

小中取大法也叫悲观决定法。这一抉择标准的基本思想是对客观情况持悲观态度，把不利因素看得较重，在每个方案中选定一个最小收益值，在所有最小收益值中再选取其中最大者为最优方案。如果是损失值，则选取损失最大值中最小者的方案为最优方案。采取此种方法的决策者通常为稳重型。

（3）等概率法

等概率法是在假设自然状态出现的概率相等情况下，选取期望收益值最大方案为最优方案的方法。

（4）后悔值法

后悔值法也叫最大后悔值中求最小值法。决策者往往都有因情况变化而后悔的经验，如何使选定方案后可能出现的后悔值达到最小，因此就可以把后悔值作为一个决策标准来进行决策。后悔值法首先要找出每种自然状态下的最大收益值；其次，分别求出每种自然状态下各方案的后悔值（后悔值=最大收益值-方案收益值）；再次，编制后悔矩阵表，找出每个方案的最大后悔值；最后，比较各个方案的最大后悔值，选取最大后悔值中最小者为最优方案。

三、现代企业新产品开发与管理

（一）新产品及新产品开发程序

1. 新产品的概念

工业企业的新产品是指国内、本地区内、本企业内第一次试制成功的产品，或原来生产过，但做了重大改造，在结构、技术性能、材质等几方面或一方面有显著改进和提高的产品。

2. 新产品开发程序

开发新产品是一项十分复杂并且风险很大的工作。一般说来，一项新产品从构思到成功上市的发展过程，大体上经过市场调研；寻求创意；新产品开发创意的筛选；新产品开发决策和设计任务书编制阶段；新产品设计阶段；新产品试制阶段；新产品试验与评价鉴定；市场试销阶段；正式生产和销售九个阶段。

（二）新产品开发管理

新产品开发是一个复杂的系统工程，为了使新产品开发能够顺利进行，企业在新产品的规划、评价和组织管理工作方面应进行适当安排，以取得预期成果。

1. 新产品开发管理的作用

新产品开发管理工作主要是进行具体的规划、预算，进行机构设置和人员配备，并进行过程控制，以保证新产品开发活动的顺利进行。

2. 新产品开发的组织形式

新产品开发需要创新作为动力，因此，企业进行该项活动应具有不同的组织形式，以下是目前应用最为广泛的几种新产品开发的组织形式。

（1）设立临时的新产品开发组织

（2）设立专门的新产品开发委员会

（3）设立矩阵小组

（4）设立产品经理

（5）设立独立的新产品部门

（6）依靠外部组织

（7）依靠上游企业与下游企业的配合

（三）新产品营销策略

新产品营销策略的选择首先要明确营销目标。新产品的营销目标就是向目标市场的消费者传递新产品的信息，激发他们的购买动机，进而产生购买行为，实现产品创新利润。新产品进入市场的时间不同，其营销策略也是不同的。

1. 早期进入市场策略

早期指领先于其他对手而率先在市场上推出自己的产品。这一时期往往对应着产品生命周期的第一阶段即投入期，市场存在着高风险和不确定的因素。在这一时期也较容易建立行业的进入壁垒。

2. 同期进入市场策略

同期是指与其他厂商同时或在十分接近的时间里将新产品推向市场，在这段时间，消费者还没有对一种品牌形成偏好。这一时期应该迅速定位，进入并占领一个细分市场。

3. 晚期进入市场策略

晚期是指竞争对手进入市场后，再将自己的新产品推向市场。采取晚期进入策略是为了取得长期竞争优势。晚期进入一方面可以规避风险，另一方面可以学习对手的经验。实施该项策略也要通过对手的市场开拓和对消费者偏好的了解发现自己新产品的特点和可能的消费者，还要善于发现未被开拓的细分市场。

四、现代企业销售管理

（一）销售管理概述

在科特勒的《营销管理》一书中对营销管理定义如下：营销管理是为了实现各种组织目标，创造、建立和保持与目标市场之间的有益交换和联系而设计的方案的分析、计划、执行和控制。达林普教授定义如下：销售管理是计划、执行及控制企业的销售活动，以达到企业的销售目标。由此可见，销售管理是制定并执行市场营销策略，并对销售活动进行管理。

（二）销售计划管理

销售计划是指在进行销售预测的基础上，设定销售目标数额，并进行任务分配，随后编写销售预算，来支持未来一定期间内的销售配额的达成。销售计划是各项计划的基础。

销售计划书应包含以下内容：

1. 市场分析。也就是根据了解到的市场情况，对产品的消费群体等进行定位。

2. 销售方式。就是找出适合自己产品销售的模式和方法。

3. 客户管理。就是对已开发的客户进行服务，促使他们购买；对潜在客户进行跟进。

4. 销量任务。销售的主要目的就是要提高销售任务，只有努力地利用各种方法完成既定的任务，才是计划作用所在。

5. 考核时间。销售计划可分为年度销售计划、季度销售计划、月销售计划。三种销售计划考核的时间也不一样。

6. 总结。就是对上一个时间段销售计划进行评判。计划不是一成不变的，要根据市场的情况进行调整。

（三）销售人员管理

销售人员管理也叫销售人力资源管理，是为组织的销售机构吸收、开发和保留合格工作人员的活动。主要包括销售人员规模设计、销售人员激励和销售人员考评。

1. 销售人员规模设计

企业销售人员的数量多少一般受企业的业务增长情况和人员流动率两个因素的影响。

对于销售人员的配置方法，可按地区分派、按产品分派、按不同顾客分派或按综合因素分派。

2. 销售人员的激励

对销售人员的激励方式主要有以下几种：

（1）环境激励。环境激励是指企业创造一种良好的工作氛围，使销售人员能心情愉快地开展工作。

（2）目标激励。目标激励是指为销售人员确定一些拟达到的目标，如销售额、访问户数等，以目标来激励销售人员上进。

（3）财务激励。财务激励主要有薪金、佣金、奖金、福利等形式。

（4）精神激励。精神激励是指对做出优异成绩的销售人员给予表扬，以此来激励销售人员追求上进。

（5）授权激励。授权是责权一起授，要求尽可能明确每个被授权销售人员应负的责任，让他们承担更多的任务，并享有相应的权利，完成得好还应给予奖励。

（6）竞赛激励。销售竞赛是为了鼓励销售人员超常发挥，以达到短期的特定目标而开展的比赛。竞赛中的优胜者可以得到财务与非财务报酬的机会。

（四）客户管理

客户管理是指对客户的业务往来关系进行管理，并对客户档案资料进行分类和处理，从而与客户保持长久的业务关系。

客户管理包括以下四方面内容：

1. 客户基本资料管理
2. 交易状况管理
3. 客户关系管理
4. 客户风险管理

第二节　现代企业生产管理

一、生产过程组织

（一）生产环境概况

1. 生产环境与市场需求

生产环境主要是指用户不断变化的需求，是指企业所面临的不断变化的经济、政治、法律和环境状况、市场潜力等。用户的需求是生产环境中最重要的影响因素。企业若不提供产品，或者所提供的产品品种、质量或其他问题不为消费者接受，企业就不能满足消费者的需求，不会得到社会的承认。因此，企业生产管理的结果应是所生产的产品必须能够满足市场的需求。

2. 现代技术的发展

（1）工业工程（IE）

美国工业工程学会认为，工业工程是研究把人、物料、设备等组成集体系统，对该系统进行设计、改进和组织配置的科学。

（2）成组技术（GT）

成组技术是组织多品种、中小批量生产的一种科学方法。它将企业生产的各种产品，以及组成产品的各种部件、零件，按结构和工艺上相似原则进行分类编组，并以"组"为对象组织技术工作和管理生产。

(3) 并行工程（CE）

并行工程也称同步工程，是相对于传统的"串行工程"而言的。它是指产品的设计和制造及其相关过程的多项任务交叉进行，在设计阶段同步实现设计与产品生命周期的过程，要求产品开发者在设计阶段就考虑到包括设计、工艺、装配、检验、维护、可靠性、成本、质量等在内的产品生命周期中的所有因素。

(4) 敏捷制造（AM）

敏捷制造就是在 20 世纪 80 年代市场竞争日趋激烈的背景下提出来的，其指导思想是"灵活性"，其优势在于：通过提高灵活性，增强企业的应变能力和竞争能力。

(5) 精益生产

精益生产既是一种原理，又是一种对人类社会和人们的生活方式影响最大的新的生产方式。精益生产方式具有以销售部门作为企业生产过程的起点，产品开发采用工程方法，生产按多品种、小批量生产等特点。

(6) 世界级制造（WCM）

世界级制造的概念应包括四方面：无缺陷的全面质量管理新技术；准时生产方式；充分授权的工人自主管理；满足用户要求的高度的柔性制造系统。

（二）生产过程的组织与生产方式

1. 生产管理与生产过程概述

生产是一切社会组织将它的输入（生产要素）转化为输出（产品或服务）的过程，或者创造产品或服务的过程。生产管理就是对这一过程进行计划、组织和控制，目的在于高效、低耗、灵活、准时地生产出合格产品和提供令顾客满意的服务。

2. 生产过程组织与生产方式

合理组织生产过程，需要将生产过程的空间组织与时间组织有机地结合起来，充分发挥它们的综合效率。

(1) 生产过程的空间组织

生产过程的空间组织主要是研究企业内部各生产阶段和各生产单位的设置及运输路线的布局问题，即厂房、车间和设备的布局设置。企业内部基本生产单位的设备布置，通常有工艺专业化设备布置、对象专业化设备布置和成组式设备布置三种基本形式。

①工艺专业化。工艺专业化也叫工艺原则。它是按照生产过程的工艺特点建立生产单位的形式。在工艺专业化的生产单位内，配置同种类型的生产设备和同工种的工人，对企业生产的各种产品零件进行相同工艺方法的加工。每一个生产单位只完成产品生产过程中部分的工艺阶段或工艺加工工序，不能独立地生产产品。

②对象专业化。对象专业化也叫对象原则。它是按照产品零件、部件的不同来设置生产单位的形式。在对象专业化的生产单位里，配置了为制造某种产品所需的各种不同类型的生产设备和不同工种的工人，对其所负责的产品进行不同工艺方法的加工。其工艺过程基本上是封闭的，能独立地生产产品、零件、部件，如汽车制造厂的发动机车间等。

③混合形式。混合形式也叫混合原则、综合原则。它是把工艺专业化和对象专业化结合起来设置生产单位的形式。它有两种组织方法：一种是在对象专业化的基础上，适当采用工艺专业化形式；另一种是在工艺专业化的基础上，适当采用对象专业化形式。这种形式灵活机动，综合了工艺专业化和对象专业化的特点。因此，许多生产单位都是采用这种形式来设置的。

（2）生产过程的时间组织

生产过程组织在时间上要求生产单位之间、各工序之间能够相互配合、紧密衔接，保证充分利用设备和工时，尽量提高生产过程的连续性，缩短产品生产周期。

如果同时制造一批相同的产品，各工序在时间上的衔接方式有以下三种：

第一，顺序移动方式。一批零件在前工序全部加工完成以后，才整批地运送到下道工序加工。

第二，平行移动方式。在一批在制品中，每一个零件在上一道工序加工完毕后，立即转移到后道工序继续加工，形成各个零件在各道工序上平行地进行加工作业。

第三，平行顺序移动方式。这是将前两种移动方式结合起来，取其优点，避其缺点的方式。

企业的生产方式一般按专业化程度和工作地点专业化程度可划分为大批量生产、成批生产和单件生产。

大批量生产的特点是生产同一种产品的产量大，产品品种少，生产条件稳定，经常重复生产同种产品，工作地点固定加工一道或几道工序，专业化程度高。

成批生产的特点是产品品种较多，各种产品的数量不等，生产条件比较稳定，每个工作地点要负担较多的工序，各种产品成批轮番生产，工作地点专业化程度比大量生产要低。

单件生产类型的特点是产品品种很多,每种产品只生产单件或少数几件之后不再重复,或虽有重复但不定期,生产条件很不稳定,工作地点专业化程度很低。

3. 生产与运作系统

生产运作系统是指与实现规定的生产目标有关的生产单位的集合体,是一个人造的、开放的和动态的系统。根据系统理论,生产系统是由物流、信息流和资金流三大部分组成的系统。生产与运作系统的运行包括人事管理、库存计划控制、进度安排、项目管理和质量保证等。

二、质量管理

(一) 现代企业质量管理的一般概述

1. 产品质量形成的规律与全面质量管理

产品质量的形成不是市场部门宣传出来的,也不是生产部门生产出来的,更不是依靠检验部门检验出来的,而是对产品实现全过程质量管理的结果,在过程中每个环节都直接影响到产品的质量。质量形成过程的另一种表达方法就是"质量环"。

在推行全面质量管理时,要求做到"三全一多",即全面的质量管理、全过程的质量管理、全员参加的质量管理所采用的方法是科学的、多种多样的。

第一,全面的质量,是包括产品质量、服务质量和工作质量在内的广义质量。

第二,全过程,即不限于生产过程,还包括从市场调研到售后服务等质量环中所包含的各环节。

第三,全员参加,即全体企业职工都要参加。

第四,多方法,全面质量管理是集不同现代管理科学和工程技术为一体的先进科学管理体系,借鉴了所有先进管理思想和技术方法。

2. 企业质量管理的基础工作

(1) 质量教育

(2) 标准化工作

(3) 计量工作

(4) 质量信息工作

(5) 质量管理小组活动

（二）生产过程的质量控制

1. 技术准备过程的质量控制

技术准备过程是根据产品设计要求和企业生产规模，把材料、设备、工装、能源、测量技术、操作人员、专业技术与生产设施等资源系统合理地组织起来，进行过程策划，规定工艺方法和程序，分析影响质量的因素，采取有效措施，确保生产正常进行，使产品质量稳定地符合设计要求和控制标准的全部活动。

2. 制造过程的质量控制

生产制造过程的质量控制是指从材料进货到形成最终产品全过程的质量控制，其基本任务是：严格贯彻设计意图和执行技术标准，对过程实施控制，以确保过程能力，并建立起能够稳定地产出符合要求的产品的生产系统。

3. 辅助服务过程的质量控制

辅助服务过程主要包括物资采购供应、设备维修保养、工艺装备及工具制造与供应、动力供应、仓储、运输、通信及后勤保障等。辅助服务过程的质量控制是不可忽视的环节。

三、人力资源开发与管理

（一）人力资源开发与管理概述

1. 人力资源及其特点

人力资源有广义和狭义之分，广义的人力资源认为凡是智力正常的人都是人力资源。狭义的人力资源概念有以下几种说法：

第一，人力资源是指一个国家或地区有劳动能力的人的总和。

第二，人力资源是指具有智力或体力劳动能力的人们的总和。

第三，人力资源是指一切具有为社会创造物质文化财富，为社会提供劳务和服务的人。

第四，人力资源是指包含在人体内的一种生产能力。如果这种生产能力没有发挥出来，这就是潜在的劳动生产能力；如果发挥出来，它就变成了现实的劳动生产能力。

因此可以说，所谓人力资源，是指存在于人身上的社会财富的创造力，是人类可用于生产产品或提供服务的体力、技能和知识的总和。

人力资源具有以下特点：

（1）人力资源的可再生性

人力资源的可再生性体现在三方面：一是通过人的自身繁衍，人力资源可不断地再生产出来；二是人的体力和脑力在消耗后通过休息和补充能量能够得到恢复，而且如果人的技能和知识陈旧过时了，还可以通过学习等手段得到更新；三是人力资源的使用过程也是一个持续开发和再生的过程。

（2）人力资源的时效性

人力资源的时效性是指人力资源无法储存，其发挥作用要受其生命周期的限制。人力资源的有效时期是人能够正常工作的时期，年老或因意外丧失劳动能力后就不属于人力资源范围了。

（3）人力资源的能动性

人力资源是诸多生产要素中唯一具有主观能动性的生产要素。人通过发挥主观能动性作用于其他生产要素，并通过劳动过程创造社会财富。

（4）社会性

人类本质上是一种依靠群体力量而生存发展的社会动物。个人的创造力受社会关系、文化气氛的影响和制约。

（5）资本性

人力资源是资本性资源，可以进行投资并得到回报。

（6）系统性

不同类型的个体人力结合在一起，形成一个有机互动的系统，该系统的能力要远远超过单个人力量的简单总和。

2. 人力资源开发与管理的含义与内容

人力资源管理是指运用现代化的科学方法，对与一定物力相结合的人力进行合理的培训、组织与调配，使人力、物力经常保持最佳比例，同时对人的理想、心理和行为进行恰当的引导、控制和协调，充分发挥人的主观能动性，使人尽其才，事得其人，人事相宜，以实现组织目标的过程。简言之，就是对人力资源进行有效开发、合理利用和管理的过程。

从人力资源管理的过程和职能来看，其内容包括员工招聘、选拔、考核、绩效评估、薪酬、激励、培训开发、职业生涯设计与组织发展和劳务关系等。

人力资源的开发是一个应用性交叉学科，它是以提升为目标，以问题为导向，系统性地研究人员的培训与发展和组织发展中存在的问题并解决问题的过程。人力资源开发包括分析、建议、创造、实施、评估五个阶段的过程。

3. 人力资源开发与管理的基本原理

人力资源开发被认为通过心理学理论、经济学理论与系统论这三个核心理论领域来得到解释和支持。经济学理论被认为是组织的基本动力和生存指南；系统论能够辨识增强或遏制一个组织的目标、构件及其相互关系；心理学理论以分析文化和行为的差异为基础，在人与生产力之间架起了一座桥梁。它们是独特的、有力的和互补的，一起构成了支撑人力资源开发（HRD）学科的核心理论。

（二）人力资源开发

1. 人力资源开发的基本途径与方法

（1）劳动技能开发

劳动技能的开发既包括劳动者从事体力劳动的技巧，也包括劳动者从事脑力劳动的能力。体力劳动技巧的开发是新技术、新工艺、新方法、新设备等的学习与掌握；脑力劳动能力的开发是专业知识、学术动态等的学习、交流与讨论。

（2）生理素质开发

生理素质开发是依据个体的生理机能充分地发掘其潜能和发挥其能力。

（3）心智水平开发

心智水平开发是运用科学的手段和方法，强化人的知识和能力。

（4）道德修养开发

所谓道德修养，是指人们依据一定的道德规范和原则而进行的自我锻炼、自我改造、自我陶冶、自我教育的道德实践活动，以及在这一过程中所形成的道德修养和达到的道德境界。

2. 人员培训

培训是指组织或员工本人为达到既定目标、围绕提高学习和工作能力而开展的有组织、有计划、有目的的培养和训练活动。

人员培训方法多样，常用的方法主要有以下几种：

（1）辅导法

传统的师傅带徒弟便是一种辅导法。辅导法成本低、针对性强、灵活性大，尤其适合于技术技能、人际关系技能和决策技能的培训。

（2）讲授法

讲授法成本低、操作灵便、信息量大、前沿性强，适合于企业主管的培训，有利于保持主管层信息新颖性和思维活力。

（3）研讨会

研讨会成本低，且员工参与性强，能激发员工主动学习，综合效应好。研讨会不但能提高员工素质，加强员工之间沟通，还具有公关宣传功能。

（4）案例研讨

案例研讨是一种针对企业高级管理人员的具有主动性学习特征的培训方法。通过案例研讨，可以丰富高级管理人员的间接经验，使他们不断换位思考，提升决策与沟通能力。

（5）岗位轮换

岗位轮换能使员工掌握更多的技术技能，有利于企业内部的沟通。

（6）电脑网络培训

这是近年来流行的一种新型的计算机网络信息培训方式。这种方式投入较大，可以节省学员集中培训的时间与费用，是培训发展的一个重要趋势。

（7）学校正规教育

企业与学校合作，把学校作为一个培训员工的基地，广泛开展校企合作。

（8）情景模拟

常用的情景模拟培训方法主要有公文处理、无领导小组讨论、角色扮演、管理游戏等。

四、企业设备管理

（一）设备的选购与使用

1. 设备的选购

设备的选购，是指新设备从企业外部经过选择、购买、运输、安装、调试进入企业的生产过程，是设备管理的首要环节。设备选购的程序主要有三步：

第一，广泛收集设备的市场信息，对其中可供选择的设备进行详细考察，全面掌握有关数据资料；

第二，通过技术经济论证，从中选择最优方案；

第三，按最优方案购置设备。

2. 设备的合理使用

设备的使用是设备整个寿命周期中的一个主要阶段，它所经历的时间最长。设备在整个寿命周期中发挥的作用及其经济效果如何，固然取决于设备本身的设计结构和性能，但也在很大程度上取决于人们对设备的合理使用。

第一，根据设备的结构、性能和技术经济特点，恰当地安排加工任务和工作负荷。

第二，为设备配备具有相当熟练程度和技术水平的操作者。操作者应熟练并掌握设备的性能、结构、工艺加工范围和维护保养技术，做到"三好""四会"（用好、管好、保养好；会使用、会保养、会检查、会排除故障）。

第三，制定并严格执行设备使用与维护方面的规章制度。设备使用与维护的规章制度是指导工人操作和保养设备的技术文件，如设备的操作规程、设备的润滑规程等。

第四，为设备创造良好的工作条件。根据设备使用与维护的要求，搞好文明生产，保持设备本身和工作环境的整洁；根据设备的需要，安装防护、防潮、防尘、防腐、防震、保暖、降温等装置；配备必要的测量、保险用的仪器装备等。同时，对于相互干扰影响的设备，在设备布置时，要做出合理布局，并采取隔离措施。

第五，经常对员工进行正确使用与爱护设备的宣传教育。

（二）设备的维护与修理

1. 设备的磨损规律

设备的磨损规律是进行设备维护保养和修理的重要依据。设备在运转过程中，由于零件的相对运动产生摩擦，形成磨损。设备在使用过程中，发生磨损大致可分为三个阶段：

（1）初级磨损阶段

这一阶段，零件之间表面磨损较快，但不影响设备的技术性能，仅是把表面磨平，逐渐适应生产环境，设备生产效率也逐步提高并趋向于稳定。这一阶段时间较短。

（2）正常磨损阶段

这一阶段，设备的可靠性基本稳定，零件磨损值增加缓慢，设备容易保持最佳的技术状态，创造出比较稳定的最高生产率。这段时间占设备寿命周期的很大一部分。

（3）急剧磨损阶段

这一阶段，设备磨损已达到一定限度，零件的正常磨损被破坏，设备的性能、精度迅速降低，如果不及时修复，设备的技术性能下降，生产率也降低，并容易产生生产事故和设备事故。在此前阶段就要进行修理。

2. 设备的保养

设备的维护保养是设备自身运动的客观要求，其目的是及时地处理设备在运动中由于技术状态的发展变化而引起的大量、常见的问题，随时改善设备的使用状态，保证设备正常运行。设备的维护保养工作，依据工作量大小、难易程度，可划分为以下几类：

（1）例行保养

例行保养，又称日常保养，它的保养项目和部位较少，大多数在设备的外部，由操作工人承担，在交接班时作为检查内容。

（2）一级保养

它的保养内容项目较多，由设备外部进入设备内部。它是在专职检修人员指导配合下，由操作人员承担，定期进行的。

（3）二级保养

它的保养项目和部位最多，主要在设备内部。它是由专职检修人员承担，操作人员协助，定期进行的。

3. 设备检查

设备检查是对设备的运行状况、工作精度、磨损或腐蚀情况进行检查和校验，及时消除隐患。设备检查分类：按间隔时间不同可分为日常检查和定期检查；按技术功能分为机能检查和精度检查。

4. 设备修理

设备修理是指修复由于正常原因而引起的设备损坏，从而使设备的有形磨损得到局部补偿。根据修理内容、要求和工作量大小的不同，通常分为小修、中修和大修。

（三）设备的更新与改造

1. 设备的更新

设备的更新改造时间不仅取决于设备自身的磨损，也取决于科学技术的发展，还取决于经济上的考虑，因此设备更新期的确定应从这三个因素去分析评价。

设备更新期决策可采用追踪测算法和经济寿命法。追踪测算法是指通过追踪测算每次大修理的实际费用和当时的设备残值，并与新设备价值进行比较来确定更新周期。经济寿命法是指通过计算设备的经济寿命来确定设备的更新期。设备经济寿命计算的依据是设备的年运行费用，包括设备的平均折旧费、营运费用和维修费用。

2. 设备的改造

随着时间的推移，生产设备在结构上会产生磨损，导致价值减少，同时在技术上会逐渐落后，导致使用价值降低，因此，设备就会产生折旧。但可通过改变原有设备的结构，提高原有设备的性能、效率，使设备局部达到或全部达到现代新型设备的水平，即进行设备改造。由于设备改造比更新的费用少，见效快，适应性好，对促进企业技术进步有重要意义。

五、管理信息系统

（一）管理信息系统的发展过程

1. 管理信息系统的概念和特性

管理信息系统（Management Information System，MIS）是用系统思想建立起来的，以电子计算机为基本信息处理手段，以现代通信设备为基本传输工具，且能为管理决策提供信息服务的人机系统。

管理信息系统具有以下特性：

第一，完善的 MIS 具有以下四个标准：确定的信息需求、信息的可采集与可加工、可以通过程序为管理人员提供信息、可以对信息进行管理。

第二，具有统一规划的数据库是 MIS 成熟的重要标志，它象征着 MIS 是软件工程的产物。

第三，通过 MIS 实现信息增值，用数学模型统计分析数据，实现辅助决策。

第四，MIS 是发展变化的，MIS 有生命周期。

第五，MIS 的开发必须具有一定的科学管理工作基础。只有在合理的管理体制、完善的规章制度、稳定的生产秩序、科学的管理方法和准确的原始数据的基础上，才能进行MIS 的开发。

2. MIS 的类型

目前，以管理信息系统为核心的各类信息系统在企业中已经得到广泛的应用，下面就介绍几种目前在企业中日益普及的新型管理信息系统。

（1）企业资源计划系统（ERP 系统）

企业资源计划（Enterprise Resource Planning，ERP）是指建立在信息技术基础上，以系统化的管理思想，为企业决策层及员工提供决策运行手段的管理平台。该系统把企业的物流、资金流、信息流统一起来进行管理，实现企业经济效益的最大化。

ERP 系统的基本功能模块包括财务模块、生产控制管理模块、物流管理模块、人力资源管理模块、企业情报管理模块。其扩展功能有：供应链管理、客户管理及销售自动化、电子商务。

（2）供应链管理系统

供应链管理（Supply Chain Management，SCM）系统是对供应链中的信息流、物流和资金流进行设计、规划和控制，从而提高供应链中各成员的效率和效益的管理过程。

国内供应链管理系统的功能主要包括需求管理、渠道管理、促销管理、采购管理、集成管理、综合分析。

（3）客户关系管理系统

客户关系管理（Customer Relationship Management，CRM）系统是指基于信息技术获得并管理客户知识，建立客户忠诚和创造客户价值，从而使企业的成本和利益最优化并保持竞争优势的信息系统。

CRM 系统的基本功能有：客户管理、联系人管理、时间管理、潜在客户管理、销售管理、电话营销和电话销售、营销管理、客户服务。扩展功能有：呼叫中心、合作伙伴关系管理、知识管理、商业智能、电子商务。

（4）电子商务系统

一般认为，电子商务（Electronic Commerce，EC）就是在互联网环境下，实现消费者的网上购物、商户之间的网上交易和在线电子支付等的一种新型的商业运营模式。我们将帮助企业完成电子商务活动的信息系统（包括门户站点、与电子商务相关的企业内部系统等）统称为电子商务系统。

电子商务系统的组成包括企业内部信息管理系统、电子商务基础平台、电子商务服务平台、电子商务应用系统、电子商务应用表达平台、电子商务的物流系统、安全保障环境。

3. MIS 的发展历程

管理信息系统经历了从简单到复杂，从单机到网络，从功能单一到功能集成，从传统到现代的演化。MIS 的发展历程大致分为电子数据处理系统（EDPS）、管理信息系统（MIS）、决策支持系统（DSS）三个阶段。

（1）面向业务的电子数据处理系统（EDPS）

它是利用计算机处理代替人工操作的计算机系统，特点是面向操作层，以单项应用为主，数据资源不能共享，以批处理方式为主。EDPS 较少涉及管理问题，它是管理信息系统发展的初级阶段。

（2）面向管理的管理信息系统（MIS）

MIS 更强调信息处理的系统性、综合性，除要求在事务处理上的高效率外，还强调对组织内部的各部门以及各部门之间的管理活动的支持。

（3）面向决策的决策支持系统（DSS）

DSS 以帮助高层次管理人员制定决策为目标，强调系统的灵活性、适应性，使 MIS 具有了将数据库处理和经济管理数学模型的优化计算结合起来为管理者解决更复杂的管理决策问题的能力。

管理信息系统是一个不断发展的概念，它将朝着智能、集成和网络等方向不断发展。

（二）管理信息系统的结构

不同类型的管理信息系统的组成和具体功能不同，但一般有以下几个部分：

1. 数据处理系统部分

主要完成数据的采集、输入、数据库的管理、查询、基本运算、日常报表输出等。

2. 分析部分

在数据处理基础上，对数据进行深加工，如利用各种管理模型、定量定性分析方法、程序化方法等，对组织的生产经营情况进行分析。

3. 决策部分

MIS 的决策模型多限于以解决结构化的管理决策问题为主，其结果是要为高层管理者提供一个最佳的决策方案。

（三）管理信息系统的开发方法

常见的管理信息系统开发方法按照是否有严格规范的流程分为结构化方法和原型法；按照开发的驱动力分为面向过程的方法和面向对象的方法。

1. 结构化方法

结构化方法又叫生命周期法或结构化生命周期法。该方法在系统开发过程中，遵循由上到下，由全局到局部，由系统请求开始，一次进行系统规划、系统分析、系统设计最后到系统的实施，完成系统开发的一个生命周期，各个阶段存在严格的先后次序。该方法比较适合大型复杂系统的开发。

2. 原型法

原型法的基本思想是一开始并不进行全局分析,而是抓住一个子系统或一个模块首先开发,或在初步了解用户需求后快速开发出一个具有基本结构和功能的原型系统,然后再在交给用户试用过程中通过与用户的交流、反馈来不断修改、扩充,而成为一个完善的全局系统。该方法不适合大型系统的开发;不适合含有大量运算、逻辑性强的程序模块的开发;不能承受用户无止境的更改需求。

3. 面向过程的方法

传统的结构化方法从开发驱动力的角度看是面向过程的,这类方法首先关心的是功能,强调以模块(即过程)为中心,采用模块化、自上向下、逐步求精设计过程,系统是实现模块功能的函数和过程的集合,结构清晰、可读性好,的确是提高软件开发质量的一种有效手段。但是当需求发生变化,必须进行程序的修改甚至是模块的重新开发时,由此造成大量的开发资源难以重复利用而使得系统开发的效率较低。

4. 面向对象的方法

面向对象的方法是从所处理的数据入手,以数据为中心来描述系统,数据相对于功能而言,具有更强的稳定性,这样设计出的系统模型往往能较好地映射问题域模型。目前,面向对象的方法已成为软件开发的主流方法。

第三节　现代企业战略管理

一、企业战略管理概论

(一) 企业战略管理的意义

制定企业发展战略并进行战略管理,是社会主义市场经济的客观要求,是市场机制的客观要求,是企业生存和发展的客观要求,是保证企业在激烈的竞争中立于不败之地的具有决定性作用的条件。第一,企业战略管理可以提高企业的预见性、主动性,克服企业的短期行为;第二,它为企业的发展指明方向;第三,企业发展战略是企业经营管理成败的关键。

（二）企业战略管理的内涵及特征

企业战略管理是企业确定其使命，根据组织外部环境和内部条件设定企业的战略目标，为保证目标的正确落实和实现进行谋划，并依靠企业内部能力将这种谋划和决策付诸实施，以及在实施过程中进行控制的一个动态管理过程。

企业战略管理具有以下特征：

1. 全局性

企业战略管理的目的是创造企业的未来，它立足于企业的长远利益，从总体出发，追求企业总体效果。

2. 长远性

企业战略的制定着眼于企业未来的生存和发展，如果对短期利益的追求与长期利益相矛盾，则短期利益的放弃就是必要的。

3. 竞争性

没有激烈的市场竞争，就不会有对企业战略的思考、研究和应用，制定战略的目的就是要在竞争中取得优势地位。

4. 稳定性

为了实现可持续发展，战略决策要建立在大量的调查研究分析基础上，应具有相对的稳定性。

5. 可行性

企业制定战略是为了实现其价值目标，所以，它应该是切实的、可行的，只有这样才能得到员工的认可并为之努力，力争战略目标的实现。

6. 风险性

企业是环境的产物，企业经营的外部环境和内部环境都具有一定的风险。

（三）企业战略管理的层次和过程

企业的战略管理是一个不断完善的过程，主要分为两个阶段，六个步骤，如图2-4所示。

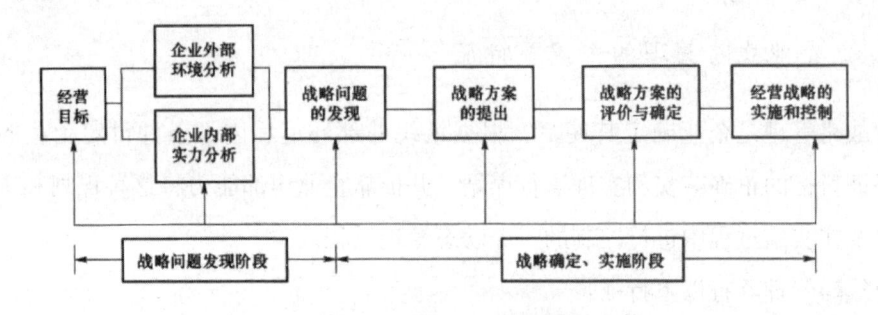

图 2-4 企业战略管理层次与过程

（四）企业战略目标体系

企业战略目标不止一个，而是由若干目标项目组成的一个战略目标体系。从纵向上看，企业的战略目标体系可以分解成一个树形图，如图 2-5 所示。

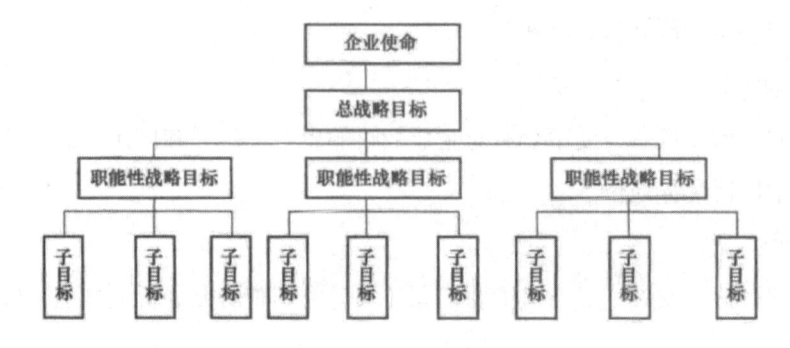

图 2-5 企业战略目标体系

从图 2-5 中可以看出，在企业使命和企业宗旨的基础上制定出企业的总战略，为了保证总目标的实现，必须将其层层分解，规定保证性的职能战略目标。

从横向上来说，企业的战略目标大致可以分成两类，第一类是用来满足企业生存和发展所需要的项目目标，这些目标项目又可以分解成业绩目标和能力目标两类。业绩目标主要包括收益性、成长性和安全性指标三类定量指标。能力目标主要包括企业综合能力、研究开发能力指标、生产制造能力指标、市场营销能力指标、人事组织能力指标和财务管理能力指标等一些定性和定量指标。第二类是用来满足与企业有利益关系的各个社会群体所要求的目标。与企业利益相关的社会群体主要有顾客、企业职工、股东、所在社区以及其他社会群体。

二、企业战略环境分析

(一) 企业战略的宏观环境分析

企业战略的宏观环境是指处于企业外部，影响企业战略总体发展目标、规划制定和战略实施的社会因素。一般包括政治法律环境、经济环境、社会文化环境和科学技术环境，对企业宏观环境所进行的政治法律环境、经济环境、社会文化环境和科学技术环境分析，即我们所称的 PEST 因素分析。

(二) 企业战略的行业环境分析

行业环境分析主要是行业五种基本竞争力量模型分析。一个行业激烈竞争的根源在于其内在的经济结构。行业中的竞争来自五种基本竞争力量，即潜在的进入者、替代品的威胁、购买者讨价还价的能力、供应者讨价还价的能力以及现有竞争对手的竞争。这五种竞争力量的相互关系，既决定着企业的竞争激烈程度，又决定了行业最终的获利能力。

(三) 主要竞争对手分析

在对竞争对手的分析中，一方面要了解竞争对手的实力和优势，同时也要对竞争对手未来的竞争行为进行预测和分析，从而制定出具有互动性、针对性、对抗性的进攻或反应组合行动。

三、企业内部战略要素分析

(一) 企业战略资源与战略能力

企业一切经营活动的最小单位是资源，企业的资源可以分为有形和无形两种，具体分为人力资源、物质资源、技术资源、财务资源、网络资源和隐性资源。

对企业资源分析，可以找出企业发展过程中可能面临的资源短板；同时也可以对资源的利用程度和活性进行分类，如分为固化资源、活力资源、问题资源和闲置资源，从而对资源进行合理配置。

(二) 企业要素 SWOT 分析

为了综合分析企业内外环境对企业战略的影响，达到内外环境的协调，通常会采用

SWOT 分析法进行分析。SWOT 代表优势（strength）、劣势（weakness）、机会（opportunity）和威胁（threat）。SWOT 分析将企业外部环境中的机会和威胁、内部条件的优势与劣势进行比较分析。SWOT 分析作为一种能够迅速掌握、容易使用的企业状况分析工具，其主要目的在于对企业的综合情况进行客观公正的评价，以识别各种优势、弱点、机会、威胁要素，并特别地将其与战略相关的要素分离出来。

（三）价值链分析

价值链分析的原理是由美国哈佛商学院著名战略管理学家波特提出来的。他认为企业每项生产经营活动都是其创造价值的经济活动，企业所有的互不相同但又相互联系的生产经营活动，便构成了创造价值的一个动态过程，即价值链。

企业的生产经营活动可以分成基础活动和支持活动两大类。基础活动是指生产经营的实质性活动，一般可以分为原料供应、生产加工、成品储运、市场营销和售后服务五种活动。这些活动与商品实体的加工流转直接相关，是企业的基本增值活动。支持活动是指用以支持主体活动而且内部之间又相互支持的活动，包括企业投入的采购管理、技术开发、人力资源管理和企业基础结构。

企业要分析自己的内部条件，判断由此产生的竞争优势，就先要确定自己的价值活动，然后识别价值活动的类型，最后构成具有自身特色的价值链。

（四）企业战略竞争能力

利用价值链等工具来确定一个企业的成本竞争力是很有必要的，但是并不够，还必须从更广泛的角度来评价企业的竞争地位和竞争强势。

企业战略竞争能力主要来自以下方面：

1. 企业产品的竞争力

产品竞争力是企业素质的综合反映，产品竞争力主要表现在产品盈利能力和产品适销能力两方面。

2. 企业管理者的能力

企业管理者的能力即管理者的决策能力、计划能力、组织能力、控制能力、协调能力以及它们共同依赖的管理基础工作的能力，这些管理能力直接决定着企业的人、财、物等的潜力和潜在优势的充分发挥。

3. 企业生产经营能力

企业生产过程主要包括产品开发过程、资源输入过程、产品生产过程、产品销售过程、售后服务与信息反馈过程这六个过程。这些过程的好坏都是由企业的技术素质、人员素质和管理素质共同决定的，是这三大因素在企业生产经营活动中的综合表现。

4. 企业基础能力

企业基础能力包括企业的基础设施对生产的适应能力、技术设备能力、工艺能力、职工文化技术能力、职工劳动能力和职工团结协作、开拓创新和民主管理的能力。

四、企业经营战略分析

（一）多样化经营战略

多样化战略是指企业同时在两个或两个以上的行业中进行经营活动。多样化战略按照产品之间的关系和收入比例可分为相关多样化和非相关多样化；按技术与市场的关联程度又可分为同心多样化、水平多样化和复合多样化。相关多样化就是向具有相关的技术或相关市场的领域扩张；非相关多样化即向与本企业原有行业完全不相关的行业扩张；同心多样化是指以企业现有的技术和设备能力为基础，发展与现有产品或服务不同的新产品或服务项目；水平多样化指企业利用不同技术在同一市场上进行扩张，其实质与纵向一体化类似；复合多样化是指通过合并、收购其他企业或合股经营等形式来增加与现有产品或服务不相同的新产品或新服务的一种战略。同心多样化和水平多样化属于相关多样化，复合多样化属于非相关多元化。

（二）成本领先战略

成本领先战略是指企业通过在内部加强成本控制，在研发、生产、销售、服务和广告等领域内把成本降到最低，成为行业中的成本领先者的战略。

在成本战略领先的方面，企业所需要的资源是持续投资和增加资本，提高科研与开发能力，增强市场营销的手段，提高内部管理水平。在组织落实方面，企业要考虑严格的成本控制，详尽的控制报告，合理的组织结构和责任制，以及完善的激励管理机制。

在实践中，成本领先战略要想取得好的效果，还要考虑企业所在的市场是否是完全竞争的市场；该行业的产品是否是标准化的产品；大多数购买者是否以同样的方式使用产品；产品是否具有较高的价格弹性；价格竞争是否是市场竞争的主要手段等。如果企业的环境和内部条件不具备这些因素，企业便难以实施成本领先战略。

（三）差异化战略

差异化战略是指企业提供与众不同的产品和服务满足顾客不同的需求，形成竞争优势的一种战略。企业运用这种战略主要是依靠产品和服务的特色，这些特色可以表现在产品设计、技术特性、产品品牌、产品形象、包装、服务方式、销售方式、促销方式等方面。

实施差异化战略应具备下列条件：企业需要具有很强的研发与营销能力；企业要通过广告宣传形式、媒体传播手段将有关产品特征的信息传达给用户，从而在用户心目中树立起与众不同的形象；需要有良好的组织结构以协调各个职能部门，以及有能够确保激励员工创造性的激励体制和管理体制。

（四）集中化战略

集中化战略是指企业把经营战略的重点放在一个特定的目标市场上，为特定的地区或特定的购买者集团提供特殊的产品和服务的一种战略。

实施重点集中战略需要具备的条件是：购买者群体之间需求上存在着差异；在企业的目标市场上，没有其他竞争对手试图采取重点集中战略；企业的目标市场在市场容量、成长速度、获利能力、竞争强度等方面具有相对的吸引力；本企业资源实力有限，不能追求更大的目标市场。这种战略特别适用于中小企业。

（五）一体化战略

一体化战略是从企业的经济业务角度进行战略分析和选择的，即把两个或两个以上的原本分散的企业联合起来，组成一个统一的经济组织，这种联合并不是企业间简单的联合，而是在生产过程中或市场上有一定联系的企业之间的联合。

采用一体化战略必须具备两个条件：第一，企业所属的行业有广阔的前景；第二，企业在一体化后能增加活力、效益、效率和控制力。

一般来说，一体化战略主要包括三种方式：

1. 后向一体化

即沿着与企业当前业务价值链的前端（输入）有关的活动向上延伸，如原材料、能源、设备等都是制造业重要的前端，制造类企业进入上述项目的生产经营领域就是后向一体化。

2. 前向一体化

即沿着企业当前的业务活动价值链的后端（输出）有关的活动向下延伸，如生产企业为了解决自己产品的运输问题而进入运输行业就是前向一体化。

3. 水平一体化

即开展与当前企业业务相互竞争或相互补充的经营活动，也是为了扩大生产规模、降低成本、巩固企业的市场地位、增强企业实力而与同行业企业进行联合的战略。

（六）并购战略

企业并购是指一个企业购买另一个企业的全部或部分资产或产权，从而影响、控制被收购的企业，以增强企业的竞争优势，实现企业经营目标的行为。

1. 从并购双方所处的行业状况来划分，可以分为横向并购、纵向并购和混合并购。

（1）横向并购

这是指处于同行业生产同类产品或生产工艺相似的企业间的并购。这种并购实质上是资本在同一产业和部门内集中，迅速扩大生产规模，提高市场份额，增强企业的竞争能力和盈利能力。

（2）纵向并购

这是指生产和经营过程相互衔接、紧密联系间的企业之间的并购。纵向并购除了可以扩大生产规模，节约共同费用之外，还可以促进生产过程的各个环节的密切配合，加速生产流程，缩短生产周期，节约运输、仓储费用和能源。

（3）混合并购

这是指处于不同产业部门、不同市场，且这些产业部门之间没有特别的生产技术联系的企业之间的并购。

2. 从是否通过中介机构来划分，可以分直接收购和间接收购

（1）直接收购

这是指收购公司直接向目标公司提出并购要求，双方经过磋商，达成协议，从而完成收购活动。如果收购公司对目标公司的部分所有权提要求，目标公司可能会允许收购公司取得目标公司的新发行股票；如果是全部产权的要求，双方可以通过协商，确定所有权的转移方式。由于在直接收购的条件下，双方可以密切配合，则相对成本较低，成功的可能性较大。

（2）间接收购

这是指收购公司直接在证券市场上收购目标公司的股票，从而控制目标公司。由于间接收购方式很容易引起股价的剧烈上涨，同时可能会引起目标公司的激烈反应，因此，会提高收购的成本，增加收购的难度。

3. 从并购的动机来划分，可以分为善意并购和恶意并购

（1）善意并购

收购公司提出收购条件以后，如果目标公司接受收购条件，这种并购称为善意并购。在善意并购下，收购条件、价格、方式等可以由双方高层管理者协商进行并经董事会批准。由于双方都有合并的愿望，因此，这种方式的成功率较高。

（2）恶意并购

如果收购公司提出收购要求和条件后，目标公司不同意，收购公司只有在证券市场上强行收购，这种方式称为恶意并购。在恶意并购下，目标公司通常会采取各种措施对收购进行抵制，证券市场也会迅速做出反应，股价迅速提高，因此，恶意并购中，除非收购公司有雄厚的实力，否则很难成功。

（七）联盟战略

组建战略联盟是一种新的组织模式，与并购相比具有反应迅速、机动灵活的优点。战略联盟的组建动因主要包括以下几方面：

1. 增强企业实力

在战略联盟中，竞争对手之间通过彼此的合作，加强各自的实力，共同对付别的竞争者或潜在竞争者。

2. 扩大市场份额

企业之间通过建立战略联盟可以利用彼此的网络进入新的市场，加强产品的销售，或者共同举行促销活动来扩大影响。

3. 迅速获取新的技术

目前，技术创新和推广的速度越来越快，而技术创新需要企业有很强的实力和充分的信息，否则很难跟上技术创新的步伐，这就要求具备各种专长的企业之间的配合，战略联盟正好可以满足这一要求。

4. 进入国外市场

竞争全球化是市场竞争的一个趋势，这已经为越来越多的企业所共识，通过与进入国

建立战略联盟，用合资、合作、特许经营的方式可以很快打开国外市场，这些优点是在国外直接投资建厂、并购当地企业所不具备的。

5. 降低风险

现在市场竞争千变万化、瞬息万变，因此，企业经营存在着巨大的风险，而通过战略联盟的方式可以分担风险，从而使企业经营风险大大降低。

（八）扩张型战略

扩张型战略是现有企业依靠自身的力量或与其他企业联合、并购，以促进企业经营快速发展的一种总体战略。

这种战略一般适用于处于有利发展的环境，在产品、技术、市场等方面占有很大优势的企业，特别是拥有名优特新产品或知名度、美誉度较高的企业。企业往往通过技术创新、产品开发、市场开拓以及联合兼并等方式来实现这一战略。

（九）紧缩型战略

紧缩型战略是企业面临艰难的经营局面时，缩小生产规模、关闭工厂、出让资产或取消某些产品生产的一种战略。

它一般适用于企业处于经济不景气、资源短缺、银根紧缩、产品滞销、竞争乏力、财务状况恶化等情况。它对扭转企业经营被动局面，使企业适应新环境而求得生存是十分必要的。

（十）国际化经营战略

参与跨国经营的公司一般有几个战略选择：

第一，给国外的公司发放许可证，让他们使用公司的技术生产和分销公司的产品。

第二，维持一个国家的生产基地，将产品出口到国外市场，其方式是利用公司自己拥有的或者国外公司所控制的分销渠道。

第三，采纳多国家的竞争战略，为了适应不同的购买者需求和竞争环境，在不同的国家采取不同的战略方式。在跨国经营中将公司的战略同东道国的市场和竞争环境匹配起来要优先于跨国家的战略协调。

第四，采取全球低成本战略，竭尽全力成为全球绝大多数或所有具有战略重要性的市场上的购买者的低成本供应商。公司的战略行动必须在全球范围内进行协调，以获得相对所有竞争对手的低成本地位。

  第五，采取全球差别化战略，对公司的产品在一些相同的属性上进行差别化，以创造一个全球一致的形象和全球一致的主题。公司的战略行动必须在全球范围内进行协调，以获得全球一致的差别化。

  第六，采取全球聚焦战略，在每一个有着重要意义的市场上为同一个相同的清晰的小市场点服务，公司的战略行动必须在全球范围内进行协调，以在全球范围内获得一致的低成本或差别化策略。

  第七，采取全球最优成本供应商战略，竭尽全力在全球范围内，在相同的产品属性上能够与竞争对手相匹敌，在成本和价格上打败竞争对手，公司在每一个国家的战略行动必须在全球范围内进行协调，以在全球范围内获得一致的最优成本地位。

第三章 宏观经济分析

第一节 宏观经济分析的意义和内容

一、宏观经济分析的意义

宏观经济分析研究的是一个国家整体经济的运作情况，包括国民经济运行方式、运行状况、运行规律以及政府运用宏观经济政策如何影响国民经济的运行，具体是指国民收入决定理论、通货膨胀与失业理论、经济周期理论、宏观经济政策等。宏观经济分析的研究方法主要是总量分析方法。经济总量是指反映国民经济整体运行状况的经济变量，包括国民收入、总消费、总投资、总储蓄、总供给、总需求、通货膨胀率、失业率、利率、经济增长率等。总量分析方法就是研究经济总量的决定、变动及其相互关系，以及以此为基础说明国民经济运行状况和宏观经济政策选择的方法。

作为一个开放的经济体，宏观经济运行涉及居民、企业、政府和国外四个部门的经济变量。宏观经济分析就是结合四大部门的运行来揭示一国经济的总国民收入、总消费、总投资、总储蓄、总供给、总需求、通货膨胀率、失业率、利率、经济增长率等宏观变量是如何变动的。在经济运行和经济管理过程中，要求管理者必须对国家的宏观经济有一定的认识，能够较为清楚地分析当前的国民经济运行状况，理解国家的宏观政策导向和未来变动趋势，以及对管理的影响，从而更好地进行管理。

二、宏观经济分析的内容

宏观经济分析的内容包括宏观经济分析指标、就业与失业分析、总需求与总供给分析、通货膨胀与经济周期分析、宏观经济政策分析等内容。

三、国民收入核算体系指标

（一）国内生产总值（GDP）

1. 国内生产总值的概念

国内生产总值（GDP）是指一个国家或地区在一定时期内（通常指一年）所生产出的全部最终产品和劳务的价值。GDP常被公认为是衡量国家经济状况的最佳指标，能够反映一个国家的经济表现和一国的国力与财富。正确理解GDP要把握以下几方面：

（1）GDP是一个市场价值概念

GDP计入的最终产品和劳务的价值应该是市场活动导致的价值。市场价值就是所生产出的全部最终产品和劳务的价值都是用货币加以衡量的，即用全部最终产品和劳务的单位价格乘以产量求得的。非市场活动提供的最终产品和劳务因其不用于市场交换，没有价格，因而就没有计入GDP。例如，农民自给自足的食物、由家庭成员自己完成家务劳动、抚育孩子等这些人们自己做而不雇用他人做的事情，就没有计入GDP。但如果非市场活动（自己做家务）变成市场交易（雇保姆做家务），就计入GDP了；抚育孩子过去不算GDP，现在孩子日托就要算进GDP。社会分工越细，非市场行为就会更多地市场化，这对GDP的贡献可是很大的。

（2）GDP衡量的是最终产品的价值

GDP核算时不能计入中间产品的价值，否则就会造成重复计算。中间产品是指生产出来后又被消耗或加工形成其他新产品的产品，一般指生产过程中消耗掉的各种原材料、辅助材料、燃料、动力、低值易耗品和有关的生产性服务等；最终产品是指在本期生产出来而不被消耗加工，可供最终使用的那些产品，具体包括各种消费品、固定资产投资品、出口产品等。

（3）GDP衡量的是有形的产品和无形的产品

GDP计入的最终产品不仅包括有形的产品，而且包括无形的产品（劳务），如旅游、服务、卫生、教育等行业提供的劳务，这些劳务同样按其所获得的报酬计入GDP中。

（4）GDP计入的是在一定时期内所生产而不是销售的最终产品价值

计算GDP时，只计算当期生产的产品和劳务，不能包括以前生产的产品和劳务，即使是当年生产出来的没销售出去的存货也都要计入进去。如果服装厂生产100万元服装，销售90万元，剩余10万元，100万元都应计入当年GDP；如果第二年生产还是100万元服装，却销售110万元，把去年剩下的10万元也卖掉了，那10万元剩余不是第二年生产的产品价值就不能计入，计入第二年 GDP 的还应该是当年生产的100万元。

（5）GDP 是一个地域概念

GDP 是指在一国范围内生产的最终产品和劳务的价值，包括在本国的外国公民提供生产要素生产的最终产品和劳务的价值，但不包括本国公民在国外提供生产要素生产的最终产品和劳务的价值。这是 GDP 区分于后面提到的国民生产总值（GNP）的关键点。

（6）GDP 是流量而不是存量

GDP 核算的是在一定时期内（如一年）发生或产生的最终产品和劳务的价值，是流量，而不是存量（存量是指某一时点上观测或测量到的变量）。

2. 国内生产总值的计算

GDP 是一个国家或地区在一定时期内经济活动的最终成果，为了把 GDP 核算出来，有三种方法可供选择：支出法、收入法和生产法。

（1）支出法

支出法又叫产品支出法、产品流动法或最终产品法。它是从产品的使用去向出发，把一定时期内需求者购买最终产品和劳务所支出的货币加总起来计算 GDP 的方法。如果用 P_i 表示不同产品或劳务价格，Q_i 表示不同产品或劳务的数量，则有：

$$GDP = P_1Q_1 + P_2Q_2 + \cdots + P_nQ_n$$

现在把购买最终产品和劳务的支出分成四部分：

①私人消费支出（C），由居民家庭作为最终用户购买的商品和劳务，包括购买吃穿住行等物品和理发、医疗等劳务的各项支出。但家庭购买旧货、股票债券交易或房地产不计算在内，因为二手旧货在新生产出来的时候就已经计入 GDP 了，土地不是生产出来的，股票债券等金融交易当前没有生产产品和服务。

②私人国内投资的物品和服务（I），由厂商购买，包括资本设备、建筑物和存货等购买。这里的建筑物购买计入投资，不计算在家庭的消费支出中。

③政府购买物品和服务（G），是指各级政府部门对商品和劳务的购买，主要是购买资本品和政府消费支出（不包含政府补助、失业救济、退休金、国债利息支出等政府转移性支出）。

④净出口（NX = X−M），由外国购买，是一国产品和劳务的出口价值减去产品和劳务的进口价值的差额，反映外国对本国产品和劳务的净购买情况。

把上述四个项目加总求和，即可得到用支出法测算 GDP 的公式：

$$GDP = C+I+G+NX$$

（2）生产法

生产法也就是增加值法，即先求出各部门产品和劳务的总产出，然后从总产出中相应扣除各部门的中间消耗，求出各部门的增加值，最后汇总所有部门的增加值得出 GDP。由于各不同生产环节的增加值之和等于产品的最终销售价格，这样所有部门的增值额之和理论上也就等于支出法计算出来的 GDP。

$$GDP = \sum（各部门总产出-该部门中间消耗）= \sum 各部门增加值$$

（3）收入法

收入法是从生产要素在生产领域得到初次分配收入的角度来进行计算的，也称分配法。把生产要素在生产中所得到的各种收入相加来计算 GDP，即把劳动所得到的工资、土地所有者得到的地租、资本所得到的利息以及企业家得到的利润相加来计算 GDP。这种方法又叫要素支付法、要素成本法。在没有政府参与的情况下，企业的增加值，即创造的 GDP 就等于要素收入加上折旧（企业在支付其生产要素前先扣除折旧）；当政府参与经济后，政府往往征收间接税，这时的 GDP 还应包括间接税和企业转移支付。收入法 GDP 具体包括以下几项：

①工资、利息和租金等这些生产要素的报酬。

②非公司业主收入，如医生、律师、农民和小店铺主的收入。

③企业税前利润，包括企业所得税、社会保险税、股东红利及公司未分配利润等。

④企业间接税及企业转移支付。企业间接税是对产品销售征收的税，间接税计入企业生产成本，最终通过提高产品价格转嫁给消费者；企业转移支付是企业对非营利组织的社会慈善捐款和消费者呆账，它虽不是生产要素创造的收入，但也应看作成本通过产品价格转移给消费者。

⑤资本折旧。折旧是用于补偿在生产过程中损耗掉的资本设备的投资，是重置投资。例如，假定技术和其他条件不变，生产 100 万元的产品平均需要使用 200 万元的机器设备，若机器设备的使用年限为 10 年，每年损耗设备 10%，则每年须重置投资 20 万元。重置投资与净投资（或新投资）之和构成总投资，总投资当然是要计入 GDP 的了。

把上述五个部分加起来，就得到按照收入法计算国内生产总值的公式：

$$GDP = 工资+利息+利润+租金+间接税和企业转移支付+折旧$$

国内生产总值的三种计算方法分别是从消费、生产和分配三个不同阶段来测量国民收入水平的，它们是对同一事物从不同角度进行测量的。从理论来讲，上述三种方法计算的

GDP 是应该相等的。但实际上每种计算 GDP 的方法都有误差,从而导致用三种方法计算的 GDP 不相等。当三种核算方法的结果不一致时,通常都以支出法的结果为准,将收入法或生产法的结果与支出法结果的差额视为统计误差。

(二) 宏观经济分析中的其他总量指标及其关系

在国民收入核算体系中,除了国内生产总值以外,还有国民生产总值、国内生产净值、国民生产净值、国民收入(狭义)、个人收入以及个人可支配收入等相关概念。这些概念和国内生产总值一起统称为广义的国民收入,这样就能够更全面地衡量一国经济发展的总体水平和国民生活水平。

1. 国民生产总值(GNP)

与 GDP 不同,国民生产总值是按照国民原则来计算的,即凡是本国国民(包括境内公民及境外具有本国国籍公民)所生产的最终产品价值,不管是否发生在国内,都应计入国民生产总值。国民生产总值同国内生产总值一样都有名义和实际之分。

国民生产总值与国内生产总值的关系可表述为:

$$GNP = GDP + NFP$$

式中 NFP 称为国外要素净收入,即国外要素收入与转移支付净额,一般是用本国或地区公民在国外所创造的最终产品和劳务的价值,减去外国或地区公民在本国所创造的最终产品和劳务的价值。NFP 可以是正值,也可以是负值,发达国家或地区国外要素净收入大多是正值,而发展中国家或地区的国外要素净收入大多是负值。

2. 国民生产净值(NNP)

国民生产净值(NNP)是指经济社会新创造的价值。国民生产净值等于国民生产总值减去资本(包括厂房、设备)折旧(简称 D)的余额,即:

$$NNP = GNP - D$$

国民生产净值是一个国家一年中的国民生产总值减去生产过程中消耗掉的资本(折旧费)所得出的净增长量。从概念上分析,国民生产净值比国民生产总值更易于反映国民收入和社会财富变动的情况,但由于折旧费的计算方法不一,政府的折旧政策也会变动,国民生产总值比国民生产净值更容易确定统计标准,因此,各国实际还是常用国民生产总值而不常用国民生产净值。

3. 国民收入(NI)

国民收入(NI)定义为一国生产要素(指劳动、资本、土地、企业家才能等)所获收入的总和,即工资、利息、租金和利润之和。国民收入等于国民生产净值减去企业间接税（简称为IBT）。间接税也称流转税,是按照商品和劳务流转额计算征收的税收,这些税收虽然是由纳税人负责缴纳,但最终是由商品和劳务的购买者即消费者负担,所以称为间接税,包括增值税、消费税和营业税等。所以,国民收入为:

$$NI = NNP - IBT$$

这里的国民收入定义是一个狭义的概念。国民收入是反映整体经济活动的重要指标,因此,常被使用于宏观经济学的研究中,也是国际投资者非常关注的国际统计项目。

4. 个人收入（PI）

个人收入（PI）是指个人从经济活动中获得的收入。国民收入不是个人收入,国民收入中有三个主要项目是非个人接受的部分,不会成为个人收入,这三个主要项目就是公司未分配利润、公司所得税和社会保险税；国民收入没有计入在内但实际又属于个人收入的部分,这里指并非由于提供生产性劳务而获得的其他个人收入,如政府转移支付、利息调整、红利和股息等,虽然不属于国民收入（生产要素报酬）却会成为个人收入。因此,个人收入等于国民收入减去非个人接受的部分,再加上并非由于提供生产性劳务而获得的其他个人收入。即:

$$PI = NI - （公司未分配利润、公司所得税和社会保险税）+$$
$$（政府转移支付、利息调整、红利和股息）$$

PI是预测个人的消费能力、未来消费者的购买动向及评估经济情况好坏的一个有效的指标。

5. 个人可支配收入（DPI）

个人可支配收入（DPI）是指一个国家所有个人（包括私人非营利机构）在一定时期（通常为一年）内实际得到的可用于个人消费和储蓄的那一部分收入。个人可支配收入等于个人收入扣除向政府缴纳的各种税收和费用的余额。如个人缴纳的所得税、遗产税和赠与税、房产税等以及交给政府的非商业性费用（T）,即:

$$DPI = PI - T$$

个人可支配收入被认为是消费开支的最重要的决定性因素,因而,常被用来衡量一国生活水平的变化情况。

国民收入核算中这五个基本总量的关系是:

$$GNP = GDP + NFP$$
$$NNP = GNP - D$$

NI = NNP - IBT

PI = NI - （公司未分配利润、公司所得税和社会保险税） +

（政府转移支付、利息调整、红利和股息）

DPI = PI - T

四、价格水平指标

在宏观经济分析中，用当前市场价格来计算的各种变量被称为名义变量。从一定意义上说，名义变量只解决了将不同种类的产品和劳务加总的问题。但是，当比较两个不同时期的同一宏观经济变量的变化情况时，人们往往要分清楚这种总量的变化，有多少成分是由于物品和劳务量的增加所带来的，多少是由价格的变化所引起的。而在宏观经济分析中，为了分析国民财富的变化，往往需要剔除价格因素的变动，只研究物品和劳务的数量变化。常用的方法是用不变价格来衡量经济变量，即用以前某一年（称为基年）的价格为基准，衡量经济变量的数值。在宏观经济分析中，用不变价格衡量的 GDP 被称为实际的 GDP。例如，如果把 1982 年作为基年，那么 1997 年的实际 GDP 是指 1997 年生产出来的全部最终产品用 1982 年的价格计算出来的价值。名义 GDP 是用生产的产品和劳务的当期价格计算出来的 GDP，而实际 GDP 是用统计时确定的某一年（称为基年）的价格计算出来的 GDP。可以看出，实际（真实）GDP 的变化已经排除了价格的变化，单纯反映商品和劳务数量所引起的变化。宏观经济分析中，把剔除价格变化后两个经济总量对比的结果叫价格指数。宏观经济分析中常用的价格指数主要有 GDP 折算数、消费者价格指数、生产者价格指数和农产品生产价格指数。

（一）GDP 折算数

假定某一年的名义 GDP 增加了，但该年的实际 GDP 没有变动。直观上容易理解，这时名义 GDP 的增加一定是由于经济中价格增加导致的。这一考虑就引出了 GDP 折算数的定义。所谓 GDP 在第 t 年的折算数被定义 GDP 与同一年实际 GDP 的比率，即：

GDP 折算数 = 名义 GDP/实际 GDP

例如，若以 1982 年作为基年，某国 1997 年的名义 GDP 为 300 亿元，1997 年的实际 GDP 为 260 亿元，则 1997 年 GDP 折算数为 300/260×100% = 115.3%，这表明，从 1982 年到 1997 年该国价格水平上涨了 15.3%。

从 GDP 折算数的计算方法可知，如果知道了名义 GDP 数据，同时又知道 GDP 折算

数,则可求得实际 GDP。即:

$$实际\ GDP = 名义\ GDP/GDP\ 折算数$$

出于价格变动,名义 GDP 并不反映实际产出的变动,因此,如不特别说明,以后说的产出均指实际产出。出于同样考虑,以后所说消费、投资和政府购买等,也均指实际量。

(二) 消费者价格指数 (CPI)

消费者价格指数 (CPI) 是用来衡量城市居民购买一定的有代表性的商品和劳务组合的成本变化的指数。也就是说,消费者价格指数是反映消费者生活成本的变动情况。在计算中,消费商品采取抽样的方式,抽样的范围仅限于有代表性的商品。大多数国家都编制居民消费价格指数,反映城乡居民购买并用于消费的消费品及服务价格水平的变动情况,并采用它来反映通货膨胀程度。

$$CPI\ 指数 = (一组固定商品按当期价格计算的价值) \div (一组固定商品按基期价格计算的价值) \times 100$$

我国编制价格指数的商品和服务项目,根据全国城乡近 11 万户居民家庭消费支出构成资料和有关规定确定,目前共包括食品、烟酒及用品、衣着、家庭设备用品及服务、医疗保健及个人用品、交通和通信、娱乐教育文化用品及服务、居住八大类,251 个基本分类,约 700 个代表品种。居民消费价格指数 (CPI) 就是在对全国 550 个样本市县近 3 万个采价点进行价格调查的基础上,根据国际规范的流程和公式算出来的。

(三) 生产者价格指数 (PPI)

生产者价格指数 (PPI) 是用来衡量生产成本变化的指数,它的计算中仅考虑有代表性的生产投入品,如原材料、半成品和工资等。

(四) 农产品生产价格指数

农产品生产价格指数是反映一定时期内,农产品生产者出售农产品价格水平变动趋势及幅度的相对数。该指数可以客观反映全国农产品生产价格水平和结构变动情况,满足农业与国民经济核算需要。

计算这些指数的基本原理都是相同的,只是抽取的代表性商品不同。

五、就业与失业指标

在宏观经济运行过程中,失业是具有相当重要性的经济现象,也称是宏观经济运行中的一种病态,是困扰各个国家不同时期发展的一大难题。解决失业问题与降低通货膨胀率一起成为社会关注的重点和政府宏观经济政策的目标。

(一)劳动力、就业与失业

就业和失业是反映劳动力市场状况最主要的两个指标,关系到社会的政治稳定和经济发展,是现代社会的中心问题,同时也是反映经济和社会发展状况的重要指标,是各国政府制定政策的依据和密切关注的指标。

1. 劳动力

一个经济体中一定时点的总人口可以划分为劳动年龄人口和非劳动年龄人口。劳动年龄人口可以进一步划分为劳动力人口和非劳动力人口。劳动力人口简称劳动力,是指一定时点内具有劳动能力的劳动适龄人口。劳动力概念的界定要考虑两个因素:第一,具有劳动能力的人口;第二,劳动适龄人口。世界上大多数国家把年龄在16~60周岁的人口定义为劳动年龄人口。在我国一般将16周岁作为劳动年龄人口的年龄下限,将法定退休年龄作为上限,即男性60周岁、女55周岁。根据各国劳动就业统计的惯例,下列人员一般不属于劳动力:军队人员;在校学生;家务劳动者;退休和因病退职人员以及劳动年龄内丧失劳动能力、服刑犯人等不能工作的人员;特殊原因不愿工作的人员;在家庭农场或家庭企业每周工作少于15个小时的人员。由此可见,在劳动年龄人口中减去以上六类非劳动力人口的余下部分称为劳动力。在我国劳动力统计中,把超过或不足劳动年龄,但实际参加社会劳动并领取劳动报酬和收入的人口也计算在内,主要包括农业中经常参加劳动的超过或不足劳动年龄的人口、退休后参加社会劳动领取工资补差或劳动报酬以及领取其他经济收入的人口。

2. 就业

就业是指在一定年龄(我国规定16周岁)以上,在调查参照期内为获得工资或薪金、利润或家庭收益而从事了一定量工作的人员。就业人员不分所有制结构(国有、集体、外资、个体等)和不分用工形式(固定工、合同工、临时工等),只要从事劳动并取得合法劳动报酬或经营收入都是就业人员。但不包括从事义务性劳动、社会性救济劳动、家务劳动或从事非法劳动的人员,充分就业已经成为我国宏观经济政策的重要标志。

3. 失业

（1）失业的概念

在宏观经济分析中，失业是指有劳动能力符合工作条件、有工作愿望并且愿意接受现行工资的人没有找到工作的一种社会现象。按照国际劳工组织（ILO）的标准，失业者是指在一定年龄之上，在参考时间内没有工作，目前可以工作而且正在寻找工作的人。这个定义包括两方面：失业者应是符合工作条件的人；如果一个人未寻找工作或不愿意接受现行市场工资，他也不能被认为是失业者。

（2）失业的衡量标准

按照这个定义，衡量是否失业，必须有四个要素：第一，在一定年龄之上。国际劳工组织对年龄没有严格限制，各国家根据自己本国国情，对年龄做出了不同的规定：我国规定年龄下限为16周岁，美国、法国也是16周岁，日本、加拿大、韩国、新加坡等是15周岁；第二，确认至少在过去的一周内已经没有工作；第三，目前可以工作，即有劳动的能力和可能性；第四，正在寻找工作，即本人有工作的要求，在最近特定时期内已经采取明确步骤寻找工作或自谋职业者。上述条件必须同时成立，才能构成完整的失业内涵。失业包括就业后失去工作转为失业的人员和新生劳动力中未实现就业的人员。例如，因离职、被解雇等原因没找到工作和大学毕业没找到工作的人员等。

（二）失业的类型和成因

在西方经济学中，失业分为两类：一类是自愿失业；另一类是非自愿失业。自愿失业是"非自愿失业"的对称，指工人由于不接受现行的工资或比现行工资稍低的工资而出现的失业现象。非自愿性失业又称"需求不足的失业"，指工人愿意接受现行工资水平与工作条件，但仍找不到工作而形成的失业。经济学家所关心的失业是指"非自愿性的失业"。在经济学家看来，非自愿性失业有以下几个基本类型：摩擦性失业、季节性失业、结构性失业、周期性失业等。失业在不同国家或一个国家的不同经济发展时期，其主导因素并不完全相同。

1. 摩擦性失业

摩擦性失业是人们在转换工作时、刚进入或离开后重新进入劳动力市场时所经历的短期失业，也称求职性失业。这种失业是由于经济运行中各种因素的变化和劳动力市场的功能缺陷所造成的临时性失业。在现实世界中，求职者找工作是需要时间的：准备简历—调查工作单位情况—投简历—等候反应—明智选择等时间；同样，雇主也要花时间考察求职者的技能和资格,以决定是否录用,这样求职者想要适合自己的工作与得到工作之间的时间消耗就产生了失业。因此,由于经济运行中就业信息不完备、劳动力市场功能不健全等诸多原因,社会上总是存在着大量摩擦性失业。摩擦性失业的特点是行业广且涉及人员多、失业期限较短,是一种正常性失业,与充分就业不相矛盾,它只给那些受其影响的失业者带来不多的艰辛。

2. 季节性失业

季节性失业是与天气、旅游者的行为方式或其他季节性因素有关的失业,在农业、旅游业、建筑业中这种失业最多。例如,我国北方大多数滑雪教练在每年的四五月份失去工作,每个冬天都有很多建筑工人被解雇。与摩擦性失业一样,季节性失业也是正常的、良性的、短期的,而且是完全可以预测的,失业人员通常会预先收到淡季失业补偿。这些失业是由生产时间性或季节性等客观条件或自然条件决定的,所以很难改变。

3. 结构性失业

结构性失业是由于经济结构变动使劳动力的供求不匹配所造成的失业。结构性失业在性质上是长期的,往往"失业与空位"并存。有些时候,有很多可得的工作岗位,也有很多失业者愿意得到这些工作岗位,但是找工作的人和雇主在技能或地域等方面不匹配。例如,21世纪初,旧的夕阳产业被高新技术产业所替代,像计算机硬件和软件设计、人造卫星技术及通信有大量工作岗位,然而,很多失业者没有在这些产业中工作的技能,也没有受过这方面的培训,这就是他们具有的技能与所要求的技能不相适应。这种不适应也可能是地域性的,例如,我国北方存在着大量的失业人员,而南方却存在严重的"技工荒"。对结构性失业者来说,想就业就得重新在国内其他地方安家或学习新技能,结果要花费相当长的时间找工作,结构性失业经常持续几年甚至更长时间。

4. 周期性失业

周期性失业是指经济周期中的衰退或萧条时,因社会总需求不足而造成的失业。当经济进入衰退或萧条期,很多以前就业的人员失去了工作,而且很难再找到新工作。与此同时,工作岗位更少了,劳动力市场的新进入者在被雇用前必须花费比通常"摩擦性失业"更长的时间来找工作。周期性失业对于不同行业的影响是不同的,一般来说,需求的收入弹性越大的行业,周期性失业的影响越严重。也就是说,人们收入下降,产品需求大幅度下降的行业,周期性失业情况比较严重。

（三）失业的测算

1. 失业人数的测算

预计未来调查失业率将成为国家调控的主要目标。关于失业率的测算各个国家使用的方法不完全一致。比如，在美国，政府每月实施抽样调查，以抽样所得的6万户家庭作为调查对象，得出全部人口信息，再排除家庭成员中有小于16岁的、服兵役的，或最近在住医院、蹲监狱的，调查员通过问一些问题并电脑记录，这些数据将汇总并传输到位于华盛顿的人口普查局总部。

一定时期的就业水平是用失业率来衡量的。失业率是指正在寻找工作的劳动力占总劳动力的百分比，计算如下：

失业率=失业人数/劳动力人数×100%=（1-就业人数/劳动力人数）×100%

通过失业率这个指标可以判断一定时期内全部劳动人口的就业情况。长期以来，失业率数字被视为一个反映整体经济状况的指标，而它又是每个月最先发表的经济数据。所以，失业率指标被称为所有经济指标的"皇冠上的明珠"，它是市场上最为敏感的月度经济指标。

目前，我国的失业率统计主要采用两种方法，即城镇登记失业率和调查失业率，对外发布的是城镇登记失业率。城镇登记失业率仅包括城镇劳动力中的登记失业人员，排除了国有企业下岗未就业人员和农村户口的失业人员，这种方法存在一定局限性。

2. 自然失业率与充分就业

前面分析失业类型中的摩擦性失业、结构性失业和季节性失业，都是由微观经济引起的。也就是说，它们归因于特殊产业和特殊劳动力市场的变化，而不是总体经济变化。这种失业是不能消除的，因为总是存在花些时间找新工作，经济中总是有季节性产业、结构性变化。因此，它们也被统称为自然失业。自然失业人数与总劳动力人数的比率就是自然失业率，它是一个国家能够长期持续存在的最低失业率。经济学家们认为当经济中不存在周期性失业时，所有失业都是摩擦性、结构性、季节性时，这样就认为经济达到了充分就业，充分就业时的失业率就是自然失业率，自然失业率是指经济社会在正常情况下的失业率。这就是说充分就业并不是没有失业，充分就业时的失业率不是零而是大于零的。自然失业率在当代宏观经济学和就业经济学中是一个非常重要的概念。劳动力市场存在一种长期的均衡失业率，即使在充分就业的状态下也难以消除。所以，有时自然失业率又被有些学者矛盾地称作"充分就业下的失业率"。当实际失业率等于自然失业率时，一国经济处于长期均衡状态,所有的经济资源都得到了充分利用,即实现了充分就业均衡,政府就不会采取有关措施来干预劳动市场的运行。

(四)失业的成本

失业是有成本的,失业的成本包括经济成本和非经济成本。

1. 经济成本

经济成本是指可以用货币测算的成本。失业者不能找到工作,不能生产,失去了产出的机会成本,其实质是劳动者不能与生产资料相结合进行社会财富的创造,是一种经济资源的浪费。这个损失必须由社会来承担,具体体现在以下几方面:

(1)失业者的收入损失

对失业者个人来说,失业最明显的经济成本是就业收入损失。这部分就业收入损失由社会承担,如失业津贴、实物券或其他政府转移支付等,使失业者的收入损失部分地得到补偿,但各国的经验表明,这些津贴要少于就业收入的损失,一般只相当于就业收入的50%~60%。

(2)失业者的人力资本损失

工作可以保持和提高劳动者的工作技能和工作态度,特别是技术进步迅速的今天,长期失业不仅会浪费现有的工作技能,也无法积累新的工作技能,从而会丧失在未来劳动力市场上的竞争力和生产力,进而丧失获得较高收入的机会。

(3)经济资源的浪费或产出的减少

对社会来说,失业的经济成本之一是资源的浪费或产出的减少。失业者如果不失业,或者说人力资源得到充分有效的利用,即在潜在就业量(潜在就业量是指在现有激励条件下所有愿意工作的人都参加生产时所达到的就业量)的条件下,那么就可以增加产出,然而由于失业使产出减少。国际上通常用GDP的缺口来反映这种损失,即GDP的缺口=潜在的GDP-实际的GDP。所谓潜在的GDP是指当非劳动力资源得到充分利用和劳动力处于充分就业状态时的GDP产出水平。

(4)消费需求减少

失业导致目前正常消费缩减以及对未来就业预期的悲观心理,导致居民消费倾向降低,储蓄倾向增强,消费需求不足。

2. 非经济成本

非经济成本是指很难或不可能用货币测算的成本。这种成本虽然难以估计和测量,但人们很容易感受到。失业，特别是当它持续好几个月甚至是几年时，能严重影响人们的心理和生理状况。有研究表明，失业率上升能引起心脏病致死、自杀、进监狱和精神病院的人数明显增加。失业者也容易出现健康问题，包括高血压、心脏机能紊乱、失眠和背部疼痛。还有其他问题，如家庭暴力、抑郁症和酗酒。如果失去工作的人同时失去了医疗保险，更增加了这些问题的严重性。失业还阻碍了公平社会目标的实现。大多数人都想要一个公平和公正的社会，有平等的机会改善自我，但人们并不是平等地承担失业的负担。在衰退中，不是所有人的工作时间都减少了，而是有些人被彻底解雇，其他人则与从前几乎一样继续工作。而且，失业的负担不是在不同的人群中平等分担的。总之，失业是造成家庭和社会不稳定的因素之一。目前，失业问题成为一个严重的全球性问题，波及多数国家和地区，各国政府特别是发达国家纷纷采取各种有力的措施来整治和解决失业问题。

第二节 总需求与总供给

一、总需求

社会总供给与总需求是宏观经济运行过程中两个最主要的变量，保持社会总供给与总需求平衡是搞好宏观调控以及实现宏观调控目标的重要前提。

（一）总需求和总需求曲线的定义

1. 总需求

总需求（AD）是指整个经济社会在每一价格水平上愿意购买的全部产品和劳务总量。在宏观经济分析中，总需求是指整个社会的有效需求，它不仅指整个社会对物品和劳务需求的愿望，而且指该社会对这些物品和劳务的支付能力。社会总需求体现的是经济中不同经济实体的总支出，在封闭经济条件下，总需求由经济社会的消费需求、投资需求和政府购买需求构成；在开放经济条件下，总需求包括消费需求、投资需求、政府购买需求和净出口需求，即 $AD=C+I+G+X-M$。

2. 总需求曲线

所谓总需求函数是指总需求水平和价格水平之间的关系。由于总需求水平就是总支出水平，而总支出又与总产出相等，所以，总需求函数描述了在每一个价格水平下，经济社会需要多高水平的总产出。

在以价格水平为纵坐标、总产出水平为横坐标的坐标系中,总需求函数的几何表示称为总需求曲线(用 AD 表示)。总需求曲线表示社会的需求总量和价格水平之间呈反方向变动的关系,即总需求曲线是向右下方倾斜的。向右下方倾斜的总需求曲线表示,价格水平越高,需求总量越小;价格水平越低,需求总量越大。如图 3-1 所示,横坐标表示总产出,纵坐标表示价格,总需求曲线 AD 变现为向右下方倾斜的曲线。

(二)总需求曲线的移动

由于价格水平以外的其他因素的变化,如货币供给量、政府购买和税收等重要变量都会引起总需求曲线的平行移动。其他因素可归为两类:一是宏观经济政策变量,如货币政策(中央银行的供给量变化、其他金融政策手段等)和财政政策(政府采购、税收等);二是其他外部变量,如战争、外国经济活动等。当政府采购、自发性消费、净出口、货币供给增加或税收减少时,总需求曲线向右上方平行移动;当政府采购、自发性消费、净出口、货币供给减少或税收增加时,总需求曲线向左下方平行移动。例如,总价格水平为 100 时,总需求为 3000 亿,总价格水平不变,由于货币供给增加,导致利率下降,会增加投资,总需求增加,国民收入增加到 4500 亿,如图 3-2 所示。

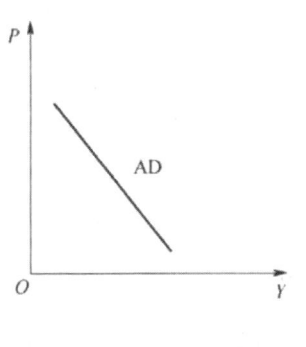

图 3-1 总需求曲线

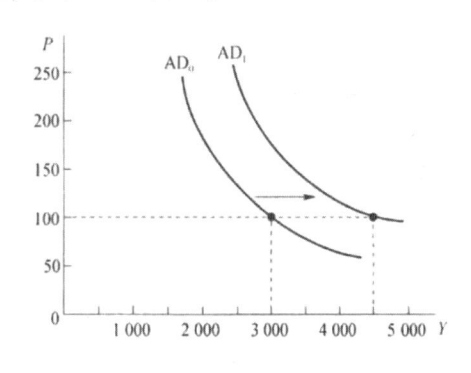

图 3-2 总需求曲线的移动

从上述分析可以看出,财政政策(政府采购、税收等)和货币政策(货币供给等)都会引起总需求变化。

二、总供给

（一）总供给和总供给的影响因素

1. 总供给的定义

总供给（AS）是指整个经济社会在每一价格水平上所愿意提供的产品和劳务的总量。总供给描述了经济社会的基本资源用于生产时可能有的产出量。

2. 总供给的影响因素

概括地说，一个社会的总供给是由该社会的生产要素和技术水平所决定的，其中，生产要素包括人力资源、自然资源和资本存量，而技术水平则反映一个经济社会使用生产要素生产产品和提供服务的效率。

（1）人力资源

人力资源由劳动力的数量和质量构成。在现实经济中，劳动力是整个经济中最重要的生产要素。西方各国的统计表明，劳动力的收入，即工资占整个国民总收入的70%，甚至更多。从宏观经济分析的角度看，劳动力中的就业数量是由劳动市场决定的。劳动力的质量是指劳动生产率，它取决于劳动力的生产技能和该社会的教育水平等因素。

（2）自然资源

自然资源包括土地、森林、矿产、海洋等一切可用于生产物品和提供服务的东西。一般而言，每一个国家所拥有的自然资源几乎都是固定不变的。

（3）资本存量

资本存量是指一个社会在某一时点所拥有的厂房、机器、设备和其他形式的资本数量。资本存量是投资的结果，资本存量的规模取决于投资的大小和持续的时间。持续投资时间越长，资本存量的变化越显著。换句话说，在一个较短的时间内，一个国家的资本存量不会发生太大的变化。

（4）技术水平

从抽象的意义上讲，技术水平是指投入和产出之间的转换关系。同微观经济分析一样，宏观经济分析也用生产函数来反映这种转换关系。

（二）总供给曲线

在其他条件不变的情况下，在以价格为纵坐标，总产出为横坐标的坐标系中，对于每一个价格水平会产生一个对应的产出水平,可以得出总供给曲线。总供给曲线区别于微观经济部分的供给曲线:微观经济学中的供给曲线是个别价格和个别产品供给量的对应关系,是由于商品价格上涨企业供给增加,使曲线向右上方倾斜;而宏观经济分析的供给曲线是总供给曲线,是产出总量和对应的总价格水平之间的关系。目前,西方学者大都同意存在总供给曲线的说法。但是,对于总供给曲线的形状,却有着不同的看法,认为在不同资源利用的情况下分析总供给时,可以得出不同的总供给曲线的形状。

1. 凯恩斯总供给曲线

凯恩斯主义认为当社会上存在较为严重的失业时,如1929—1933年大危机时期,企业可以在现行工资水平之下得到它们所需要的任何数量的劳动力。仅把工资作为生产成本时,工资不变,生产成本不会随着产量的变动而变动,价格水平也就不会随产量的变动而变动,生产者愿意在现行价格水平条件下供给任何数量的产品。此时的供给曲线是一条水平的总供给曲线,如图3-3中 *AB* 段。从图中可以看出,此时的凯恩斯总供给曲线是一条水平线。水平的总供给曲线表明,在现行的价格水平下,企业愿意提供任何有需求的产品数量。

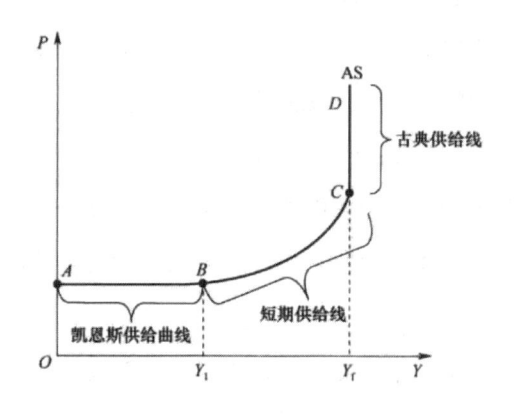

图 3-3 总供给曲线

隐含在凯恩斯总供给曲线背后的思想是,由于存在着失业,企业可以在现行工资水平下获得他们需要的任意数量的劳动力,他们生产的平均成本因此被假定为不随产量水平的变化而变化。这样,在现行价格水平上,企业愿意提供给任意所需求的产品数量。

2. 短期的总供给曲线

水平的总供给曲线和垂直的总供给曲线都被认为是极端的情形,短期的总供给曲线也称正常的总供给曲线。很多西方经济学家认为,现实的总供给曲线在短期更多地表现为向右上方倾斜的曲线。由于经济中的总产出只不过是所有不同行业产出的总和,因此,总供给曲线可以通过加总市场上每一行业的供给曲线得到。总供给水平与价格水平同方向变动。当产出量增加时，企业会使用更多的劳动力、资本、土地等，使生产成本上升，从而价格总水平上升；反之，则相反。此时的总供给曲线是一条向右上方倾斜的曲线，如图3-3中 BC 段。

3. 长期总供给曲线

如果说凯恩斯总供给曲线显示的是一种极端情形，那么图3-3中所给出的长期的总供给曲线是另外一种极端情形，长期总供给曲线也称为古典供给曲线。在长期内，人类所拥有的资源总是有限的，当资源已经得到充分利用时，经济中实现了充分就业，由于按一定工资水平愿意就业的劳动力都已就业，产量无法再扩大，这时如果总需求持续扩张，只能导致物价水平的上升。此时，总供给曲线是一条与价格水平无关的垂直线。如图3-3中 CD 段，无论价格水平如何变化，经济中的产量总是与劳动力充分就业下的产出 Y_f（潜在产出）相对应。

4. 总供给曲线的移动

与总需求曲线的移动相比，使总共给曲线移动的因素相对来说比较复杂。当产出变化引起价格水平变动时，沿着总供给曲线上做点的移动。当产出以外的其他因素变化引起价格水平变动时，总供给曲线本身平行移动。产出以外的其他因素是指技术变动、工资率变化、生产能力、自然和人为的灾祸等。现简要说明如下：

（1）技术变动

技术进步意味着现在用较少的投入能够生产出与以前同样多的产出，换句话说，技术进步导致了宏观生产函数的变化。因此，技术进步通常使总供给曲线向右移动。

（2）工资率的变化

例如，工资较低时，对于任一给定的价格水平，厂商愿意供给更多的产品，故降低工资将使供给曲线向右移动。

（3）生产能力的变动

一般而言，随着经济中企业设备投资的增加，经济的生产能力增加，这会使总供给曲线向右移动。

（4）自然和人为的灾祸

地震或战争期间的轰炸会极大地减少经济中资本存量的数量，其结果是，任一数量的劳动能够生产的产出数量都减少，从而导致总供给曲线向左移动。

例如，产出不变时，由于世界石油价格上涨，生产成本上升，使供给曲线向右下方移动；由于气候改善，农产品大丰收后价格下跌，结果社会生产成本下降，供给曲线向左上方移动。

再看极端的长期总供给曲线的移动。图 3-3 中的 Y_f 是对应于劳动力充分就业状态的产出水平，也称为潜在产出，它不随价格的变动而变动，但当经济积聚资源并出现技术进步时，潜在产出会随着时间的推移而增长，因而长期总供给曲线的位置将随着时间推移而逐渐右移。这里需要注意的是，尽管潜在产出会发生变动，但这种变动并不取决于价格水平。

三、总需求曲线和总供给曲线对宏观经济波动的解释

以上分别论述了总需求曲线和总供给曲线。下面讨论怎么用总供给曲线和总需求曲线来解释宏观经济波动。

（一）总需求曲线与凯恩斯总供给曲线

现在把凯恩斯总供给曲线与总需求曲线结合在一起看总供求的关系，如图 3-4（a）所示。从图中可以看出，经济初始均衡点位于点 E_0，在此点上 AS 与 AD_0 相交。假设国家通过增加政府支出或通过减税等手段，实施财政扩张政策，使总需求增加，导致 AD 曲线向右移动，即从 AD_0 移动到 AD_1，这时，新的经济均衡点就移到 E_1 点，此时国民收入增加。由于这时经济尚处于萧条时期，厂商在 P_0 的价格水平下愿意提供任意数量的产品，因此，产量增加对价格没有影响，而这时的财政扩张政策所导致的效果只是产出的提高和就业的增加。同样，在凯恩斯情形下，中央银行实施增加名义货币供给量的扩张政策也会导致经济中均衡产出的增加，这种均衡产出的增加仍然不对价格水平产生影响。同理，实施紧缩性财政货币政策使总需求减少，导致 AD 曲线向左移动，结果导致国民收入减少，这种均衡产出的减少也不对价格水平产生影响。

（二）总需求与长期总供给曲线

长期的古典总供给曲线在充分就业时的产出水平上是垂直的。这时，总需求与总供给的均衡点 E 随总需求曲线的变动而变动，即在长期中总需求的增加只是提高价格总水平，而不会改变产量或收入 Y_f，如图 3-4（b）所示。图中总供给曲线 AS 为一条垂直线，经济初始均衡点为 E_0 点。假如政府通过扩张性财政政策使总需求曲线从 AD_0 移动到 AD_1，如果初始价格 P_0 不变，经济的总支出就会增加，但由于资源已被充分利用，厂商不可能再获得更多的劳动力来生产更多的产量，也就是说，产品供给对新增的需求已无法做出反应，增

加的总需求只能导致更高的价格,从而产生需求拉动型通货膨胀。

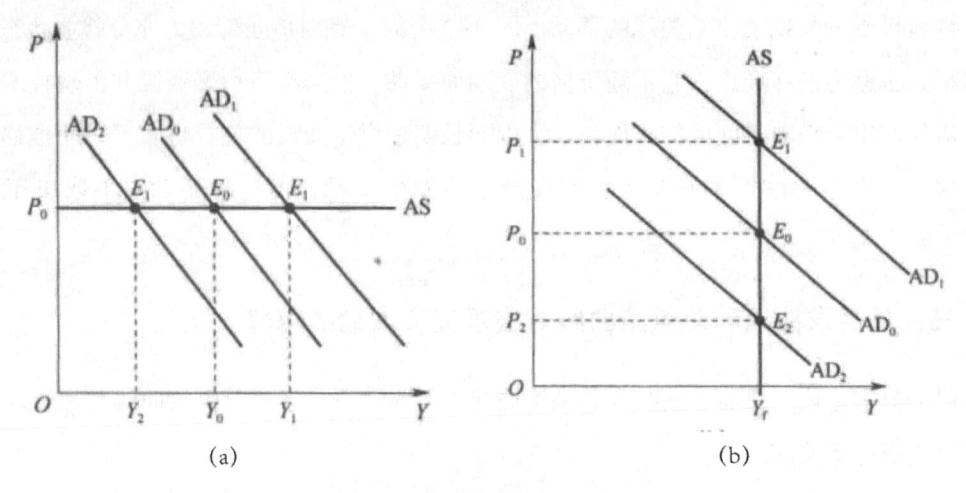

图 3-4　总供给与总需求平衡

(a) 凯恩斯总供给与总需求均衡;(b) 古典总供给与总需求均衡

(三) 总需求和正常的总供给曲线

凯恩斯总供给曲线与古典总供给曲线都是特殊情况,是在经济过度萧条或经济过度扩张情况下才会出现的。在一般情况下,总供给曲线向右上方倾斜,总需求的变动引起国民收入与价格水平的同方向变动,如图 3-5 所示。在图中,AS 与 AD_0 相交于 E_0 点,决定了国民收入为 Y_0,价格水平为 P_0。当总需求增加,AD_0 右移到 AD_1 与 AS 相交于 E_1,决定了新的国民收入为 Y_1,价格总水平为 P_1,这表明总需求增加使国民收入由 Y_0 增加到 Y_1,使价格总水平由 P_0 上升为 P_1,此时经济处于高涨阶段。相反,当总需求减少,AD 线从 AD_0 左移到 AD_2 与 AS 相交于 E_2,决定了国民收入为 Y_2,价格总水平为 P_2,这表明总需求减少使国民收入由 Y_0 减少到 Y_2,使价格总水平由 P_0 下降为 P_2,此时经济处于萧条阶段。

由此可见,在短期内,政府会以相机抉择的政策,适时地变动总需求,即在萧条时期增加总需求,而在繁荣时期则减少总需求,以熨平经济波动。在长期内,经济持续处于稳定的充分就业的状态,因而政府的总需求管理政策也就不再必需。

(四) 短期总供给曲线移动的效应

总需求曲线不动,短期总供给的变动会引起短期总供给曲线向左上或向右下移动,从而会使均衡的国民收入和价格水平发生变动。如果成本上升,短期总供给减少,短期总供给曲线向左上移动,会使均衡国民收入减少,价格水平上升;如果成本降低,短期总供给曲线向右下移动，会使均衡国民收入增加，价格水平下降，如图 3-6 所示。在图中，假设世界石油价格的上升使总供给减少，总供给曲线从 AS_0 移动到了 AS_1，同时由于石油价格的上升或工资水平普遍提高等原因提高了平均成本，厂商便开始提高产品价格，因此，价格水平将会上升。沿着总需求曲线，价格水平的上升减少了均衡国民收入。短期内价格水平将会继续上升，经济沿着总需求曲线继续左滑，直到到达 AS_1 曲线的点 E_1 为止。在该点处，总供给与总需求相等。在短期内，供给减少使总供给曲线向左上移动，减少产出（Y_0 到 Y_1）并提高价格水平（P_0 到 P_1），即会出现"滞胀"的局面。滞胀全称停滞性通货膨胀，在宏观经济分析中，特指经济停滞与高通货膨胀，失业以及不景气同时存在的经济现象。通俗地说就是指物价上升，但经济停滞不前。这可以解释成本推动型通货膨胀。

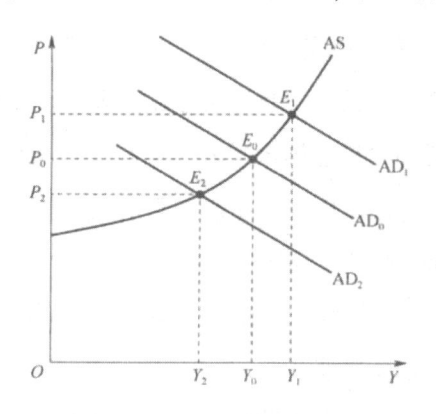

图 3-5　经济的萧条与高涨图

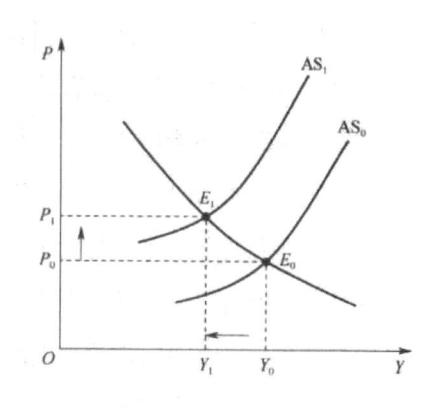

图 3-6　经济的滞涨状态

（五）长期总供给曲线移动的效应

长期总供给也就是充分就业的总供给，即充分就业国民收入或潜在国民收入。随着潜在国民收入的变动，长期总供给曲线会发生移动。正常情况下，长期总供给曲线随经济增长而向右方平行移动。如果发生自然灾害或战争，一个经济的生产能力被破坏，长期总供给曲线也会向左移动。如果长期总供给曲线向右移动，可以实现更高水平的充分就业均衡，而不引起通货膨胀。

由上述可见，总需求分析可以用来解释萧条状态、高涨状态和滞胀状态的短期收入和价格水平的决定，也可以用来解释充分就业状态的长期收入和价格水平的决定。

第三节 通货膨胀与经济周期

一、通货膨胀

（一）通货膨胀的含义和类型

1. 通货膨胀的含义

通货膨胀是在纸币流通条件下，因货币供给大于货币实际需求，导致货币贬值，从而引起的一段时间内物价水平持续而普遍上涨的经济现象。其实质是社会总需求大于社会总供给。通货膨胀的产生必须具备两个条件：纸币流通和物价总体水平的持续上涨。资源短缺、商品质量提高等原因引起的物价上涨，不能理解为通货膨胀，必须是纸币发行量超过了宏观经济的实际需要量，才能称为通货膨胀；局部或个别产品的价格上涨以及季节性、偶然性和暂时性的价格上涨，也不能认为是通货膨胀，必须是大部分商品的价格同时上涨，必须是物价在一段时间内持续地上涨，才能称为通货膨胀。

通货膨胀程度是用通货膨胀率来衡量的，通货膨胀率是用百分比形式测算价格水平的变化程度。该指标可表示为：

本期通货膨胀率＝［（本期价格水平－上期价格水平）÷上期价格水平］×100%

在实际工作中，一般不直接、也不可能测算通货膨胀率，而是通过消费者价格指数（CPI）、生产者价格指数（PPI）和GDP折算指数来间接表示。

2. 通货膨胀的类型

（1）按价格上升的速度分类

①温和的通货膨胀

这是指年物价水平上升速率在10%以内，也称爬行式的通货膨胀，它的特点是价格上涨缓慢并且可以预测，是始终比较稳定的一种通货膨胀。实际上许多国家都存在着这种通货膨胀，此时物价相对来讲比较稳定，人们对货币比较信任，乐于持有货币。许多经济学家认为这种温和而缓慢上升的价格对经济的增长有积极的刺激作用。

②奔腾的通货膨胀

奔腾的通货膨胀也称为疾驰的或飞奔的通货膨胀、急剧的通货膨胀。它是一种不稳定的、迅速恶化的、加速的通货膨胀。在这种通货膨胀发生时，年物价水平上升速率在10%~100%，人们对货币的信心产生动摇，公众预期价格还会进一步上涨，会采取各种手段减少损失，这使通货膨胀更为加剧，经济社会产生动荡，所以，这是一种较危险的通货膨胀。

③恶性通货膨胀

在经济学上，恶性通货膨胀是一种不能控制的通货膨胀，在物价很快上涨的情况下，就使货币失去价值。恶性通货膨胀没有一个普遍公认的标准界定，一般认为年物价水平上升速率超过了100%。发生这种通货膨胀时，价格持续猛涨，货币购买力急剧下降，人们对货币完全失去信任，以致货币体系和价格体系最后完全崩溃，甚至出现社会动乱。产生这种通货膨胀的原因是货币供给的过度增长。

（2）按照对不同商品的价格影响分类

1）平衡的通货膨胀

即每种商品的价格都按相同的比例上升。

2）非平衡的通货膨胀

即各种商品价格上升的比例并不完全相同。如近年来，我国房地产价格上升迅速，而一般日用消费品如家电、电脑、汽车等商品的价格反而有下降趋势。

（3）按照人们的预期程度分类

1）未预期的通货膨胀

即人们没有预料到价格会上涨，或者是价格上涨的速度超过了人们的预计。

2）预期的通货膨胀

即人们预料到价格会上涨。

（二）通货膨胀的成因

通货膨胀是现代经济社会中常见的一种经济现象，其产生的原因是多方面的，但一般可归纳为三类。

1. 需求拉动

需求拉动的通货膨胀，又称过度需求通货膨胀，是指由于总需求的增加超过了总供给而引起的价格水平持续、显著上涨的经济现象。由于总需求是和货币供给量联系在一起的，所以，需求拉动的通货膨胀又被解释为过多的货币追逐过少的商品。下面用图示说明来说明总需求如何拉动物价上涨。图3-7中，纵轴表示物价水平P，横轴表示收入水平Y；

AD 为总需求曲线，AS 为总供给曲线。

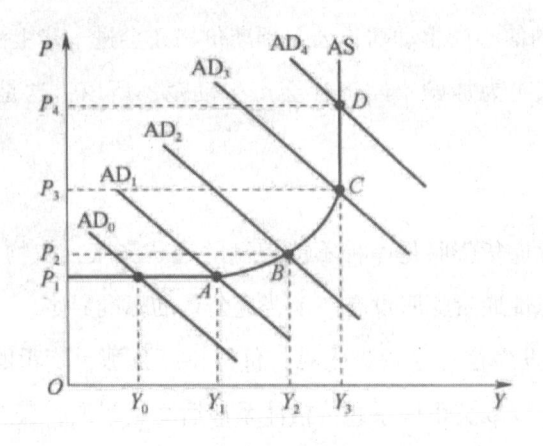

图 3-7　需求拉动型通货膨胀

(1) 在凯恩斯主义总供给曲线区域

在 AS 凯恩斯区域，总需求从 AD_0 增加到 AD_1，价格水平仍保持在 Y_0 水平，说明总需求的增加不会引起价格上涨。

(2) 在短期总供给曲线区域

在 AS 中间区域，正常的 AS 线，图中总需求从 AD_1 增加到 AD_2、AD_3，时，国民收入从 Y_1 增加到 Y_2 和 Y_3 的水平，价格也从 P_1 上升到 P_2、P_3 的水平，说明总需求增加会引起价格上涨。这主要由于劳动、原料、生产设备等不足，导致成本提高，即供给瓶颈，该区域的通胀被称为瓶颈式通货膨胀。

(3) 在长期总供给曲线区域

在长期的 AS 古典区域，图中总需求从 AD_3 上升到 AD_4，国民收入仍然保持在 Y_3，但物价水平从 P_3 上升到 P_4 水平。说明资源已得到充分利用，总需求继续增加，只会导致价格上涨，而收入不变。

需求拉动型通货膨胀还可能由货币因素引起。经济学意义上的需求都是指有支付能力的需求。上述实际因素引起的过度需求虽然最初在非金融部门中产生，但如果没有一定的货币量增长为基础，就不可能形成有支付能力的需求。换言之，过度的需求必然表现为过度的货币需求。

2. 成本推动

成本推动的通货膨胀理论与需求拉动的通货膨胀理论的出发点正好相反，它是从总供给而不是从总需求的角度出发，假设在不存在过度需求的情况下，由于供给方面成本的提高所引起的价格水平持续、显著上升的一种经济现象。

引起成本增加的原因有：

（1）工资成本推动的通货膨胀。许多经济学家认为，工资是成本中的主要部分。工资的提高会使生产成本增加，从而价格水平上升。

（2）利润推动的通货膨胀。西方的经济学者认为，工资推动和利润推动实际上都是操纵价格的上升，其根源在于经济中的垄断，即工会的垄断形成工资推动，厂商的垄断引起利润推动。

（3）原材料成本推动的通货膨胀。如石油价格的上升，或者是某种进口原材料价格上升等，最典型的事例是20世纪70年代覆盖整个西方发达国家的滞胀（即经济停滞和通货膨胀同时并存），其主要根源之一就在于当时石油价格的大幅度上升。

3. 结构失调

结构失调是指在没有需求拉动和成本推动的情况下，只是由于经济结构、部门结构失调引致的物价总水平持续上涨的现象。导致结构性通货膨胀的根源是国民经济各部门的经济结构存在很大差异，如劳动生产率提高快慢不同，所处的经济发展阶段不同，对外开放程度不同等。但是，货币工资的增长速度通常是由生产率较高的部门、处于发展上升阶段的部门和开放度较高的部门决定的。在追求工资均等化和公平原则的压力下，在劳动市场竞争的作用下，那些劳动生产率较低的部门、发展缓慢处在衰退阶段的部门和非开放的部门，其工资的增长速度会向生产率提高较快、正处于上升期和开放度高的先进部门看齐，使整个社会的货币工资增长速度具有同步增长的趋势。这样势必会导致全社会的工资增长率高于社会劳动生产率的平均增长率，导致价格水平的普遍上涨，从而引发通货膨胀，这种通货膨胀就是结构性通货膨胀。

（三）通货膨胀的成本

通货膨胀是一种货币现象，是每一个国家政府、经济学家和普通百姓都关注的问题，高的通货膨胀率的确给整个社会及其社会成员带来一系列问题，向整个社会及其每个成员征收成本。经济学家总结出了几种通货膨胀的成本。

1. 通货膨胀再分配成本

再分配成本是指通货膨胀在全社会范围内对真实收入进行重新分配。

（1）通货膨胀降低固定支付方的支付成本，损害了固定收入方的购买力。对于固定收入方来说，其收入为固定的名义货币数额，物价上涨后，他们的名义收入不变，即收入不能随通货膨胀率变动，那么他们真实的购买力下降，其生活水平必然下降。而对于支付方来说，支付的实际支付成本自然比通货膨胀前低，这样通货膨胀就把真实的购买力从取得收入方转移到支付方。例如，员工和企业签订3年的劳动合同，每月3000元的固定工资收入，假设期间物价上涨一倍，员工3000元工资的实际购买力仅是原来的一半，而企业却因支付了较低的真实工资得到好处。

（2）通货膨胀造成财富在债务人和债权人之间的财富再分配。例如，固定利率的借款合同，借款人会因通货膨胀受益，贷款人则是利益的受损方。假设借贷双方签订一年期的固定借贷利率3%的借款合同，到期时通货膨胀率为5%，借款人还是按3%利率还贷，从中受益，而贷款人收到的真实利率是-2%（5%-3%=2%）。

2. 通货膨胀的资源成本

通货膨胀的资源成本是指人们为了应付通货膨胀被迫在日常生活中耗费额外的时间和资源，支付了机会成本，因为原本人们可以用这些时间和资源进行其他活动。

（1）"皮鞋成本"

它是指人们为减少货币持有量所付出的成本。由于通货膨胀降低了货币的实际价值，为避免损失人们一般会减少持有货币，可能会更多地跑去银行，把持有的现金放入高利息的银行账户中，或者把现金变换为实物。在这些过程中，磨损了鞋底，这就是皮鞋成本的最初来源。可是，更重要的成本是人们在这个过程中牺牲了时间和精力，这原本可使人们做更多有意义的事情。初看起来皮鞋成本是微不足道的，但是在高通货膨胀时，这将是一个严重的社会问题。据统计，通货膨胀每高出正常值一个百分点，带来的不方便造成的成本约为GDP的0.05%。

（2）"菜单成本"

它包括印刷新清单和目录的成本，把这些新的价格表送给中间商和顾客的成本，为新价格做广告的成本，以及由于改变价格对市场影响的不确定造成的风险成本，甚至包括处理顾客对新价格抱怨的成本。这期间不仅消耗时间，而且消耗纸张、油墨、打印机损耗等。

（3）资源配置不当

市场经济依靠价格机制来配置资源，企业依据价格制定其经营策略，消费者依据各种商品和服务的质量和相对价格来比较购物。如果发生通货膨胀，人们往往没有足够的时间和能力来判断是绝对价格的上升还是相对价格的上涨，其结果，生产者和消费者都可能出现决策失误，造成资源浪费。

（4）税收负担扭曲

许多国家实行累进税率，税收又具有稳定性、固定性，如果发生通货膨胀，为维持不变的实际工资，根据预期调整劳动者的名义工资水平，而名义工资的增加使纳税人进入了更高的纳税等级，使得税后的实际工资反而减少了。又如，银行付给储户的利息是名义利息，发生通货膨胀，名义利息会低于实际利息。而利息税却是按照名义利息来征收，结果使储户多纳税。因此，通货膨胀扭曲了所征收的税收。

总之，通货膨胀会引起一系列问题，社会为此要付出一定的代价，恶性通货膨胀可能会造成政治的动荡。

（四）通货膨胀的治理

由于通货膨胀会引起一系列问题，影响经济的正常发展，所以，许多国家都十分重视对通货膨胀的治理。在宏观经济分析中，主要用衰退来降低通货膨胀和收入政策等来治理通货膨胀。

1. 用衰退来降低通货膨胀

这种方法主要针对需求拉上的通货膨胀。由于需求拉上的通货膨胀是总需求超过总供给产生的，因此，要治理这种通货膨胀，调节和控制社会总需求是个关键。有效途径是采取紧缩的财政政策和货币政策：在财政政策方面，通过紧缩财政支出，增加税收，实现预算平衡，减少财政赤字；在货币政策方面，主要是紧缩信贷，控制货币投放，减少货币供应量。财政政策和货币政策相配合综合治理通货膨胀，其重要途径就是通过控制固定资产投资规模和控制消费基金过快增长来实现控制社会总需求的目的。但这种政策会导致投资减少，产出回落，其代价是经济衰退。

2. 其他降低通货膨胀的方法

（1）收入政策

收入政策主要是针对成本推动的通货膨胀，因为成本推动的通货膨胀来自供给方面，由于成本提高，特别是工资的提高，从而引起价格水平的上涨。收入政策又称为工资物价管制政策，是指政府制定一套关于物价和工资的行为准则，由劳资双方共同遵守。目的在于限制物价和工资的上涨，以降低通货膨胀率，同时又不造成大规模的失业。具体可以采用三种形式：确定工资、物价指导线，以限制工资物价的上升；管制或冻结工资措施；政府以税收作为奖励和惩罚的手段来遏制工资、物价的增长。

(2) 控制货币供应量

由于通货膨胀是纸币流通条件下的一种货币现象，其产生的最直接的原因就是流通中的货币量过多，所以，各国在治理通货膨胀时所采取的一个重要对策就是控制货币供应量，使之与货币需求量相适应，减轻货币贬值和通货膨胀的压力。

(3) 增加商品的有效供给，调整经济结构

治理通货膨胀时如果单方面控制总需求而不增加总供给，将严重牺牲经济增长，这样治理通货膨胀所付出的代价太大。因此，在控制需求的同时，还必须增加商品的有效供给。一般来说，增加有效供给的主要手段是降低成本，减少消耗，提高经济效益，提高投入产出的比例，同时，调整产业和产品结构，支持短缺商品的生产。

治理通货膨胀的其他政策还包括限价、减税、收入指数化等措施。

二、经济周期的基本知识

(一) 经济周期的定义、阶段和类型

1. 经济周期的定义

适度的经济增长固然重要，但从世界各国经济的发展历史来看，经济增长并不总是沿直线上升，而是在上升过程中不断地呈现非线性波动，这种经济活动的上下波动，总是呈现出周期性的特征。所谓经济周期（又称商业循环），是指经济活动沿着经济发展的总体趋势所经历的有规律的扩张和收缩。

2. 经济周期的四阶段

经济周期波动一般在经济运行过程中交替出现扩张和收缩、繁荣和萧条、高涨和衰退的现象。根据经济活动在扩张和收缩阶段的程度不同，熊彼特将经济周期分为繁荣期、衰退期、萧条期和复苏期等四个阶段，如图3-8所示。

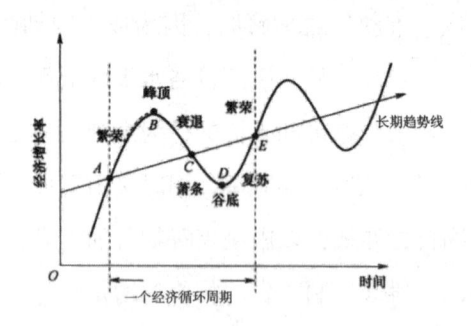

图3-8 经济周期波动曲线

图 3-8 中，纵轴表示经济增长率，横轴表示时间；正斜率的直线是经济的长期增长趋势线。由于经济在总体上保持着或多或少的增长，所以，经济增长的长期趋势是呈现正斜率的。曲线代表各年度经济总量的实际增长率，通常用国内生产总值（GDP）增长率表示。经济周期的四个阶段具有如下特点：

(1) 繁荣阶段（高涨阶段）

从 A 点到 B 点为繁荣阶段，B 为峰顶，这时经济活动处于高水平的时期。在这一阶段，生产迅速增加，投资增加，信用扩张，价格水平上升，就业机会增加，公众对未来乐观。当就业与产量水平达到最高时，经济就开始进入衰退阶段。

(2) 衰退阶段（危机阶段）

从 B 点到 C 点为衰退阶段。在这一阶段，当消费增长放慢、投资减少时，经济就会开始下滑，生产急剧减少，信用紧缩，价格水平下降，企业破产倒闭，失业急剧增加，公众对未来悲观。

(3) 萧条阶段

从 C 点到 D 点为萧条阶段，萧条的最低点 D 称为谷底，这时就业与产量跌至最低。在这一阶段，生产、投资、价格水平等不再继续下降，失业人数也不再增加。这是国民收入与经济活动低于正常水平的一个阶段，即在低水平上徘徊向前。但这时由于存货减少，商品价格、股票价格开始回升，公众的情绪由悲观逐渐转为乐观。

(4) 复苏阶段（恢复阶段）

从 D 点到 E 点为复苏阶段。在这一阶段，经济开始从低谷全面回升，投资不断增加，商品价格水平、股票价格、利息率等逐渐上升，信用逐渐活跃，就业人数也在逐渐增加，公众的情绪逐渐高涨。当产量或产值等相关经济指标恢复到衰退前的最高水平时，就进入新一轮的繁荣高涨阶段。

四阶段的特征比较见表 3-1。

表 3-1 经济周期波动的阶段特征比较

阶段	对未来的预期	投资量	就业率	失业率	所得/消费	物价水平	厂商利润	利率水平
繁荣期	最乐观	最多	最高	最低	最多	最高	最多	最高
衰退期	比较悲观	渐少	渐低	渐高	渐少	渐跌	渐少	渐跌
萧条期	最悲观	最少	最低	最高	最少	最低	最少	最低
复苏期	比较乐观	渐多	渐高	渐低	渐多	渐升	渐多	渐升

上述各阶段的经济特征在每个阶段可能全部出现，也可能部分出现，其严重的程度也

会因波动幅度的大小和波动的剧烈程度而有所不同。这些特征通常是市场经济条件下的表现，而在传统的计划经济体制中则可能有所不同。例如，在低谷时期，产品不是表现为过剩而是表现为短缺，通货膨胀和通货紧缩也不一定以价格持续上升和持续下降的形式表现出来。

3. 经济周期的类型

按照周期波动的时间长短不同，经济的周期性波动一般有三种类型，即短周期、中周期和长周期。

短周期又称短波或小循环，它的平均长度约为 40 个月，这是由美国经济学家基钦提出来的，因此又称基钦周期；中周期又称中波或大循环，每个周期的平均长度为 8~10 年。这是由法国经济学家朱格拉提出来的，因此又称朱格拉周期；长周期又称长波循环，每个周期的长度平均为 50~60 年。这是由苏联经济学家康德拉季耶夫提出来的，因此又称康德拉季耶夫周期。在现实生活中，对经济运行影响较大且较为明显的是中周期，人们最关注的也是中周期，经济学和国内外经济文献中所提到的经济周期或商业循环也大都是指中周期。

按照一国经济总量绝对下降或相对下降的不同情况，经济周期又可分为古典型周期和增长型周期。如果一国经济运行处在低谷时的经济增长为负增长，即经济总量绝对减少，通常将其称为古典型周期；如果处在低谷时的经济增长率为正值，即经济总量只是相对减少而非绝对减少，则为增长型周期。

（二）经济周期的成因

经济周期是各宏观经济变量波动的综合反映。经济周期的成因是极为复杂的、多方面的，西方经济学家很早就关注宏观经济繁荣与衰退交替出现的经济周期现象，并且在经济学发展历程中提出了不同的理论。

1. 外生经济周期论

外生经济周期理论认为，经济周期的根源在于经济制度之外的某些事物的波动，如战争、革命、政治事件、选举、石油价格上涨、发现新能源、移民、科技发明和技术创新，甚至太阳黑子活动和气候等。外生经济周期论主要有太阳黑子周期理论、创新周期理论和政治周期理论等。

（1）太阳黑子周期理论

太阳黑子周期理论是由英国经济学家杰文斯父子提出并加以论证的。太阳黑子理论认为太阳黑子周期性地造成恶劣气候，使农业收成不好，而农业生产的状况又会影响到工商业，从而使整个经济周期性地出现衰退。

(2) 创新周期理论

创新周期理论是由熊彼特提出来的。熊彼特关于经济周期的解释是建立在创新的投资活动是不断重复发生的，而经济正是通过这种不断重复发生的投资活动来运转的。但这个过程基本上是不平衡的、不连续的并且是不和谐的。熊彼特理论的核心有三个变化过程：发明、创新和模仿。发明是指一种新产品或者新的生产过程的发现，或者是改变现存产品的生产过程。熊彼特假设发明或多或少总是不断地出现，但是它们并不一定同时在经济上得到应用。创新被定义为一种新发明的首次应用，或者是改进了现有产品和工艺过程，使其适应不同的市场需求。

在熊彼特看来，企业家之所以进行创新活动，是因为创新能给他带来盈利的机会。假设某个企业家决定生产一种产品，他愿意冒风险并对所需的厂房和设备进行投资。如果他的决策正确，他将会获得超额利润。同时，他的成功会带来一大批模仿者，形成创新浪潮，他们都想要分享这一超额利润。发明、创新和模仿过程的最终结果是对厂房设备投资支出的不断增加、较高的收入、更大的消费支出等，使银行信用扩大，对资本品的需求增加，引起经济繁荣。随着创新的普及，产量不断增加，最终产品的价格开始下降，劳动力、设备、原材料和利息的成本开始增加，银行信用紧缩，对资本品的需求减少，导致企业削减投资支出、解雇工人、收入和消费支出减少，经济开始进入收缩阶段。随之而来的是企业对变化了的经济环境进行调整，经济进入下一个复苏的物质力量渐渐形成，企业家又开始创新，于是开始了下一轮周期。

(3) 政治周期理论

政治周期理论认为，政府交替执行扩张性政策和紧缩性政策的结果，造成了扩张和衰退的交替出现。政府企图保持经济稳定，实际上却在制造不稳定。为了充分就业，政府实行扩张性财政和货币政策。但是，在政治上，财政赤字和通货膨胀会遭到反对。于是，政府又不得不转而实行紧缩性政策，这就人为地制造了经济衰退。这是政府干预经济所造成的新型经济周期，其原因在于充分就业和价格水平稳定之间存在着矛盾。

2. 内生经济周期理论

内生经济周期理论在经济体系之内寻找经济周期自发运动的因素。这种理论并不否认外生因素对经济的冲击作用，但它强调经济中这种周期性的波动是经济体系内的因素引起的。内生经济周期理论主要有以下几个：

(1) 纯货币理论

纯货币理论是由英国经济学家霍特里提出的。这种理论认为，经济周期纯粹是一种货币现象，货币数量的增减是经济发生波动的唯一原因。所有具有现代银行体系的国家，其货币供给都是有弹性的，可以膨胀和收缩。经济周期波动是银行体系交替扩张和紧缩信用造成的。当银行体系降低利率，放宽信贷时就会引起生产的扩张与收入的增加，这就会进一步促进信用扩大。但是信用不能无限地扩大，当高涨阶段后期银行体系被迫紧缩信用时，又会引起生产下降，危机爆发，并继之出现累积性衰退。即使没有其他原因存在，货币供给的变动也足以形成经济周期。

(2) 投资过度理论

投资过度理论主要强调了经济周期的根源在于生产结构的不平衡，尤其是资本品和消费品生产之间的不平衡。人们把当期收入分成储蓄和消费两部分。消费部分直接购买消费品，储蓄部分则进入资本市场，通过银行、保险公司、证券等各种金融机构到达各企业经营者手中，被投入到资本品购买和生产之中，这一过程就是投资。如果利率政策有利于投资，则投资的增加首先引起对资本品需求的增加以及资本品价格的上升，这样就更加刺激了投资的增加，形成了繁荣。但是这种资本品生产的增长要以消费品生产下降为代价，从而导致生产结构的失调。当经济扩张发展到一定程度之后，整个生产结构已处于严重的失衡状态，于是经济衰退就不可避免地发生了。

(3) 消费不足理论

消费不足理论一直被用来解释经济周期的收缩阶段，即衰退或萧条的重复发生。这种理论把萧条产生的原因归结为消费不足，认为经济中出现萧条是因为社会对消费品的需求赶不上消费品的增长，而消费需求不足又引起对资本品需求不足，进而使整个经济出现生产过剩危机。强调消费不足是由于人们过度储蓄而使其对消费品的需求大大减少。消费不足理论的一个重要结论是，一个国家生产力的增长率应当同消费者收入的增长率保持一致，以保证人们能购买那些将要生产出来的更多的商品。这一思想对于当今西方国家的财政货币政策仍然有影响。

(4) 心理周期理论

这种理论强调心理周期预期对经济周期各个阶段形成的决定作用。在经济周期的扩张阶段，人们受盲目乐观情绪支配，往往过高地估计了产品的需求、价格和利润，而生产成本，包括工资和利息则往往被低估了。并且人们之间存在着一种互相影响决策的倾向，如某企业经营者因对未来的乐观预测会增加他对有关的货物和服务的需求，于是带动其他企业经营者也相应增加需求,从而导致了过多的投资。根据心理周期理论,经济周期扩张阶段的持续期间和强度取决于酝酿期间的长短,即决定生产到新产品投入市场所需的时间。当这种过度乐观的情绪所造成的错误在酝酿期结束时显现出来后,扩张就到了尽头,衰退开始了。企业经营者认识到他们对形势的预测是错误的,乐观开始让位于悲观。随着经济转而向下滑动,悲观性失误产生并蔓延,由此导致萧条。

(5) 乘数-加速数相互作用原理

诺贝尔经济学获得者、美国经济学家保罗·萨缪尔森用乘数-加速数相互作用原理来说明经济周期,并因此成为现代经济周期理论的代表之作。投资的增加或减少能够引起国民收入倍数扩张或收缩,且同方向变化,即乘数原理;同时,国民收入的增加或减少又会反作用于投资,使投资的增长或减少快于国民收入的增长或减少,这是加速原理。可见,投资影响国民收入,国民收入又影响投资,二者互为因果,从而导致国民经济周期性波动。

经济周期波动的原因有很多,归根结底都是总需求与总供给的不一致。两者不一致的情况多通过总需求作用于经济运行过程。在短期内,当总需求持续增加时,经济运行便可能进入经济上升阶段。当总需求的持续增加致使经济活动水平高于由总供给所决定的趋势线,从而使经济运行进入繁荣阶段时,就可能出现经济过热和通货膨胀,这时的总需求大于总供给。反之,当总需求持续收缩时,经济运行就可能进入经济下降阶段。当总需求的持续收缩致使经济活动水平跌到趋势线的下方,从而使经济运行进入萧条阶段时,就会出现经济过冷和严重失业,此时总需求小于总供给。因此,总需求与总供给的不一致,是经济周期的直接原因。

(三) 经济周期的预测指标

预测宏观经济走强还是衰退,是决定资产配置决策的重要因素。如果预测与市场的看法不一致,就会对投资策略产生很大的影响。经济周期具有循环特征,所以,在某种程度上周期是可以预测的。为了预测和判别经济的波动,可以运用各种指标来进行分析。这些指标由于具有与经济周期平行变化的一致性,因此,能够反映出总体经济活动的转折点与周期波动的特点。这些指标按照与经济周期变动先后之间的关系可分为三类:先行指标、同步指标和滞后指标。

1. 先行指标

先行指标是指那些在经济活动中预先上升或下降的经济指标。这一组指标主要与经济未来的生产和就业需求有关，主要包括货币供给量、股票价格指数、生产工人平均工作时数、房屋建筑许可的批准数量、机器和设备订货单的数量以及消费者预期指数等。

先行指标对经济周期波动较为敏感，因此，可以先于其他经济指标反映出短期的、不稳定的波动。当许多先行指标都显现下降趋势时，预示着衰退将会来临；反之，当许多先行指标都显现上升趋势时，预示着经济扩张即将来临。

2. 同步指标

同步指标是指那些与经济活动同步变化的经济指标。这组指标到达峰顶与谷底的时间几乎与经济周期相同，它们既不超前也不落后于总体经济周期，而是与总体经济周期变动几乎一致。主要的同步指标包括国内生产总值（GDP）、工业生产指数、个人收入、非农业在职人员总数以及制造业和贸易销售额等。

同步指标可以用来验证预测的准确性。如果在先行指标已经下降的情况下，同步指标也在下降，人们就有把握相信衰退已经来临；如果先行指标已经下降了，而同步指标并没有下降，那么就要考虑先行指标是否受到了某些干扰，经济是否真正进入衰退阶段。

3. 滞后指标

滞后指标是指那些滞后于经济活动变化的经济指标。这些指标的峰顶与谷底总是在经济周期的峰顶与谷底之后出现。这些指标主要包括生产成本、物价指数、失业的平均期限、商业与工业贷款的未偿付余额、制造与贸易库存与销售量的比率等。滞后指标反映了经济波动的程度，也可以用来验证预测的准确性。

在运用先行指标、同步指标和滞后指标进行经济周期预测时，还要综合考虑其他的信息工具。只有结合经验判断和其他对经济现象的观察，对各种指标的当前状况进行解释才能得到较好的预测效果。

（四）经济周期波动的对比分析

1. 波动的幅度

波动的幅度是指每个周期内经济增长率上下波动的差，表明每个经济周期内经济增长高低起伏的剧烈程度，其计算方法最直接、最直观的是计算每个周期内经济增长率峰顶与谷底的落差。根据落差的大小，将波动分为三种类型：落差大于或等于 10 个百分点的为强幅型；落差大于或等于 5 个百分点，而小于 10 个百分点的为中幅型；落差小于 5 个百分点的为低幅型。

2. 波动的高度

波动的高度是指每个周期内峰顶年份的经济增长率，它表明每个周期经济扩张的强度，反映经济增长力的强弱。根据各周期峰顶年份经济增长率的高低，可以分为三种类型，即峰顶年份经济增长率大于或等于15%的高峰型，峰顶年份经济增长率小于10%的低峰型和处于二者之间的中峰型。

3. 波动的深度

波动的深度是指每个周期内谷底年份的经济增长率，它表明每个经济周期收缩的力度。按照谷底年份经济增长率的正负可以分为古典型和增长型，即谷底年份经济增长率为负的古典型和正的增长型。

4. 波动的平均位势

波动的平均位势是指每个周期内各年度平均的经济增长率。例如，我国改革开放前1953—1977年有五个周期，其波位平均为6.51%；而1978—2000年共有四个周期，波位平均为9.39%，上升了2.88个百分点，表明在克服经济增长的大起大落中，总体增长水平有了显著提高。

5. 波动的扩张长度

波动的扩张长度是指每个周期内扩张的时间长度，它表明每个周期内经济扩张的持续性。改革后的平均扩张长度比改革前延长了，表明我国经济的增长由短扩张型向长扩张型转变，扩张期有了更强的持续性。

三、经济周期与行业投资策略

结合经济周期的不同阶段确定相应的行业投资策略，是规避投资风险、稳定投资收益非常有效的途径。

（一）增长型行业、周期型行业和防守型行业

各行业变动时，往往呈现出明显的、可测的增长或衰退的格局。这些变动与国民经济总体的周期变动是有关系的，但关系的密切程度又不一样。据此，可以将行业分为三类：

1. 增长型行业

增长型行业的运动状态与经济活动总水平的周期及振幅无关。这些行业收入增加的速率相对于经济周期的变动来说，并未出现同步影响，因为它们主要依靠技术的进步、新产品推出及更优质的服务，从而使其经常呈现出增长形态。在过去的几十年内，计算机和复

印机行业表现了这种形态，投资者对高增长的行业十分感兴趣，主要是因为这些行业对周期性波动来说，提供了一种财富"套期保值"的手段。然而，这种行业增长的形态却使得投资者难以把握精确的购买时机，因为这些行业的股票价格不会随着经济周期的变化而变化。

2. 周期型行业

周期型行业的运动直接与经济周期相关。当经济处于上升时期，这些行业会紧随扩张；当经济衰退时，这些行业也相应跌落。产生这种现象的原因是，当经济上升时，对这些行业相关产品的购买被延迟到经济改善之后。例如，日用品制造业就属于典型的周期型行业。

3. 防守型行业

还有一些行业被称为防守型行业。这些行业运动形态的存在是因为其行业的产品需求相对稳定，并不受经济周期衰退的影响。有时候，在经济衰退时，防守型行业或许会有增加，例如，食品业和公用事业属于防守型行业，这些公司的收入相对稳定。

（二）投资策略的选择

结合经济周期性的波动，行业投资策略选择的关键在于依据对经济周期各阶段的预测，当对经济前景持乐观态度时，选择周期型行业，以获取更大的回报率；而当对经济前景持悲观状态时，选择投资防守型行业以稳定投资收益；同时，选择一些增长型的行业加以投资。

第四章 企业模式的形成与管理创新

第一节 企业模式的形成

一、企业模式形成的内在机理

管理的派生性决定了企业不可能无视其他活动开展的需要而直接采取某种管理职能方式并使之模式化，只有在企业的其他活动形成特定行为模式的基础上，管理各项职能的运行方式才能表现出稳定的特征并可重复应用，而企业其他活动行为模式的形成是企业惯例效应发挥与惯例复制的结果。

（一）企业惯例概念界定

"惯例"一词最早作为法律名词出现在法学领域，用来形容各级法院遵照所形成的习惯性审理、判决案例的做法。后来将惯例引入管理学领域时，将组织层面的惯例与个体层面的技能和习惯类比以说明惯例是组织的一种自动的程序性的行为。此外，有学者还认为组织惯例像基因一样指导着企业的行为和做事方式，该隐喻主要是为了强调惯例的稳定性以及难以模仿性。在此基础上，学者们开始持续的关注组织中的惯例，希望通过发展惯例理论来指导企业更好的生存和成长。然而，通过梳理现有的研究成果发现，学者们在讨论组织惯例时，研究对象有时是组织中某个具体的惯例，有时是组织中的惯例整体，还有学者将惯例区分为高阶惯例与低阶惯例，或高阶惯例与零阶惯例，或搜索惯例与操作惯例，这导致研究成果之间会存在许多冲突并难以解释的地方。基于此，逐渐有学者意识到组织内的惯例是一个分层的结构，单个惯例会被分组成一捆捆的惯例，而这些一捆捆的惯例又能整合起来构建组织层面的组织惯例。因此，可以将企业惯例分为三个层级，分别是单个惯例、惯例集群和组织惯例。

（二）企业惯例的复制

按照复制的范围，惯例复制可分为纵向复制和横向复制两种情况，纵向复制是指惯例在目标活动中的重复使用。横向复制是指目标惯例在企业内部各活动间的转移和扩散。作为一种经济组织，企业发展目标的实现和整体竞争力的提高取决于各项活动的效率和效果。惯例在协调运作、方便组织控制、减少冲突和摩擦、节省和优化认知资源配置、提高学习效果、储存知识等方面的效应，使得惯例的存在和执行在一段时间内能够提高企业目标活动的效率。除非结构和能动性与惯例生成时相比出现重大变化，否则惯例对与企业而言都是有效率的。出于对目标活动长期效率的追求，企业产生了在该活动中重复应用惯例，即惯例纵向复制的需要。同时，为扩大目标活动效率的作用规模和范围，企业也具备将目标惯例应用在企业内其他活动之中，即惯例横向复制的动力。

惯例的模式性、重复性、集体性和路径依赖性的特点使得惯例在一段时间内是稳定的，可以反复应用于同一目标活动，纵向复制是可行的。从系统论的观点看，企业是由相互联系和相互作用的多种要素构成的有机整体，这使得企业内部的各种活动之间存在序列相关、相互依赖和资源共享等各种层次的联系。活动之间的相关性决定了有些知识是可以为多种活动共享的，这使得惯例的横向复制成为可能，如精益生产方式所形成的节俭、严谨和持续改进等惯例，在企业的供应商选择、物流系统设计、销售渠道建设、研发、财务等活动中也得到了极大地应用。

二、企业惯例的复制

按照复制的范围，惯例复制可分为纵向复制和横向复制两种情况，纵向复制是指惯例在目标活动中的重复使用。横向复制是指目标惯例在企业内部各活动间的转移和扩散。作为一种经济组织，企业发展目标的实现和整体竞争力的提高取决于各项活动的效率和效果。惯例在协调运作、方便组织控制、减少冲突和摩擦、节省和优化认知资源配置、提高学习效果、储存知识等方面的效应，使得惯例的存在和执行在一段时间内能够提高企业目标活动的效率。除非结构和能动性与惯例生成时相比出现重大变化，否则惯例对与企业而言都是有效率的。出于对目标活动长期效率的追求，企业产生了在该活动中重复应用惯例，即惯例纵向复制的需要。同时，为扩大目标活动效率的作用规模和范围，企业也具备将目标惯例应用在企业内其他活动之中，即惯例横向复制的动力。

惯例的模式性、重复性、集体性和路径依赖性的特点使得惯例在一段时间内是稳定的，可以反复应用于同一目标活动，纵向复制是可行的。从系统论的观点看，企业是由相互联系和相互作用的多种要素构成的有机整体，这使得企业内部的各种活动之间存在序列相关、相互依赖和资源共享等各种层次的联系。活动之间的相关性决定了有些知识是可以为多种活动共享的，这使得惯例的横向复制成为可能，如精益生产方式所形成的节俭、严谨和持续改进等惯例，在供应商选择、物流系统设计、销售渠道建设、研发、财务等活动中也得到了极大的应用。

三、企业模式的形成实现方式

（一）企业惯例（集）的生成

惯例复制及其三大效应的发挥在企业管理模式的形成中起关键作用，但惯例的生成才是根本和前提。离开了惯例的生成，惯例的复制和惯例效应的发挥就无从实现。因此，要实现惯例的效应、提高企业活动的效率并形成相应的管理模式，企业首先应推动企业惯例（集）的生成。

与生物基因不同，惯例并不是在企业成立之初就存在的，而是在企业的持续运转中逐步生成并演化的。惯例是由于行为的不断重复而形成的，这一观点为坚持"行为模式"路线的学者所认可，但学者对行为方式转化为行动逻辑，尤其是内隐规范和交互共识的机理缺乏深入的分析。持认知路线的学者从惯例的知识属性出发，认为惯例是组织内认知和学习的结果，惯例生成是行动者对问题解决方案的有限搜索所导致的；这种搜索与团体决策中的认知陷阱和心智模式密切相关；惯例生成是组织内经验积累、知识表述和知识编码三种学习机制作用的结果；惯例是企业内部团队认知和知识扩散所导致的。认知路线对于企业内部惯例生成的过程具有极强的解释力，但对企业行为方式的选择过于强调行动者的能动性，而忽视了环境因素在其中的重要性。而能力路线的学者将精力主要放在惯例的执行层面，对惯例生成的分析不足。因此，无论是行为模式路线，还是认知路线，学者对于惯例的生成都只能给出片面的解释。为弥补现有研究的缺陷，本书认为，有必要将两种路线结合起来，从惯例的过程性和共生性出发，构建企业惯例生成的完整框架。

1. 活动触发

企业惯例的生成是从低层面的惯例，即行动逻辑层面开始的。而行动逻辑来自企业对某一活动方式、方法和手段的选择，即行动逻辑是由活动触发的。既然企业惯例是由活动触发的，那么哪些因素影响甚至决定企业活动方式、方法和手段的选择？与生物演化相比，社会经济系统的演化最本质的区别就是前者只是由遗传物质储存信息进行，而后者存在有意识的认知主体。行动者的抱负水平是一种强有力的惯例触发形式。将惯例的触发形式归为两方面：第一，由外部因素引起的触发；第二，由行动者引起的触发。

2. 活动期望

作为一种经济组织，企业对于活动效果是有明确诉求的，即活动期望。活动期望是企业对某项活动开展所获收益的预期，即企业的活动目标，可分为组织期望（可以由企业、部门或班组内部制定，也可以由政府等外部决策者制定）和行动者个人期望。当组织期望水平大于行动者个人期望时，受组织监督控制系统和激励制度等的约束，组织期望成为活动效果的评价标准。而当行动者个人期望水平大于组织期望时，除非企业存在允许行动者能动性发挥的良好环境和激励措施，否则组织期望仍然是活动效果的评价标准。这是因为，期望水平的提升意味着行动者需要付出额外的努力，当这种额外努力得不到相应回报时，多数行动者自然按照组织期望开展工作，而少数坚持个人期望的行动者则因"标新立异"而被孤立和排斥。因此，在多数情况下，活动期望都是以组织期望的形式存在，并以目标的形式向行动者明确地提出和传达。当企业内部拥有良好的能动性发挥环境和激励措施，且行动者拥有极高的影响力时，如活动单位的领导者，行动者的个人期望便有可能取代组织期望成为活动效果的评价标准，但其前提是行动者的个人期望高于组织期望并为多数行动者所接受。不论是组织期望还是行动者个人期望最终成为活动效果的评价标准，在其制定时除考虑企业过去的业绩和其他可比较组织的过去的业绩等因素外，还受政府政策、企业性质、市场结构、企业价值取向、领导风格、资源基础与能力结构、利益相关者、技术创新和改进以及企业合并与重组，以及偶发性因素，如自然灾害、战争威胁、国内外政治经济形势变化等突发事件的影响。因此，活动期望不是一成不变的，而是随着内外环境因素的变化而不断调整的。

3. 结构和能动性

在制定了活动期望并在企业内贯彻执行时，行动者对活动方式、方法和手段的选择又会受哪些因素影响呢？对此，我们引入演化经济学中的结构和能动性的概念。

（1）结构与向下因果

结构（structure）是指影响或限制个体独立行动以及他们自由选择能力的因素的统称，包括社会阶层、信仰、种族、伦理、习俗等。而当个体处于企业内而独立行动时，其结构性因素的外延会进一步拓展，包括经济、政治、科技、社会文化、企业所处的产业环境等各种外部因素,以及企业内部的产权结构、治理模式、制度体系、资源基础、组织结构、文化氛围、人际关系等,当结构性因素在演化中起主导作用,结构决定行动者的行为方式时,向下因果便发生了。这种向下因果体现在活动触发上,便是行动者的能动性受到抑制,只能按照结构性因素的要求,被动地接受和应用某种活动方式、方法和手段。如在战争期间,服务于军事需要的企业,尤其是为政府或军队所接管的企业,行动者的能动性受到极大抑制,在大多数情况下,只能是按照政府或军队的活动期望,而非按照行动者的价值判断进行活动方式、方法和手段的选择,甚至是由外部决策者,如政府官员、军官等直接决定。即使是服务于民生的企业,受战时法律、经济政策和资源配置等的制约,其活动方式、方法和手段的选择余地也是十分有限的。而在高度集中的计划经济体制中,由于政府在资源配置、价格与产量决策、利润分配等方面的决定性作用,企业活动方式、方法和手段的选择也主要受政府等结构因素的制约,行动者自身做出选择的空间很小。

(2) 能动性与向上因果

能动性(agency)是指个体行为人独立行动并做出自由选择的能力。在企业活动中,能动性主要体现在行动者,尤其是企业家和各级管理者主动思考、自觉行动与创新能力等方面。能动性的发挥一方面取决于行动者能动性潜力的高低,这主要受行动者自身价值观念、抱负水平、知识基础与结构、教育及成长经历等的影响;另一方面则主要受到结构性因素的制约,即企业面临的内外环境因素对行动者独立行动并做出自由选择的限制程度。当行动者具有较高的能动性潜力,且结构因素对行动者的限制程度较小时,行动者的能动性便能充分发挥,甚至能影响和改变结构,这称之为向上因果。这种向上因果体现在活动触发上,便是行动者通过发挥其主观能动性,对结构性因素进行识别、响应甚至是改变,从而按照组织期望或个人期望选择和应用某种活动方式、方法和手段,这种选择可以是对产业、竞争者、相关企业或者企业内相关活动的习惯性行为方式、方法和手段的模仿与改进,也可以是对活动方式、方法和手段的全面创新。

能动性和结构转换是演化经济学中的一个永恒命题。老制度主义学派重视制度对个体行为的影响,法国调节学派用更小的结构(制度形式)去分析更大更复杂的结构(积累体系),两者共同的特点是强调向下因果,而忽视了个体的能动性。奥地利学派则强调人的能动性在演化中的作用,也就是向上因果。但在实践中,"纯粹"的向上和向下因果都是不存在的。结构性因素的力量再过强大,也无法完全抑制行动者的能动性,而离开了一定的结构支持,人的能动性也无法完全地发挥与实践,最多是停留在思想或理论层面。因此,在企业活动方式、方法和手段的选择及其应用中,向上因果和向下因果是同时存在的，即能动性因素和结构会共同发生作用，只是两者的作用程度会根据情境不同而有所差异。

（3）活动效果

不论是向上因果还是向下因果，行动者选择的活动方式、方法和手段都要在实践中加以运用，并产生一定的效果，即企业通过一项活动的开展而获得的收益。这种收益可以是经济性的，如产品生产的数量和质量、交货周期、产品周转率、市场占有率、销售利润水平、资本成本、资产负债率、人员流动率、一项活动对其他活动开展的贡献程度等；可以是社会性的，如企业被政府、社会、公众、行业组织等所认可的程度；也可以是生态性的，如对资源消耗的降低、污染物排放的减少等；还可以是以上两者甚至三者的组合。但不论以何种形态出现，活动效果能否达到活动期望决定了行动者的满意程度，进而影响到惯例的生成与否。

4. 基于活动触发的企业惯例（集）共生模型

基于对活动触发、结构与能动性、活动效果与活动期望的分析，结合惯例的连贯性和过程性特征，在企业惯例的生成过程中，活动触发在起着初始选择的作用，而活动效果与活动期望水平的比较决定了这一过程的具体走向。由于行动者的有限理性，在活动方式、方法和手段的最终选择上，"最优"决策是无法实现的，而只能是坚持"最令人满意"的原则。在"满意"原则的指导下，当活动效果达到或高于活动期望时，行动者选择的活动方式、方法和手段便可达到行动者的满意并为更多的行动者所接受和认知，同时经由行动者的"干中学"而上升为行动逻辑。由于路径依赖的存在，行动逻辑层面的惯例在执行中将进入一种自我强化的状态，再经由企业内部的"学中学"和"用中学"机制，逐步演化为内隐规范和交互共识层面的惯例。当活动效果低于活动期望时，初始选择不具备生成惯例的前提条件，活动方式、方法和手段不仅难以为更多的行动者接受，现有行动者也会对其进行质疑、反思甚至替代，同时现有行动者的精力也主要放在提升活动效果或者修正活动期望上。在这种情况下，行动者选择的活动方式、方法和手段缺乏上升为行动逻辑的前提条件。而在整个过程中，不论是活动方式、方法和手段的选择，活动效果的高低，活动期望的制定与实施，还是行动逻辑向内隐规范、交互共识的演化，都是结构和能动性因素共同作用的结果。由于企业内存在多种活动，每种活动运行时结构和能动性因素的差异而必然导致惯例的多样化，但在企业整体目标的制约下，各种惯例之间以某种关系组合在一起形成企业的惯例集。惯例之间的关系取决于活动之间的相关程度、结构和能动性因素的相似程度，当活动间关联密切，结构和能动性因素极其相似时，惯例之间往往体现为互补关系，如日本企业中的终身雇佣与年功序列工资。当惯例涉及企业内多项活动（如交互共识），惯例的互补性特征就会减弱，但至少会体现为一种共生关系，如丰田模式中的节俭、严谨和持续改进。

基于上述分析，要推动惯例（集）的生成，企业应从以下两方面采取措施：第一，根据自身实际制定合理的活动期望并保证其贯彻执行。过低的活动期望显然不符合企业生存与发展的要求，过高的活动期望会因超出企业自身能力无法实现而流于形式，这就需要采取合理的决策方式。而要使活动期望为企业和行动者接受并贯彻执行，就必须在企业内部建立和完善其目标管理体系，这就离不开计划、组织、领导和控制等各项管理职能的发挥。第二，要尽可能地提高活动效果。除受活动方式、方法和手段的影响外，活动效果还受行动者努力程度、能力水平、资源基础与配置、控制体系、相关活动的支持以及外部环境因素的影响，即能动性和结构的共同作用。外部环境因素往往难以识别、预测和改变，故企业应多从内部采取多种措施以提高活动效果：如通过合理的激励政策增强行动者努力程度；开展持续而多样化的培训以提高行动者能力；建立和优化企业内部的绩效考核和控制体系；建立健全财务预算体制以优化企业内部资源配置；通过合理分工与组织结构设计保证活动之间的密切配合等。因此，企业提高和维持活动效果的过程也是各项管理职能发挥作用的过程。

（二）弱化惯例复制的黏性

惯例的效应使得企业存在惯例复制的动力，惯例的特征、企业活动的相关性以及企业内的学习使得惯例复制成为可能，但这并不代表惯例的复制是自动完成的，不需成本的。

既然惯例的复制过程不是想象中那么完善的，那么惯例能够在多大程度上被复制？复制的难易程度如何？为解释这些问题，我们引入"黏性"的概念。惯例复制的黏性因素主要体现在如下几方面：

1. 目标惯例的特征

影响惯例复制难易程度的特征主要是惯例的缄默性和复杂性。一般而言，惯例的缄默性程度越高，隐性知识在惯例中所占的比重和作用就越大，知识也就难以转移和共享，惯例复制的难度也就越大。反之，惯例的规则化程度越高，惯例复制的黏性也就越弱。与此相似，惯例的复杂性越高，其包含的知识也就越多，对惯例执行者的要求也就越高，惯例复制的黏性也就越强。再者，惯例效应的显现程度也会影响惯例的复制，即惯例的效应越是在实践中得到体现和证明，就越容易得到复制者的肯定和认同，复制黏性相对变弱。

2. 情境特征

任何惯例的生成都是结构和能动性共同作用的结果，故惯例是高度情境依赖的。虽然惯例复制发生在企业内部，但仍然存在情境的差异，而且由于时间因素的作用，情境也会动态地发生变化。在对跨国企业内部惯例转移的研究中发现，成功的惯例转移将涉及社会情景、组织情景和关系情景。因此，复制情境与目标惯例生成原始情境的差异程度，如文化差异、人员素质与分工、任务结构、活动目标等，都会影响到惯例的复制。而当情境差异巨大时，不但复制会变得困难，而且目标惯例本身也会发生变异。

3. 目标惯例代理人的特征

由于惯例的生成和执行需要代理人投入一定的时间和资源，而惯例在形成后又能有效地提高活动效率，出于对知识的占有和珍视，目标惯例代理人往往不愿意与他人共享知识。而这种共享意愿与组织的激励程度是有关的，只有不断提高目标惯例代理人的共享意愿，惯例复制的黏性才能被削减。此外，目标惯例代理人的共享能力也会影响惯例的复制。对于一些缄默性程度较高的惯例，代理人可能会因"说不清"或者"不好说"而导致惯例知识的漏损或失真，从而增加惯例复制的难度。

4. 复制代理人的特征

目标惯例的复制受复制代理人复制意愿和复制能力的制约。一般情况下，复制代理人不愿意接受来自外部的行动方式和知识，因为这意味着复制代理人要改变原有的行为方式，这会给其带来不确定性和焦虑感。受此影响，复制代理人在惯例复制过程中可能出现故意拖延、虚假接受、隐藏破坏甚至公然反抗等行为。复制意愿的提高取决于企业能否给予复制代理人足够的激励。复制能力决定了复制代理人对目标惯例包含知识的识别、吸收和保留程度，程度越高说明惯例复制的难度越小。

5. 目标惯例代理人和复制代理人的关系

企业内部知识的转移离不开成员之间的个人交往，而这种交往的密切程度会对惯例的复制产生影响。复制代理人的吸收能力、默会性以及复制代理人与目标代理人的关系是影响知识内部转移最大的三种因素。

由于上述因素的存在，惯例的复制并不是必然成功的。要实现惯例效应的扩大化，进而形成企业的管理模式，企业要采取相应的措施弱化惯例复制的粘性：建立合理的激励制度，以提高组织惯例代理人和复制代理人在知识共享和吸收方面的意愿；加强对惯例的识别，并推动惯例的规则化，即将惯例以操作程序、规章制度和文化表述等形式体现出来，以弱化惯例的缄默性；通过团队建设和信息技术的引入，促进员工之间的沟通和密切关系等。因此，弱化惯例复制粘性也离不开各项管理职能的发挥。需要说明的是，当惯例复制的粘性过高，且通过企业自身努力无法克服时，惯例复制就无法实现，但企业仍可以通过惯例模仿来部分地达到复制所带来的效果。

四、惯例的触发形式与企业管理模式趋异

如前所述，企业惯例的生成是活动触发的，而这种触发是情境因素共同作用的结果。由于企业面临的情境因素总是不同的，这必然导致企业间惯例（集）特征的差异，而通过惯例的复制与执行，这种差异便会反映在不同企业的管理模式上，我们将其称之为企业管理模式的趋异性。不论是外部环境因素的差异，还是内部环境要素的不同，均会导致企业间惯例体系以及管理模式的差异。需要说明的是，情境因素的选择与分析主要取决于比较对象层次的差异。当比较对象为单个的企业时，企业间内部因素包括能动性的差异，如企业家精神、企业规模、资源基础、治理结构、战略制定与实施等，往往成为分析的入手点；当这些企业处于同一国家、地区或行业中时，这种倾向就更为明显。而当比较对象为企业群体时，企业间内部环境的差异往往被忽略了，更多地倾向于分析不同企业群体所面临的外部环境的差异，如文化、政治体制、科技发展情况、产业门类与结构等。在这方面，演化理论中的个体群思维方法为我们提供了有力的分析工具。

（一）惯例的结构性触发与企业管理模式趋异

在惯例生成的过程中，当向下因果起主导作用时，结构因素的差异便通过惯例的生成、复制与模仿传递给企业管理模式，从而导致其特征上的差异甚至是截然不同的。

（二）惯例的能动性触发与企业管理模式趋异

惯例的生成并不是结构因素单一作用的结果，行动者的能动性在其中也发挥着重要的作用。在很多情况下，惯例生成也可能是行动者能动性起主导作用的结果。由于结构性因素的不同以及行动者个体的差异，能动性的作用方向和结果是多样化的，这种多样化也成为惯例差异的根源之一，进而造成企业管理模式的趋异。在企业惯例的生成与复制过程中，与其他行动者相比，企业家或企业领军人物的能动性起到至关重要的作用。

第二节 企业管理的创新

一、企业管理创新理论分析

许多管理学大师都对管理进行了不同方式的定义，但无论他们定义的方式和角度如何迥异，其对管理的基本认识都包括计划、组织、领导和控制四个主要方面。所谓管理就是人们以计划、组织、领导和控制等基本活动作为手段，对所掌握的资源进行合理的利用和分配，从而达到组织目标的一个实践过程。为了进一步理解这一实践过程，第一，应认识到管理是在一定的组织架构下实施和实现的，不存在没有组织的管理。第二，对组织进行管理的目的是为了实现组织目标，在实现组织目标的过程中，要做到充分利用组织资源，实现组织资源的最大化利用。第三，在组织内进行管理的整个过程中要运用必要的手段，这些手段包括计划、组织、领导和控制四种。对于管理过程中的四种手段的运用并非是完全孤立和程序化的，而是相互交叉的，同时这四种手段作为一个过程也是一个不断循环的过程。在管理实施过程中要跟随环境的变化做出新的计划，并依据计划组织资源实施，然后通过领导手段来引领组织资源配置。第四，通过控制手段组织资源向组织目标流动，并通过对结果的反馈进一步对计划做出新的调整。在领导和控制过程中根据需要不断地对计划完善调整并进行相应的组织安排；同样，在计划和组织过程中也要做好计划制作的领导并对计划中的变量和方向进行一定的控制。而我国著名管理专家周三多提出，除了以上四个职能外，管理还应有第五发展，创新职能更像是管理中一个动力之源，但只有与其他四个职能进行结合才具有其价值。结合关于上述四个要素的分析，再加上对创新职能的理解，管理的创新职能与其他四个职能紧密相连，在不同的时期，通过创新职能，管理的其他四个职能也会相应地随之变化。

企业的管理过程本质上是一个运用各种有效手段对各种内部可控资源进行有效的配置，从而实现企业目标的过程。管理创新乃是对管理的一种创新，其着眼点有以下三方面：管理思想的创新，资源配置、活动秩序和企业氛围的创新，控制手段的创新。管理理念的创新主要是对管理目标进行创新性的改进，从而使得整个管理得到创新。资源配置、活动秩序和企业氛围的创新，主要是指硬件、软件分类的视角，来看待企业的管理创新。其中对资源配置的创新属于硬件创新；而针对活动秩序和企业氛围的创新为软件的创新。

控制手段的创新,则主要是对四种基本手段进行创新以改进整个管理的流程,使得管理流程更加高效。

管理创新根据管理思想、企业战略、组织架构、企业文化、管控手段和企业制度等不同视角和创新切入点,构成了完整的管理创新体系。其中,管理观念创新属于管理思想的创新,战略管理创新、组织机构创新、制度创新、产品及服务创新属于资源配置、活动秩序的创新,关系创新属于企业氛围创新的一个具体应用。

(一) 管理观念创新

管理观念是整个企业管理过程中的灵魂,是对企业实施各种管理措施的基本指导思想。管理观念的确定是一个复杂的过程,它涉及对企业经营外部环境的把握、对企业所拥有的资源和能力的细致分析和对企业战略目标的确定,经过对各个方面的协调和整合最终确定出企业的基本指导思想企业的管理观念具有相对稳定性,一旦确定就不易改变。企业的管理观念和具体经营过程相互影响、相互促进。管理观念创新是提出一种崭新的不同于以往的经营思路,这种经营思路既可对企业所有经营活动来说是新颖的,也可仅对某一企业经营活动来说是新颖的。只要这种经营思路被证明是切实可行的,那么这就是一种管理创新。管理观念的创新是整个企业管理创新的出发点,是思想创新。现代企业经营管理过程中经营管理理念正在发生巨大的变化,由注重物的管理向注重人的管理方向转变,由注重有形资产的管理向注重无形资产的管理转变,由企业间的绝对竞争关系向企业间竞争与合作并存并逐步寻求共赢转变,所有的这些都体现出企业的管理理念在发生巨大而深刻的变动。这些企业管理理念的变动无疑极大地促进了企业经营管理效率的提高。所以,在企业进行管理创新的过程中,最重要的就是进行一场深刻的管理理念的创新,这需要不断地学习和探索,需要不断地对内自省并引进外来先进的管理人才和管理经验。人的一切活动均源于思想,管理思想、观念的创新居于整个管理创新的灵魂位置。

(二) 战略管理创新

战略管理对于企业的生存和发展有着举足轻重的作用,它是企业进行管理创新的灵魂,因而也构成企业管理创新的一部分。企业在进行管理创新过程中,应当把握好战略创新的节奏,着眼于全球竞争的大视角。企业进行战略的创新应当把握好自身的核心竞争力,通过不断地发展核心竞争力以适应外部环境的发展变化并力图引领变化潮流,从而实现企业的可持续发展。管理的创新是战略创新微观层面的操作,为了实现企业的创新战略就必须不断改变企业的经营管理方式，通过管理的创新使得企业以一种不同的方式运行，这充分说明了战略管理创新对企业创新的作用。

（三）组织机构创新

组织管理创新即是通过创立一个崭新的组织或者对原有的组织架构进行整合得到一个更有效率的组织架构，这种新形成的组织能够在企业的目标实现过程中正常运行并起到促进作用。在管理过程中，其对象是必然指向某一组织，因此，对于组织进行创新就成为进行管理创新的基础。在现代企业中，企业组织再也不是一个固定不变的工作单位，而是一个能够通过不断的学习适应变化和促进变化的有机体。随着知识经济的到来，组织正在发生着十分深刻的变革，组织间的共享性和虚拟性正在逐步增强，组织之间正在构建一种超高共享性的网络，而管理层级的扁平化也使得人际关系更加平等。在新型组织体系中，知识和专业技术更加占据重要影响地位，逐渐形成技术和知识为基础的业务单元，这是组织的一大创新。业务单元的组织形式具有极强的适应性和工作弹性，因而能够产生诸多创意性的业务解决方案。同时，这种不同的组织状态需要企业在管理过程中采用与以往不同的方法进行管理，否则将会阻碍组织效能的发挥，可见正是组织机构的创新，影响着管理在不断进步。企业在组织机构创新的过程中要特别注意结合内外环境，遵循组织运行的基本规律，组织运行的实际效果作为最为可靠的检验指标。为了能够成功地实现组织机构创新，企业一方面必须做到组织机构内部的决策分散化，即要根据市场的变化和企业自身经营状况，制定出有针对性的应对措施；另一方面要建立平行流程网络下的组织结构，这不仅有利于企业内部高效的信息传递和交流机制的建立，也能确保企业内部各部门之间的有效沟通，还能促进企业决策的高效传达和运行。

（四）制度创新

制度的改变或创新即是设计一种新的管理方法或标准，这种管理方法或标准如果有效，就会为企业的整体管理或者部分管理带来最直接的影响，这即是一种管理创新。通过对企业的管理制度进行不断的改进，企业的制度会不断促进企业的发展，企业的整个资源整合利用过程会更加合理，最终，整个企业运转会更加流畅。

（五）产品及服务创新

产品及服务模式的管理创新主要包括生产、品牌、技术工艺、营销及客户服务等方面的管理创新。主要是基于市场的变化，企业应主动调整生产的产品本身、产品的生产方式、产品的品牌定位与组合、产品的生产工艺、产品的销售方式、产品的售后服务等一系列的生产经营活动而进行的管理创新，其核心宗旨在于使持续整合、改良、优化的管理活动适应企业产品发展战略的需求，进而满足消费者需要，使企业创新价值实现最大化。上述各个管理活动中，营销模式的管理创新尤为关键。这是因为，对于任何企业而言，其生存的关键首先来自市场，只有拥有广阔市场的企业才能够不断发展，而一旦市场逐步萎缩，则企业岌岌可危。在营销的整个过程中，市场信息由一线销售人员向企业进行传播，信息传播的速度严重地影响着营销的质量和数量。所以，必须建立起网络化的信息传递模式，从而提高营销过程的信息传递和反馈速度。从另一方面讲，通过构建网络化的销售平台能改变过于传统的一对一的销售方式，从而减少企业的成本和负担，进而为企业带来额外的利润，提高企业竞争力。对于销售模式的管理创新，利用网络平台将是很重要的一个方面，但是销售的管理创新也不限于此。销售的管理创新应当注重采用一切可迅速传递信息的手段和方式，并拉近客户与企业的沟通方式，以便客户的诉求能够在最短的时间内进入企业的供给规划之中。销售模式创新实质是管理创新的一大动力，涉及企业生死存亡的领域总能激起企业的深思熟虑和深刻改革，这也为我们研究管理创新提供了一个新的视角。

（六）关系创新

关系创新是在关系管理过程中提出一种新的方法或者对原有的方法进行合理的改进，使得企业运行效率提高，员工关系更加和睦，这也是一种管理创新。它的效果在于通过人员关系的改变促进整个企业氛围的改善，从而增强整个企业的凝聚力。

（七）管理创新的特点

无论是从管理的内涵出发，还是从企业经营中面临的各种情况来分析，都可以看到管理的创新具有多个层面和多个维度。由于管理的多层次性和多维度性，管理创新显现出诸多的特点。一方面，管理创新是以现代法人治理结构为基础的。有限责任公司和股份有限公司是现代法人治理结构的两种主要表现形式，也是现代经济社会使用最广泛的两种企业制度，这种治理结构通过所有权和经营权的分离，有利于企业不断地进行管理上的创新和改进。法人治理结构的出现使得经理人市场迅速发展，经理人要提高自己在市场上的竞争力就要不断地进行管理上的创新，这不仅有利于企业效益的发展，同时有利于管理的不断创新。而作为股东，为了使得自己的投资获得较高的回报率，也会敦促经理人不断进行管理创新以更加有效地利用资源，同时股东也会不时地进行相应的改革以促进公司的顺畅运营。法人治理结构的建立要做到因地制宜，不可盲目照搬，这样才能够在具体的土壤中进行适合当地、当时文化和政策的管理创新。另外，企业的管理创新应当以现代化的管理流程为前提。我国改革开放过程中，首先做的就是实施现代企业制度，这标志着我国在企业管理中开始运用现代化的流程管理体系。流程化的管理体系促进了企业的组织运行效率，并为组织的不断创新提供了条件。流程管理本身就是在强调对企业资源进行计划、控制和指挥，突出企业管理的重点环节，明确企业发展的方向，强调统筹计划、指挥、控制，着力解决影响企业发展的障碍，在加强企业部门内部协作和决策沟通的基础上，实现企业经济利益和社会效益的最大化。这一过程本身就是一个企业管理不断创新的过程。再者，管理创新具有多个层次和多个目标。其首要目标是提高管理效率，提高整个企业资源配置的能力；其次在于完善组织内部各个成员之间的相互关系，使得组织内成员在一个稳定而平滑的环境中实施组织的计划；最后，管理创新还要服务于组织的不断进步与自我完善，使组织更具凝聚力和创造力。

（八）管理创新实施原则

管理创新是企业的一种资源整合创新，这种创新并非随机产生的，而是在企业全体员工思维的碰撞和摸索中产生的。所以，要实现企业管理创新是有迹可循的。在企业的管理创新过程中，要确立相应的原则作为整个创新过程的引导和约束，具体的创新过程不能超越原则的制约，否则将会导致管理创新走向歧路。这些具体的管理创新原则包括与市场变动相接轨、与本企业实际状况和发展阶段相契合和坚持以人为本的企业管理创新根本策略。

1. 紧随市场变动

企业进行管理创新的根本动力来自对不断变化的市场状况的适应，为此，企业管理创新就必须紧随市场变动的步伐。企业在创新过程中要紧紧把握市场的脉搏，完善市场竞争机制，及时掌握各种涉及本行业的信息和动态，据此做出相应的调整。这样不仅能够实现企业发展的目标，又能够走在行业的前列，提高经济效益。

2. 契合本企业状况

管理创新的根本目的在于提高本企业的管理水平，促进本企业效益的提高，所以，企业管理创新不可尽搬所谓的经典模式，应当对其做出适当的适合自我状况的改进。在管理创新过程中，要时刻把自我发展的阶段和实际状况作为出发点，只有把握这个出发点才能确定出合理的目标，制订合理的计划，而不好高骛远，邯郸学步。

3. 坚持以人为本

在管理创新过程中，最重要的资源莫过于人，所以，坚持以人为本具有非常重要的意义。这里所讲到的人不仅仅是高层管理者，还包括所有与企业经营相关的人员，包括一线的业务人员、工作人员和技术人员。因为他们能够更真切地了解到什么样的改进才能够更高地促进企业运行的效率。同时，以人为本，尊重企业中的每一个人的观点和建议，能够在无形中使得每个人将自己当作公司的一部分，尽心尽力地为改进公司运行中的不足献计献策，为企业管理创新提供思路创意。

二、企业惯例概念界定

"惯例"一词最早作为法律名词出现在法学领域，用来形容各级法院遵照所形成的习惯性审理、判决案例的做法。后来将惯例引入管理学领域时，将组织层面的惯例与个体层面的技能和习惯类比以说明惯例是组织的一种自动的程序性的行为。此外，有学者还认为组织惯例像基因一样指导着企业的行为和做事方式，该隐喻主要是为了强调惯例的稳定性以及难以模仿性。在此基础上，学者们开始持续的关注组织中的惯例，希望通过发展惯例理论来指导企业更好的生存和成长。然而，通过梳理现有的研究成果发现，学者们在讨论组织惯例时，研究对象有时是组织中某个具体的惯例，有时是组织中的惯例整体，还有学者将惯例区分为高阶惯例与低阶惯例，或高阶惯例与零阶惯例，或搜索惯例与操作惯例，这导致研究成果之间会存在许多冲突并难以解释的地方。基于此，逐渐有学者意识到组织内的惯例是一个分层的结构，单个惯例会被分组成一捆捆的惯例，而这些一捆捆的惯例又能整合起来构建组织层面的组织惯例。因此，可以将企业惯例分为三个层级，分别是单个惯例、惯例集群和组织惯例。

在企业的经营管理中，经济管理是一项尤为重要的管理活动，企业的发展离不开内部经济的有效管理。在当前的新形势下，虽然我国企业在经济管理方面积累了丰富的经验并取得了一些进展，但是在实际的经济管理过程中，依然存在着不足之处，企业必须采取有效措施提高经济管理的水平和质量。新形势给企业带来了机遇和挑战，企业只有深刻理解经济管理创新的意义，认真分析当前经济管理中存在的问题，不断探讨经济管理创新，深化经济管理创新体制，才能获得长久的发展，才能在市场经济中立于不败之地。

（一）企业进行经济管理创新的意义

企业进行任何经营活动的最终目的都是追求最大化的利润，用最低廉的成本谋求最大化的经济利润是企业面临的一项长远工作。在市场竞争日益激烈的新形势下，如果能够实现企业经济管理的创新，企业就能够促进最大化经济利益目标的实现。企业进行经济管理的创新，既能够保证资金的合理使用，提高资源的使用效率，又能够降低企业的生产经营成本，实现企业利益的最大化。因此，企业经济管理是企业在激烈的市场竞争中得以可持续发展的关键。随着我国经济体制改革的不断深入，我国企业虽然在经济管理方面取得了一些进展，但是仍存在诸多问题，值得大家更加深入的探讨。

企业经济管理是企业在激烈的市场竞争中得以可持续发展的关键。随着我国经济体制改革的不断深入，我国企业虽然在经济管理方面取得了一些进展，但是仍存在诸多问题，值得大家更加深入的探讨。企业经济管理的创新是新形势下发展的必然要求，只有建立健全经济管理创新体制，企业才能更好地掌握市场信息，才能更好地应对各种新挑战。

1. 企业经济管理观念滞后

企业的经济管理观念直接影响企业经济管理工作的开展，需要得到企业全体员工的重视。传统的企业经济管理观念更多的是将目光放在如何获得企业的最大收益上，新形势下企业经济管理的观念则需要以人为本、在实现可持续性发展战略目标的前提下推动企业经济效益的提高，从长远上增强企业的核心竞争力。

2. 企业经济管理组织结构松散，无法形成良好的战斗力

企业经济管理离不开专业的管理组织和管理人员，然而就目前情况来看，我国企业中经济管理组织机构还不够专业和完善，经济管理人员专业能力参差不齐等，这些因素严重地制约了企业的经济管理与发展。

3. 企业经济管理制度不完善

虽然企业制定了相关的经济管理制度，但是在实际实行中却没有得到很好的应用，多是流于形式，没有发挥其应有的作用。面临当前的新形势，企业的发展速度远远超过制度的更新程度，这样也导致了新形势下企业经济管理制度与企业实际经济水平不均衡，对企业经济发展中存在的一些问题也无法进行有效的处理。

（二）新形势下创新企业经济管理的策略

1. 创新企业的经济管理理念

企业经济管理的创新首要的就是创新企业的经营管理理念。掌握了先进的管理理念，才能更好地引导企业及其成员进行创新活动。企业高层应当在企业内部营造一种积极向上的创新氛围，采取有效措施促使企业中所有员工或多数员工具有创新意识，并掌握创新能力。新形势下的竞争环境是非常激烈的，因此，现代企业应当建立一种危机管理意识及战略管理机制。在制定战略机制的时候，管理者必须以纵观大局和统筹全局的角度来规划战略，才能避免顾此失彼的情况发生。同时，通过创新的管理理念的指导，企业运行机制活动得到了创新，那么就能很快适应当前的经济形势和格局，在激烈的市场竞争中占有一席之地。

2. 创新企业的经济管理制度

制度是企业经济管理的基础。企业经济管理创新的进程在很大程度上受企业经济管理制度的制约，企业要想进行经济管理的创新，必须从根本上创新经济管理制度。所以，现代企业应该根据当前的经济形势并结合企业自身的发展方向，建立一种较为完善、切实可行的经济管理制度，为企业进行创新性活动打下坚实的基础，全面推动企业进行创新，确保企业稳定快速的增长。

第一，企业应该构建"以人为本"的人性化管理机制，为员工的个人发展提供良好的条件，例如，改善员工的薪资制度，建立相应的奖罚制度、绩效考核制度等。第二，对人力资源规划要给予高度的重视，并不断进行完善。第三，企业还须创建一种监督和决策机制。监督与决策机制的主要目的就是倡导民主，让企业内部的所有员工都参与进来，增强企业内部员工的归属感和忠诚度，让员工能够心甘情愿地为企业做事，使员工能体会到工作不单单是为企业赢得利润，更重要的是能为自己赢得利润，还要充分调动员工的工作热情和主动性，使整个企业都充满活力。

3. 创新企业经济管理组织模式

经济管理组织在企业的发展中有着重要的作用，有效的经济管理组织能够不断提高企业的经济和社会效益，落后的经济管理组织则会严重阻碍企业预期经济效益的实现。为了取得良好的经济效益和社会效益，必须创新企业的经济管理组织，为此，可以从以下几方面着手进行创新：第一，促进柔软化管理组织的建立，实现企业管理组织的多样化。第二，促进企业经济管理扁平化管理组织的建立。简化管理组织的层次，形成紧缩的组织结构，提高企业经济管理组织的效率，促进管理信息的传递和反馈。第三，促进虚拟化管理机制的建立。随着信息化技术的发展，企业要借助先进的信息技术对管理组织的结构进行合理规划，实现对管理信息和管理数据的整合，从而建立无形的管理机制。

  企业的经济管理对企业的发展尤为重要。创新是一个企业得以发展的基本动力，在当前形势下，进行企业经济管理方面的创新是企业获得更高竞争力的基本途径。企业要想保持良好的发展势头，保持自己的长足发展，必须进行深入有效的经济管理创新，才能够从根本上提高企业管理水平，提升企业经济管理的效率与水平，促进企业的可持续发展。

第五章　企业经济管理信息化的技术选择

第一节　企业经济管理信息化技术

一、企业经济管理信息化技术的内涵

企业经济管理的信息技术（IT），狭义上认为，"借助于微电子学为基础的计算机技术和电信技术的结合而形成的手段，对声音的、图像的、文字的、数字的和各种传感信号的信息进行获取、加工处理、存储、传播和使用的能动技术"。如信息技术的基本结构大致可概括为：计算机技术是核心；电子技术是信息技术的关键支撑技术，其中包括微电子技术、光电子技术；信息材料技术是基础信息技术，其中包括电子材料以及光学材料技术；通信技术是信息技术重要的直接组成部分。由此，我们看到，从内涵上来讲，信息技术是指用于实现信息采集、获取、加工、传输、存储、处理、输入输出的一整套技术体系，在这个技术体系中，包含着光、电、声、磁学原理的广泛应用。

信息技术是高新技术的代表，是渗透性强、倍增效益高的最活跃的科技生产力。信息技术从根本上改变了信息收集、信息处理、信息传输的方式和路径，也已引起了企业的组织结构、管理理念、决策方式、业务过程组合和营销手段等渐进的或根本性的变革。事实上，越来越多的工作在计算机辅助下进行，企业对信息技术的依赖性越来越强。企业经济管理信息化就是信息技术应用于企业生产、技术、经营管理等领域，不断提高信息资源开发效率，获取信息经济效益的过程。企业信息化由于信息技术的大量采用，改进和强化了企业物资流、资金流、人员流及信息流的集成管理，对企业固有的经营思想和管理模式产生了强烈冲击，并带来了根本性的变革。信息技术与企业管理的发展与融合，使企业竞争战略管理不断创新，企业竞争力不断提高。

二、企业经济管理信息化技术的内容

针对企业，将用于支撑企业信息技术的应用，实现企业信息化建设的信息技术，按照

企业的生产经营管理思想，为直接解决企业问题而具体集成和应用的技术或应用系统，称为企业信息化技术。制造业信息技术（IT）应用是指在制造行业企业应用的建立在计算机系统基础之上的各种以计算机软件为其主要应用基础的信息管理技术和制造技术，如企业资源计划（ERP）、供应链管理（SCM）、客户关系管理（CRM）、办公自动化（OA）、电子商务（EC）、呼叫中心（CC）、产品数据管理（PDM）等在一个企业范围内运行的所有IT应用组成了企业的IT组合系统。

（一）信息管理技术

1. 企业资源计划

ERP是企业资源计划（Enterprise Resource Planning）的英文缩写，是为了适应当前知识经济时代特征——顾客、竞争、变化，整合了企业内部和外部的所有资源，使用信息技术，建立起来的面向供应链的管理工具（具有供应商和客户管理）。ERP具有鲜明的时代特征，它对企业的业务流程进行了重新定义，用新经济时代的"流程制"取代了旧经济时代的"科层制"管理模式，建立以顾客和员工为核心的管理理念。借助信息技术，使企业的大量基础数据共享以信息代替库存，最大限度地降低库存成本和风险，并借助计算机，对这些基础数据进行查询和统计分析，提高决策的速度和准确率，体现了事先预测与计划、事中控制、事后统计与分析的管理思想。因此，ERP系统能够更有效地提高人力资源、时间资源等的使用效率，解决了信息泛滥问题，提高了决策的准确率。

2. 供应链管理

供应链管理（Supply Chain Management）是近年来在国内外逐渐受到重视的一种新的管理理念与模式。供应链是围绕核心企业，通过对信息流、物流、资金流等各种流的管理与控制，从原材料的供应开始，经过产品的制造、分配、运输、消费等一系列过程，将供应商、制造商、分销商、零售商直至最终用户连成一个整体的功能网链结构模式。供应链管理是涉及供应链中所有相关的企业、部门和人员的集成化管理，包括物流的管理、信息流的管理、资金流的管理和服务的管理。供应链管理的目的在于围绕市场的需求，加强节点企业的竞争优势，最终提高整个供应链的整体竞争力，使每个节点企业获得最佳经济效益。

物流成本在制造型企业总成本中所占份额是相当大的，运输与仓储的成本更是突出。然而，企业的物流成本的影响因素是极为复杂的。第一，企业的物流水平跟企业的整体战略规划直接关联，如企业的生产和供应网络的总体布局。第二，它还受地区交通运输环境的制约,如交通网络和承载能力等。第三,企业有可能将物流配送业务外包给第三方机构。信息技术不仅能够提供企业现代化管理的硬件基础设施,而且能够提供用于企业现代化管理的各种信息和数据,用于指导企业进行科学的管理和决策。

3. 客户关系管理

客户关系管理的定义有很多,目前还没有一致的看法。世界商业巨头 IBM 对客户关系管理的理解是:通过改善产品的性能、增强客户的服务、提高顾客的附加值与顾客的满意度等吸引新顾客,留住老顾客,并与顾客建立起相互信任的、长期而稳定的亲密关系,以此提高企业竞争优势和实现企业效率。IBM 一贯是以技术领先来赢得客户的,因此,倾向于利用信息技术手段来提高产品性能、完善服务、提高顾客的让渡价值和实现顾客满意。

客户关系管理(CRM)实质上是一种旨在改善企业与客户关系的新型管理工具,它通过对人力资源、业务流程与专业技术的有效整合,最终为企业涉及客户的各个领域提供完美的集成,使得企业可以更低成本、更高效率满足客户需求,并与客户建立起基于学习型关系基础的营销模式,从而让企业可以最大限度地提高客户满意度及忠诚度,挽回失去的客户,保留现有的客户,不断发展新的客户,发掘并牢牢把握住能给企业带来最大价值的客户群。CRM 不仅仅指的是技术,更重要的它是一种管理理念,是一个经营过程,它是企业的核心,是企业成功的关键。CRM 其实就是一个非常简单的概念,不同的客户不同的对待,也就是我们所说的企业与客户"一对一"的模式。

4. 办公自动化

企业信息化是一项集成技术,关键点在于信息的集成和共享,为实现关键的、准确的数据及时地传输到相应的决策层,为企业的运作决策提供依据。为了适应瞬息万变的市场变化,办公自动化是企业信息化的重要部分,实现对企业日常的办公事务的科学管理,在提高管理水平的同时达到办公无纸化。

企业办公自动化系统是采用先进的计算机网络、软件技术,将企业各种现代化的办公设备与办公人员组成完整的人—机信息处理系统,用于处理各部门的办公业务,实现办公信息网上共享和交流,完成人与人之间、部门与部门之间进行信息传递和文件批阅等诸多工作,协同完成各项事务,充分利用各种信息资源,提高办公效率和办公质量。

5. 电子商务

电子商务(Electronic Commerce)是指政府、企业和个人利用现代电子计算机与网络技术实现商业交换和行政管理的全过程。它是一种基于互联网,以交易双方为主体,以银行电子支付和结算为手段,以客户数据为依托的全新商务模式。它的本质是建立一种全社会的"网络计算环境"或"数字化神经系统",以实现信息资源在国民经济和大众生活中的全方位应用。

电子商务技术可以利用覆盖全球的互联网和电话网连接无数企业的内部网络,甚至客户的家中,在买方、卖方和供应商之间架起了一座座桥梁,以先进的技术渗透于售前、订货、签订合同、生产、交货、支付,一直到安装和售后服务整个商务过程。电子商务是指交易各方通过电子方式进行的商业交易,而不是传统意义上的通过当面交换或直接面谈方式进行的交易。先进的电子商务是一个以 Internet/Intranet 为网络架构,以交易双方为主体,以银行支付和结算为手段,以客户数据库为依托,以证书认证体制为安全交易机制的全新商业模式。与传统商业相比,电子商务营销费用低、效率高,可以节约大量用于广告和促销方面的费用,减少许多烦琐的过程,改变企业的业务流程,大大提高企业的竞争力。信息化是电子商务发展的基础,孕育了电子商务,推动了电子商务的发展。企业电子商务的大部分工作在于企业基础管理的信息化。而电子商务的发展,又促进了企业信息化的深入进行。

6. 呼叫中心

呼叫中心（Call Center）,也叫客户服务中心,是利用计算机与通信技术相结合的技术支持,由计算机辅助,通过以电话、上网、传真形式向客户提供咨询、投诉等服务的服务中心。当前许多大型组织或企业就是通过这样的呼叫中心来管理用户拨入业务。

呼叫中心具有图形用户接口（GUI）,操作方式简单、提供业务种类丰富、服务专业化、智能性高、即时服务以及实时显示用户信息等特点,是集语音技术、呼叫处理、计算机网络和数据库技术于一体的系统,能够实现一般话务台、排队及自动呼叫分配、查号、话间插入、来话转接、代答、自动总机服务,以及留言、用户数据、计费管理、远端用户端话务台、辅助拨号、来话自动识别与显示、话务员夜间服务等多种功能,同时也可以作为制造业企业的公共信息服务中心。

7. PDM 技术

产品数据管理（PDM）技术是在现代产品开发环境中成长和发展起来的一项管理数据的新技术,它以产品数据的管理为核心,通过计算机网络和数据库技术,把企业生产过程中所有与产品相关的信息（包括开发计划、产品模型、工程图样、技术规范、工艺文件和数据代码等）和过程（包括设计、加工制造、计划调度、装备和检测等工作流程和过程处理程序）集成管理的技术。一个完善的 PDM 系统必须能够将各种功能领域众多的应用集成起来,并符合各种严格的要求。PDM 系统必须具备以下特点:

（1）能够有效、可控和自动地访问开发和生产的应用及过程，能方便地访问有关的文件和数据。

（2）系统必须有控制访问的安全机制。

（3）系统必须具有良好的用户界面和方便的机制来访问和处理数据。

（4）具有表达零部件、产品配置结构与相关文件和数据的能力。

（5）提供产品、零部件和有关文件的分类方法，以支持产品数据的寿命周期管理。

（6）能够支持不同地域的人员设计同一产品。

（7）支持相关修改。

（8）具有开放性。

（二）计算机辅助设计、加工和制造技术

1. CAD/CAM 技术

CAD 即计算机辅助设计，一般认为 CAD 系统应包括下列基本功能：草图设计、零件设计、装配设计、复杂曲面设计、工程图样绘制、工程分析、真实感渲染、数据交换接口。CAM 即计算机辅助制造，是指在产品生产制造过程中，采用计算机辅助完成从生产准备到产品制造整个生产过程的活动。主要包括工装设计、数控自动编程、生产作业计划、生产控制、质量控制。

CAD/CAM 系统是由硬件和软件组成的。硬件主要是计算机及各种配套设备，广义上讲，还应当包括应用于数控加工的各种机械设备等。软件一般包括系统软件、支撑软件和应用软件。

CAD/CAM 的关键技术包括：

（1）产品数据管理（PDM）

是指企业内分布于各种系统和介质中关于产品及产品数据的信息和应用的集成与管理。

（2）曲面造型

是计算机辅助几何设计和计算机图形学的一项重要内容，主要研究在计算机图像系统的环境下对曲面的表示、设计、显示和分析。

（3）装配模型

其主要的发展趋势是由图表达的拓扑结构向树表达的层次结构发展。装配信息建模的核心问题是如何在计算机中表达和存储装配体组成部件之间的相互关系。

(4) 特征技术

它是 CAD/CAM 技术发展中的一个新的里程碑，它是在 CAD/CAM 技术的发展和应用达到一定水平，要求进一步提高生产组织的集成化、自动化程度的历史进程中孕育和成长起来的。

(5) 实体模型

在计算机内提供了对物体完整的几何和拓扑定义，可以直接进行三维设计，在一个完整的几何模型上实现零件的质量计算、有限元分析、数控加工编程和消隐立体图的生成等。

(6) 参数化设计

设计是 CAD 技术在实际应用中提出的课题，一般是指设计图形拓扑关系不变，尺寸形状由一组参数进行约束。

(7) 变量化方法

是指设计图纸的改变自由度不仅是尺寸形状的参数，而且包括拓扑结构关系，甚至工程计算条件，修改余地大，可变参数多，设计结果受到一组约束方程的控制和驱动。

(8) 数控编程

是目前 CAD/CAPP/CAM 系统中最能明显发挥效益的环节之一，其在实现设计加工自动化、提高加工精度和加工质量、缩短产品研究周期等方面发挥着重要作用。

2. CAPP 技术

CAPP 即计算机辅助工艺设计，一般认为 CAPP 系统应该包括下列基本功能：毛坯设计、加工方法选择、工艺路线指定、工序设计、夹具设计。

CAPP 系统主要由下列模块构成：

(1) 控制模块

协调各模块的运行，实现人机之间的信息交流，控制零件信息获取方式。

(2) 零件信息获取模块

零件信息输入可以有两种方式，人工交互式输入或从 CAD 系统中直接获取或来自集成环境下统一的产品数据模型。

(3) 工艺过程设计模块

进行加工工艺流程的决策，生成工艺过程卡。

(4) 工序决策模块

生成工艺卡。

(5) 工步决策模块

生成工步卡及提供 NC（数控）指令所需要的刀位文件。

（6）NC（数控）加工指令生成模块

根据刀位文件，生成控制数据机床的 NC 加工指令。

（7）输出模块

可输出工艺过程卡、工序和工步卡、工序图等各类文档，并可利用编辑工具对现有的文件进行修改后得到所需的工艺文件。

（8）加工过程的动态仿真

可检验工艺过程及 NC 指令的正确性。

CAPP 系统分为三种基本类型：

（1）派生型 CAPP 系统

利用成组技术原理按零件的结构和工艺的相似性，利用分类码系统将零件区分为若干个零件加工族，并以零件族的复合零件为代表编制零件的标准工艺，以文件的形式存储在计算机中。

（2）创成型 CAPP 系统

是一个能综合加工信息，自动为一个新零件所需要的各种工序和加工顺序，自动提取制造知识，自动完成机床选择、工具选择和加工过程的最优化。

（3）综合型 CAPP 系统

是将派生型 CAPP 和创成型 CAPP 结合起来的一种工艺设计方法，如在对一个新零件进行工艺设计时，先通过计算机检索它所属零件族的标准工艺，然后根据零件的具体情况，对标准工艺进行修改，工序设计则是采用自动决策产生，这样很好地体现了派生型 CAPP 系统和创成型 CAPP 系统的优点。

产品生产过程是从产品需求分析开始，经过产品结构设计、工艺设计、制造，最后变成可供用户使用的产品。具体包括产品结构设计、工艺设计、制造加工、装备、检验等过程。每一过程又划分为若干个阶段，如产品结构设计可分为任务规划、概念设计、结构设计、施工设计四个阶段；工艺设计可分为毛坯设计、定位形式确定、工艺路线设计、工艺设计、刀具、量具、夹具等设计阶段；加工、装备过程可划分为 NC 编程、加工过程仿真、NC 加工、检验、装备、测试等阶段。计算机在产品生产过程不同阶段形成 CAD/CAPP/CAM 过程链，实现不同的辅助作用。产品设计阶段计算机实现辅助设计，即 CAD；工艺设计阶段实现计算机辅助工艺设计，即 CAPP；加工、装备阶段实现计算机辅助制造，即 CAM。CAD/CAPP/CAM 反映了计算机在产品生产过程中不同阶段的不同层次的应用。

第二节　企业经济管理信息化技术的增值机制

一、企业价值链

美国杜克大学（DukeUniversity）格里芬教授 Gary Gereffi 提出了国际商品链这一概念。他通过研究一些分散在世界范围内、不同环节之间又相互联系的生产体系后，发现许多价值链都是由一个或几个支配者在进行协调，通常占据价值链中的战略环节，由此决定了整个价值链的基本特征。Gereffi 区分出两种类型的价值链：生产者驱动型（producer-driven）和订户驱动型（buyer-driven）。一般资本和技术密集型产业，如汽车、飞机制造等产业，大多属于生产者驱动型，大型跨国企业（如波音、GM 等）发挥主导作用；而劳动密集型的传统产业，如服装、鞋业、农产品等产业大多属于订户驱动型，发展中国家参与的大多是这种类型的价值链。

经济全球化背景下的世界经济体系好比"一串串珍珠"，将颗颗"珍珠"（产业集群）串起来的条条"金线"就是全球价值链。利润在这条价值链的不同环节间分配。各环节的价值关系可以形象地描述为一条所谓的"微笑曲线"：曲线低端的加工组装附加价值最低，沿着曲线向上移动，附加值提高，上游的研发、设计和下游的营销、品牌附加值最高。

（一）在全球价值链中的定位

纵观产业全球化发展过程，"雁形"发展的格局已基本形成，发达国家、新兴工业化国家、大量的发展中国家分别处在雁头、雁身和雁尾的位置，在价值链中分别占据高端、中端、低端不同环节。经过多年的快速发展，中国制造业在世界制造业中所占比重虽然不断攀升，但在产业全球化分工体系中的地位并没有发生根本的改变，缺乏核心技术和品牌，在国际分工体系中仍处于被动从属地位。

我国制造业基本处于全球价值链的末端。在经济刚刚起步的阶段，中国制造业的技术水平与发达国家相比相差甚远，也落后于一些新兴工业化国家，大多数最先进的核心技术和相关制造技术仍然控制于发达国家以及新兴工业化国家，在这种状况下中国制造业的发展处于一种被动从属的地位。跨国公司将大批量低技术含量、低附加值的中间产品、加工装配工序以中外合资、合作等形式转移到中国。

（二）国际竞争力与发达国家的巨大差距

1. 劳动生产率及工业增加值率低。
2. 产品结构层次低，高附加值产品少。
3. 缺乏核心技术，创新能力不足。
4. 企业小而散，缺乏规模经济。
5. 我国总体上还处于委托加工的低级阶段。

一些学者根据出口的国内增值部分高低、与国内经济联系程度及生产的难易程度，将发展中国家的出口分为五个发展阶段：

（1）初级产品出口。

（2）面向出口的加工、组装。

（3）零部件供给的分包。

（4）国外品牌产品的生产与出口。

（5）自创品牌产品的生产与出口。

我国许多大型出口企业主要是加工制造厂，承担的是跨国公司生产链的低端环节。

从企业价值链构成角度出发，价值链条可分解为四个区段：研究开发、生产制造、展览营销、营运管理。

我们必须认识到上述价值链不是一些独立活动的集合，而是由相互依存的活动构成的一个系统。在这个系统中，各项活动之间存在着一定的联系。这些联系体现在某一价值活动进行的方式与成本之间的关系，或者与另一活动的关系。一个企业在协调与优化这些活动的时候，需要有大量的信息去认识形式多样的联系。因此，企业就有必要利用信息技术，建立自己的信息系统，创造与发展新的联系，增强旧有的联系。

二、信息技术的作用

信息技术的飞速发展为现代企业新的管理思想，如全面质量管理（TQM）、准时化生产（JIT）、敏捷制造（AM）、企业资源计划（ERP）、客户关系管理（CRM）提供了强大的技术支持，促进了企业应用信息技术的深度和广度。下面就以上几方面详细论述：

（一）ERP 促进企业价值增值

ERP 一经提出就在世界范围内引起了企业界的广泛关注。它不仅仅是一种管理工具，更蕴含了先进的管理思想，它对改善企业管理水平、增强企业市场竞争力、提高企业整体管理效率及经济效益都有着显著的作用。

1. ERP 实现企业价值的决定性因素

ERP 的实施实际上是一个管理制度、组织结构、业务流程和人员素质的变革过程。实施 ERP 的过程是企业根据自身的问题和目标，对 ERP 原理进行理解、应用、创造性使用的过程，是将企业组织以流程为向导，配合人员的相应岗位职责、部门协作与 ERP 技术整合在一起的过程。所有这些必然使得 ERP 的实施也是一个长期磨合和修正的过程。企业的价值，也是靠 ERP 软件、企业的组织、业务流程、管理制度和人员种种要素共同作用而产生的。

企业信息系统与企业的业务流程、人员培训、管理制度与企业组织是一个有机整体，它们的紧密结合及相互匹配从战略上保障了"ERP 企业价值"的实现，为企业信息化效益的实现奠定了基础，形成一种"四位一体"的战略体系。

2. ERP 实现企业价值分析

一般来讲，企业实现其 ERP 的价值有三个阶段：在企业开始实施 ERP 之际，无论是企业经营者还是企业员工由于传统管理理念的影响和传统体制的束缚，使得大多数企业信息化举步维艰，甚至裹足不前。在较短的时间要想从整体上提高信息化水平，进而提高企业的管理水平和市场竞争能力，增强企业的价值是不大可能的。相反，由于组织变革和业务流程重组，牵扯到权力和利益的重新分配，强化管理制度，势必和员工的习惯势力产生碰撞，这在短期内使 ERP 给企业带来的利益体现为负增长。

随着对 ERP 的原理及管理思想的消化和吸收，加之对员工不断的培训和教育，信息化的优势在企业管理中渐显端倪，体现为企业从 ERP 获取的效益有所回升。但由于企业组织的变革和业务流程重组是一个让企业全体人员慢慢习惯和磨合的过程，所以企业效益的增长缓慢。但随着组织和流程的完善、员工的积极参与，实施 ERP 的经济效益有所体现，基本的科学管理，诸如库存周转的明显下降、应收账款的周转天数有效缩短等，体现了实施 ERP 的直接效益。在此期间，改变了内部的低效体制，减少了财务上的暗箱操作，提高了企业对市场的反应能力。由于信息的快速传递，决策者能快速获取企业的生产和销售情况，及时了解市场动态，从而做出更加准确的决策，提高了管理决策的科学性。

ERP 成为帮助企业发展、演变的工具，企业真正实现了蕴含在 ERP 中的管理思想才是 ERP 真正的价值所在。在这个阶段，ERP 早已培养和造就了一批既懂管理又懂现代化信息技术、具备先进管理理念的复合型人才。企业制度的日臻完善，组织结构的灵活和柔性，业务流程的精炼和顺畅，使企业在运用 ERP 时变得游刃有余，ERP 的潜在价值也不断被挖掘。在第二阶段，企业信息化促使企业有效利用积累的沉淀资源，向我们展示了企业潜在价值是如何超越时间限制得以实现的。企业的潜在效益体现为商誉价值；良好的信誉使企业得到社会各界的支持，维持了良好的社会形象，形成了企业一批宝贵的无形资产，造就了学习型组织。在不断的变革和培训中，企业不断塑造和增强自身的学习能力。在创造价值的过程中，不仅实现了企业的价值，也实现了社会价值的最大化，从而实现了企业的可持续化发展。

（二）全面质量管理在促进企业价值增值中的重要性

1. 全面质量管理的思想

全面质量管理致力于以最为经济的方法生产出用户满意的物美价廉的产品，即以尽可能少的消耗，创造出尽可能大的使用价值。具体包括以下几条：

第一，以市场需要为依据；以用户满意为标准；以生产技术为基础；以科学方法为手段；以全员参与为保证；以最大的社会经济效果为目的；以实际使用效果为产品质量的最终评价。它将质量管理扩展至包括市场调查研究开发、产品设计、进料管理、制造过程管理、售后服务、顾客投诉处理等全过程管理，同时要求公司各部门人员共同关心和参与质量管理工作。

第二，全面质量管理过程的全面性，决定了全面质量管理的内容应当包括设计过程、生产制造过程、使用过程等的质量管理；产品设计过程的质量管理是全面质量管理的首要环节，包括市场调查、产品开发、产品设计、工艺准备、试制和鉴定等；生产制造过程是产品质量形成的基础，是企业质量管理的基本环节，它的基本任务是保证产品的制造质量，建立一个能够稳定生产合格品和优质品的生产系统，同时物资采购供应、动力生产、设备维修、工具制造、仓库保管、运输服务等辅助部门的工作质量也会带来制造过程的许多质量问题，所以，还要进行辅助过程质量管理，其基本任务是提供优质服务和良好的物质技术条件，以保证和提高产品质量；使用过程是考验产品实际质量的过程，它是企业内部质量管理的继续，也是全面质量管理的出发点和落脚点，这一过程质量管理的基本任务是提高服务质量（包括售前服务和售后服务），保证产品的实际使用效果，不断促使企业研究和改进产品质量，包括开展技术服务工作、处理出厂产品质量问题、调查产品使用效果和用户要求等。

2. 全面质量管理在企业价值增值中的作用

质量是低成本下的可预测的吻合度和可靠性，并符合市场需求，一定的质量要与相应的成本相适应。在实际工作中，通常关注以下四种质量成本：①预防成本，包括为了达到质量要求而进行的有关质量规划、新产品测试、产品开发、过程管理、质量数据收集分析等所花费的成本；②检验成本，包括检验和测试外购原材料的成本，产品检验及测试、试验所需之材料消耗以及测试仪器维护等的成本；③内部故障成本，包括报废、返工、怠工、次品降价、影响产量等造成的成本；④外部故障成本，包括处理顾客投诉、回收及退货、保修以及失去顾客和公司商誉等损失造成的成本。

从经济的观点来说，推行全面质量管理的目的就是适当增加预防成本，使两种故障成本与鉴定成本下降，最终实现质量总成本的降低，让过剩的质量成本转变为公司的利润，从而使企业价值得到增值。

（三）准时化生产促进企业价值增值

所谓"准时化"，就是在必要的时刻生产必要数量的必要产品或零部件。"准时化"的本质就在于创造出能够灵活地适应市场需求变化的生产系统，这种生产系统能够从经济性和适应性两方面来保证公司整体利润的不断提高。此外，这种生产系统具有一种内在的动态自我完善机制，即在"准时化"的激发下，通过不断地缩小加工批量和减少在制品储备，使生产系统中的问题不断地暴露出来，使生产系统本身不断地完善，从而保证准时化生产的顺利进行。

（四）敏捷制造促进企业价值增值

1. 敏捷制造的实质

敏捷制造是指企业利用现代通信网络技术，通过快速配置各种资源（信息、物资、资金、管理、人员、技术），以有效和协调的方式应用于需求，实现制造过程的敏捷性。敏捷制造的基本特征是智能和快捷。智能是人的智能与人工智能的完美结合。快捷是指对用户驱动市场反应的灵活而快捷。

第一，敏捷制造的市场观念有一个飞跃，企业提供的不再是产品和服务，而是有价值的解决方案。企业存在的目的是给消费者带来附加的价值，强调的是"顾客繁荣"。大规模生产提倡的是接近和了解消费者，而敏捷制造突出的是为消费者创造价值。这种销售"解决途径"的观念要求详细彻底地了解顾客的需求，从而提供一揽子产品和服务，甚至有时要用你的竞争对手的产品作为辅佐，来满足用户的需求。

第二，敏捷制造对孤岛式的先进管理技术和制造技术进行了集成，形成一个动态敏捷的系统。

第三，敏捷制造观念的突破突出体现在两个领域：一方面是体现在企业组织结构和管理营销策略方面，其中主要是虚拟企业的建立；另一方面是敏捷制造的关键是使能技术，其中之一是仿真制造。虚拟企业的组织方式和仿真制造的产品开发手段，在极大的程度上支持和促进了敏捷制造的迅速发展。敏捷制造的另一个支柱是仿真制造。它综合运用了并行工程、仿真、建模、虚拟现实等技术，利用三维可视交互环境，对产品的概念产生、设计和制造全过程进行仿真实验，从而在产品真实制造之前，实现对产品的性能、成本、工艺性和可制造性各方面进行综合评价。敏捷制造中的这一过程是通过信息网络并行开展的。利用数字形式模拟产品，而且有用户、供应商和制造人员的共同参与评价和修改，极大地降低了产品的制造风险和市场风险，保证了产品开发制造的敏捷性。

由此可见，敏捷制造生产模式，不是一种孤立的单纯的管理方式和途径，而是战略管理思想的突破、创新和升华。在敏捷制造中，传统静态管理转变为动态管理，传统的内部管理变为内外统一的开放式系统管理，内部资源的有限性变为外部广域的资源无限性。因此，敏捷制造迎合了经济全球化的趋势，为中小企业的联合发展提供一个新的视野。

2. 敏捷制造对我国企业价值增值的意义

现实地说，中国制造业的大多数企业无论在技术上还是装备上都与发达国家有相当的差距，尤其是中小企业。大量事实表明，我国企业的新产品开发能力差是导致适应市场能力差和国际竞争力差的最重要原因。在计划经济体制下，部门分割、条块分割，使科研、设计、制造资源高度分散，造成企业研发能力十分薄弱。敏捷制造，正是打破这些行业、地域、部门分割，实现优化联合的有效途径，是迅速提高我国企业竞争力的一剂良药。

（五）客户关系管理促进企业价值增值

1. 客户关系管理内涵

客户关系管理是企业总体战略的一种，是依靠信息技术实现的全新的管理模式。它强调客户价值，充分利用以客户为中心的资源，采用先进的数据库和其他信息技术来获取顾客数据，分析顾客行为及其偏爱或愿望，积累和共享顾客知识，有针对性地为顾客提供产品或服务，发展和管理顾客关系，培养顾客长期的忠诚度，开发顾客的终生价值，以实现顾客价值最大化和企业收益最大化之间的平衡。

客户关系管理包括了以下三方面的含义：

第一，客户关系管理是一种管理理念，其核心思想是通过完善的客户服务和深入的客户分析来满足客户的需要，保证实现客户的终生价值；第二，客户关系管理是一种新型的管理机制，是企业战略的一种。它实施于企业的每个部门和经营环节，涉及战略过程、组织和技术等各方面的变革，以使企业更好地围绕顾客行为来有效地管理自己的经营；第三，客户关系管理还是管理技术，它将最佳的商业实践与数据挖掘、数据仓库、一对一营销、销售自动化以及其他信息技术紧密结合在一起，为企业的销售、客户服务和决策支持等领域提供一个业务自动化的解决方案，从而顺利实现由传统企业模式向以电子商务为基础的现代企业模式的转化。

2. 客户关系管理对企业价值增值的意义

随着市场竞争的愈演愈烈，传统的企业管理系统越来越难以胜任对动态客户渠道和关系的管理，Internet 催生的 CRM 系统给企业带来了经营管理方式上的重大变革。

（1）使企业运营效率得到全面提高。

（2）使企业的市场增值链条得到优化。

（3）能锁定老客户同时吸引新客户。

（4）能使市场得到拓展。

三、信息技术促进企业价值增值的机制

随着企业信息化的发展，信息战略已经提升到企业战略的层次高度，信息技术作为一种技术资源以及在信息战略中的地位，奠定了其在企业价值创造过程中的基础、支持作用，其促进企业价值的实现是通过分别与企业流程三个层次的整合、互补和优化作用体现的。

（一）信息技术与企业战略的整合，使企业流程重组优化成为可能

企业流程中的每一种活动都由两个部分组成，即生产过程部分和信息处理部分。生产过程部分包括所有为完成某项生产任务而进行的具体工作；信息处理部分则包括所有为完成该项生产任务而进行的信息收集、加工、组织和传递活动。企业通过应用信息技术能够改造其业务流程的每一个具体环节，促进各个环节的高速流动，提高企业各项活动的效率及劳动生产率，从而保障企业战略与企业价值的实现。

（二）信息技术投资与组织资产投资的互补，提高了企业经营管理的水平

组织资产是企业经营的重要影响因素。组织资产投资的增加，有效提高了企业的领导能力、创新能力、企业文化能力、知识管理能力、系统运作能力、品牌建设能力、智慧财

务能力，改善了企业管理方式、组织流程、组织架构和经营策略，从而能够更好地协调和管理企业流程中的各项活动，保证了信息技术投资的成功率及企业战略的顺利实施和实现。

（三）信息技术对企业流程的重组优化

信息技术的应用，成功实现了企业流程的优化和技术的升级改造。首先，企业流程的优化，实现了信息导向的企业价值链的整合，通过信息技术的价值增值功能，提高了企业创造更大价值的能力；其次，技术的升级改造，提高了企业研发、生产、营销、服务的自动化水平，降低了企业运营的成本，提高了企业核心经营系统的运营效率。

第三节　企业经济管理信息化技术选择原则与方法

一、技术选择的相关理论

技术选择是一个复杂的理论体系。技术哲学是理论基础，经济学是技术选择的经济理论，技术预见和技术预测是技术选择的方法基础。技术跨越是技术选择的基本目的。提高产业技术或产品的核心竞争力是技术选择的设计原则。技术轨道和技术路线图分析方法，是研究方法的基础，技术选择系统理论起到了承上启下的中枢作用。

（一）技术的作用

技术哲学由于忽略了技术的内在发展规律，只能得出总体的、一般性的指导意见。对实际产业和技术选择应用帮助甚微。诚然，无论在传统产业的技术选择上，还是在高技术的选择上，我们都受到已有条件的限制，没有也不可能有充分的选择自由。因为人们不能自由地选择技术基础，难以自由地选择技术手段和技术发展知识。那么，只能根据技术发展的内在规律，对高技术发展过程实施技术选择。

技术与科学是有区别的，不能把技术等同、混同于科学，但在人们的技术活动中又必然要自觉或不自觉地遵循自然界的规律和接受科学知识的指导。要达到某种技术目的，可能采取这样或那样的技术手段，选择这种或那种技术活动方式，所有这些，都必须服从、符合由科学真理揭示的客观规律，而科学真理从根本上来说要由实践来验证，不是由人们的需求、愿望来选定的。

科学规律的发现，科学知识的充实，一方面有增强和有利于技术选择的作用，例如，一方面，只有懂得电学的人才会选用适宜的直流电机去驱动电车，或选用适宜的可控硅系统来实现节能控制；另一方面，科学又对技术选择施加约束，例如，电学告诉人们不会选用交流电机去驱动电车，因为这种电机不具备电车要求的启动特性。科学使人们追求随意性自由的希望破灭，给人们带来必然性的自由选择。

（二）技术选择的内涵

技术的特性表现在可用性，可分为已有技术、研发技术、未来技术。已有技术包括专利技术，表明人类已经拥有的技术。例如，技术改造、技术引进等多数是工艺创新的范畴，早期文献中有较为详细的记载。研发技术使人类有可能在五年之内解决某些问题或需求的技术，如治疗癌症的药物、艾滋病疫苗、液晶显示器产业化技术、有机发光技术、星球大战计划中的激光武器等，多数是产品创新或根本性创新的范畴。文献中有探索性、技术原理性研究工作报道，完整的技术解决方案未见报道。未来技术，指中长期不断发展的技术。太阳能技术、激光空间、运载火箭技术等，属于知识创新或根本性创新的范畴。文献中只有科学探索性或科学原理性研究报道，任何研究进展，哪怕是一点点进展，全球都会感到震撼。

狭义上讲，技术选择就是为了实现一定的系统目标，按系统内外客观因素的制约，对各种可能得到的技术手段进行分析比较，选取最佳方案的过程技术选择的战术层次决策是对技术的先进性和可接受性进行的综合选择。如果把近代技术发展规律和技术创新动态过程的理论研究成果，作为技术选择的理论基础，那么，技术选择的研究范围就是从技术的诞生一直到技术的实施全过程，从而具备系统性和决策性，这也说明技术的内在性决定了技术选择的客观性，符合技术哲学的技术存在性、可发现性以及可选择性判断。

我们把技术选择界定为根据技术内在规律选择它所规定的技术发展路线和途径，进而在竞争中实现技术最大效能，包括技术的工具性选择、发展方向选择和发展过程选择。因此，技术选择的理论要在技术发展规律、技术创新动态过程、产品生命周期理论中建立自身发展的理论体系。我们将企业信息化作为研究对象，结合技术轨道分析和技术路线图方法等，对技术选择理论及在制造业的关键技术选择的总体设计方面，采用理论分析对比的方式，开展技术选择理论和实践相结合的研究尝试。

（三）技术选择的原则

在内外客观制约因素下，技术选择是对技术手段进行分析比较，选取最佳方案的过程。技术选择在技术创新中也称为二次创新，与技术创新的其他形式相比，其优势在于：

第一，技术选择无须花费很长时间，有些也不需要变革现有主要的工艺流程。

第二，完成技术创新的成本要少于其他形式的技术创新，而且引进项目如果被充分讨论过，风险将大为减少。

第三，如果消化吸收效果好，可以大幅度提高劳动生产率，迅速赶超国内外先进水平。

技术选择是一种决策，这种决策不仅要就技术本身做出决策，而且要就涉及的更高层次上的问题做出决策。任何一个国家不可能一直保持技术领先，总是以提高先进技术比重和降低初级技术比重为途径的，所以对一个企业而言，可以在某个单元技术上领先一步，但提高先进技术比重应成为企业技术选择能力的标志。

实际上，许多企业仅就技术而选择技术，这样当然避免不了因技术选择不当给企业带来巨大的损失。

1. 技术选择的基本原则

（1）科学性原则

技术创新中，技术选择不仅必须考虑符合需求市场中的产品发展需要，同时也必须考虑这一技术自身的科学规律性。科学规律性是单元技术的自然属性，规定了技术选择必须以科学所揭示的规律为基础，着眼于科学与技术之间相互转化的内在机制，将技术创新和技术选择看作科学的应用和规律的物化过程。这一原则要求技术选择必须在现代科学成果与生产的交叉点上，从基础科学研究所发现的科学原理中，经过实践的探索得出技术规律和技术原理，即不仅要求技术的依据是科学的、合理的，技术成果有理论指导，而且经过认真周密的验证，证明是合理并且是可靠的。

自主创新型的技术创新固然要遵循这一原则，模仿创新和合作创新也应服从这一原则，特别是我国企业应该注重这一原则，切实地根据自身实力统筹规划长远和近期技术创新的目标，以获取最佳的经济效益和社会效益。

（2）先进性原则

技术先进性是技术发展的规律之一，体现在改善产品的质量性能和产品的生产率等诸多方面，是技术进步和技术创新所追求的技术目标。广义讲，技术先进性就是技术手段实现各种需求规定的技术目标的能力。例如，高新企业以技术的高度和排斥性为主要内涵，进入市场的方式基本是直接满足社会需求，或者说，科学研究的第一手成果，是根据设计的技术原则，实现了社会需求决定的技术目的。这里的技术原则和科学技术发展过程密切相关，可以是技术路线，可以是技术轨道延伸，也可以是技术标准，广义上可看作技术选择。

技术的先进性并不是指具有绝对的先进性，和科学研究所追求的不同。而且技术发展阶段的不同，采用的技术发展路线和对策对保持技术先进性也有所不同。例如，针对制造业领域内进行技术升级的行业及其现有技术水平而言，技术的先进性要求所注入的新技术应当高于本行业、本企业现有的技术水平，并有较长的寿命周期和较广泛的应用前景。

（3）经济性原则

经济性原则指企业通过技术创新，选择以最小代价获取最大收益的技术，实现利润最大化、成本最小化。这是技术创新的最根本的要求。选择所注入的新技术应具有经济性，包括微观和宏观两方面，二者相辅相成，共同点都是要求以最小的投入获得最大的产出。其主要不同点是：微观角度的经济性是从局部或某方面考虑，要求以最小的投资获得最大的经济效益，即技术的选择要有利于企业资源的合理配置和规模经济的形成，以达到提高产品的性能和质量、降低产品成本、提高劳动生产率、增强产品在国际国内市场竞争力的目的。宏观角度的经济性是从全局和全体考虑，要求以最少的社会资源投入，取得最大的直接收益和间接收益，即技术的选择要有利于生产资源和生产要素的合理配置和有效利用，有利于调整和优化产业结构和布局，有利于行业的技术改造，与社会各方面的摩擦最小，生产的社会成本最低，以达到促进国民经济整体发展和综合国力全面提高的目的。

（4）适用性原则

第一，与原有生产系统的适应性。伴随着新技术的注入（如关键技术、工艺、设备、原材料和元器件等），必然要求对原有的生产系统进行淘汰、调整或改造。因此，应注意全面分析注入的新技术与原有生产系统的适应性，高新技术的注入是否利于企业的技术改造。注入适用的关键技术对关键设备进行改造，不仅可能大大缩小同国外的技术差距，而且可以节约资金，迅速提高劳动生产率。新技术的注入是否有利于改善和发挥原有生产系统的功能。它应能促进资源优化配置，而不是对原有生产系统的简单扬弃，既能有效地改善和发挥原有系统的功能，又能充分发挥注入技术优势，形成新的生产系统。强调技术的适用性不是迁就原有的落后技术状态，而是尽可能地注重注入的新技术与原有技术的衔接。

第二，与企业、行业资源因素的适应性。一是在选择技术时，要考虑企业、行业的资源条件、资源的可得性和数量等。二是在进行技术选择时，应该选择那些资源消耗较小，能够利用再生资源的或对资源进行深加工的技术。同时，不仅要选择正在使用的成熟技术，也要注意选择那些未加利用、但却更适合利用并能发挥资源优势、有利于充分利用资源的技术。

第三，与目标的适应性。对于整个行业来说，技术选择应当与行业的整体结构升级相适应；对于社会发展来说，技术选择必须适应国家经济发展战略目标的要求，有利于国家技术战略目标的实现。技术适用性更多地体现技术选择的作用，国内几十年的发展，已经建立了完整的技术评估理论体系，在国家大型技术引进项目和科学技术发展战略发挥了巨大作用，也为技术经济学科的发展奠定了坚实基础。

第四，可靠性原则。可靠性要求所选择注入的新技术必须是成熟的，生产工艺、产品质量是可靠的，经过工业生产验证是行之有效的，可以推广应用。与处于创新阶段的技术相比，从技术生命周期讲，可靠性高的成熟技术的先进程度和重要程度可能均已发生了变化，但注入成熟技术一是有利于迅速提高生产力，形成规模效益；二是有利于在其基础上进行再开发，与相关技术结合走综合创新之路，可在新的基础上形成新型的先进技术，产生新的竞争优势。

第五，可持续发展原则。可持续发展原则在这里主要指企业进行技术选择时，既要注重技术本身的发展和未来的变化趋势，即技术的经济寿命和技术寿命，同时要注重人与技术的协调发展，即坚持技术与社会、经济发展的协调。

2. 技术选择的主体确定原则

技术选择十分复杂且具有重要战略意义，选择主体的确定尤为关键。技术选择主体应该是一个专家团队。依据技术选择特点，这一专家团队的组成遵循多层次、多部门、多学科以及内外结合原则。

多层次，是指参与技术选择的专家，既应有来自 R&D 部门的，也应包括来自企业战略管理层的。其中，来自 R&D 部门的技术专家应该由参与不同层面业务单位（战略业务单位或生产业务单位）技术研发活动的专家组成。来自战略管理部门的专家应该是战略业务单位的高层资深经理。专家组成的多层次原则，是技术选择战略与战术双重决策的内在要求。多部门，是指参与技术选择的专家，不仅来自 R&D 部门，还来自制造、营销等其他职能部门。今天，企业研发活动已经不是孤立地运行，而是与其他职能部门甚至与顾客并行开展技术创新活动。企业技术创新活动的成功有赖于知识与信息的跨部门沟通与交流。

多学科是指构成技术选择的专家应该是从事不同学科领域科学技术研究的。由于竞争加剧、技术日益复杂化、技术生命周期不断缩短等原因，企业及其竞争者用于市场竞争的产品或服务的技术也越来越复杂，而且技术更新换代越来越快。企业有研发需求的技术领域或方案越来越多，各技术之间的相互支持、匹配、替代、集成等关系错综复杂，只有跨学科的技术专家团队，才有可能对技术给予正确的识别、筛选和选择。

内外结合，是指在进行技术选择时，不仅有来自企业内部的专家，而且应吸收来自企业供应商、客户、技术创新合作者等方面的专家参与。企业通过研发活动导入新技术所带来的影响，不仅局限于企业自身的产品和服务上，同时会对供应商或其他客户的业务带来影响，这种影响反过来又会改变该企业技术选择与技术导入的效果。因此，在进行技术选择时，必须充分吸取相关利益方面的意见和建议。有时，技术选择结果所确定的研发任务，需要企业与外部研发机构进行合作创新，为此，听取这些外部技术合作机构的意见也是十分必要的。

3. 技术选择的目标原则

技术选择属于多目标不确定性决策问题，实施过程中容易出现目标分散、难以产生合理选择结果的问题；与此同时，不同行业、不同类型的企业其技术选择目标会有较大差异性。一次技术选择不存在规范化的目标。但是，确定技术选择目标时可以遵循以下基本原则：要选定支持经营战略目标所必需的技术，即选定战略上重要的技术。技术是手段，企业发展是目的。技术选择的结果必须是对于企业的战略目标最为关键的技术，否则，这种选择便没有意义。掌握所选定技术后产生的优势和劣势，技术选择是出发点。通过技术选择确定重点研发对象，并最终获得竞争优势，这是技术选择的归结点。对于所选定的技术，企业应该具有将技术优势转化为竞争的能力，应该能够提升企业的市场竞争优势。确定企业的技术优先级，有可能有多种技术是企业发展战略所必需的，而且各技术之间又有相互依存关系，这时，技术选择应该确定哪些技术是应优先研发的，哪些技术是较其次的，哪些技术应该自主研发，哪些技术可以从外部获取。

确定加强企业地位所需采取的战略行动。技术选择不仅要确定哪些技术为重点研发领域，而且要根据企业技术战略和企业学习类型，确定这些技术研发是独立自主开展，还是开展改变技术范式的突破性创新。

二、企业经济管理信息化技术选择原则

（一）制造业企业技术战略选择的影响因素

企业的成功与否和企业的技术选择息息相关。企业的技术选择直接影响到企业的竞争

优势。企业不断地做出技术选择影响到企业的可持续竞争优势，进而影响到企业的生存和发展。技术选择是一种决策，而且是一种多层次决策。企业须在战略层和战术层上分别进行技术选择。战略层次决策是指技术战略的选择，而技术选择的战术层次决策则是指技术评价决策。毫无疑问，会有许多因素影响到企业的技术战略选择，必须重点考虑的因素应包括企业的总体经营战略、企业的技术能力、产业的技术轨道和国家的政策等。

1. 企业的总体经营战略

企业的总体经营战略是企业层次的资源配置方式，是对企业生存和发展的全局性、长远性的规划。企业不可能是为了技术而选择技术，只能是为了经济效益而选择技术，而技术的商业化要靠企业的经营战略来完成。因此，企业的总体经营战略是技术战略的前提，只有明确了总体经营战略的类型，明确了要获取的是何种竞争优势，才能对技术战略做出正确的选择。此外，技术战略的独立发展亦会为企业提供新的商机，引导企业总体经营战略的发展，为企业创造新的竞争优势，促进企业的成长。

2. 企业的技术能力

企业的技术能力是在长期的技术实践中积累而成的，它是企业所独有的，既无法购买更难以复制，只有不断正确地进行技术选择方有助于它的积累。但是，企业的技术选择亦不能是无源之水，它必须建立在企业的现实技术能力之上。企业的现实技术能力可理解为一种综合能力，它包含了生产能力、吸收能力和创新能力等。不难想象，技术创新能力是企业敢于内部自主研发的基础。技术吸收能力更是企业引进、模仿创新的关键。那些具有良好技术吸收能力的企业，可以通过购买外部技术并及时地将它们转换到企业的生产系统中去，迅速地为企业营造竞争优势，带来经济效益。

3. 产业的技术轨道

产业技术轨道的形成是技术本身和市场需求共同作用的结果。在技术可能的情况下，市场需求对技术进行选择，形成产业技术轨道。因此，产业的技术轨道代表了市场价值和产业技术的演化方向。一般而言，企业应进行顺轨创新（即沿着技术轨道创新），这有助于企业降低成本，培育竞争优势。也就是说，企业在进行技术选择时，首先应该搜索自己所处产业的技术轨道，认准它的演化方向，使企业能在产业技术轨道细分的基础上，找到自己在该轨道上的技术定位，即产品定位，且能始终立足在该轨道的前沿，保持自有的竞争优势。当然，在技术和市场剧烈变动的前提下，企业有时也要选择新的产业技术轨道。这时，企业必须识别技术的发展前景，判断新的产业技术轨道生长点，在此基础上，力争提前进入技术轨道，引导产业技术轨道向前延伸，从而取得新的竞争优势和成长。

4. 国家的政策

国家对企业技术创新的政策引导和支持已成为各国经济增长和发展不可或缺的推动力。从企业的角度来看，企业的技术选择应与国家的政策保持一致，以便尽可能多地争取到国家政策的支持。

（二）企业经济管理信息化技术选择的原则

我们认为，企业经济管理信息化的技术选择应遵循如下两条基本原则：

1. 竞争原则

竞争原则包括两个层面的含义：一个层面是技术系统内部的竞争原则，从技术发展规律及发展动力机制的角度出发，说明技术选择应当符合技术自身的发展需要；另一个层面是指市场层面的竞争原则，从技术所具备的社会效益、经济效益的角度，说明技术选择应当满足的市场竞争要求。

（1）技术系统内部的竞争原则

这一原则主要包含技术选择当中应当遵循的技术系统内部的内在规律，主要包括以下三点：

产业内部的技术发展方向。每一个产业都有自身独特的技术发展规律，技术选择的结果要符合当前产业内部技术发展的方向，符合技术发展的潮流。

技术的不可替代原则。技术的不可替代的内涵就是指技术的先进性，由于先进性作为一个定性评价指标，如果进行定量评价的话会难以评估，而先进技术与非先进技术的一个最根本的外在表现就是相互替代的不可逆性。一般而言，先进技术能够替代非先进技术，而非先进技术对于先进技术则不具有替代作用。这一原则与林毅夫的技术选择假说有着截然不同的内涵，这是出于高新技术产业自身发展的特点和客观需要，并且充分考虑了我国建立创新型国家的宏伟目标。

新的技术入侵。技术创新具有十分剧烈的破坏性，新技术的入侵就是从这个角度出发，谨慎考虑产业外技术向产业内部的渗透，使得产业内部技术跨越研发环节，出现跨越式的技术高度突进与时间飞越。尤其是对于区域外的新技术入侵的破坏性，应当在技术选择的过程中，给予充分的重视。

（2）市场竞争原则

产业生产的基础或者动力源泉来自产业技术的进步，而产业技术进步的一个必经环节就是技术选择。市场竞争原则本身是指一项技术如果要进行开发设计或产业化运作，都必须充分考虑可能付出的成本与收益。一般而言，技术作为一个产业参与市场竞争的核心内容，对企业产品带来的竞争力主要体现在两方面：依靠技术含量提升价格、依靠技术创新降低成本。传统的技术选择理论在假定技术已有的条件下进行决策，这一部分是主要依据。

2. 科学导向原则

科学研究是高新技术的母体，高新技术是科学研究满足市场需求、科学自身发展的技术基础改善的要求，高新技术是科学发展的系统产物，其必须以坚实的科学基础为支撑。同时，科学的发展还在一定程度上决定了高新技术的发展速度，即科学的发展对技术变革的促进作用还体现为技术创新频度的加快。同时，科学的发展不仅仅来自于人类认识自然的过程当中，还来源于人类改造自然的过程当中。也就是说，高新技术的发展还对科学具有自己的促进作用，科学与高新技术是相辅相成的关系。这一原则具体到技术选择当中，充分考察技术与科学体系的融合性，将技术对于增强国家科学基础和建立基础科学的能力作为技术选择的重要指标。

三、企业经济管理信息化技术选择方法

（一）技术预测

科技政策或计划的制定，原则上说，都是对未来一定时期内的科技活动进行规范，以便达到预定的目标。要想科学而有成效地制定科技政策或计划，就必须依据对未来科技发展的方向、变化的趋势，以及可能的机遇或危机做出恰当的估计，这就是科学技术预测，在管理科学中称作技术预测。

由于技术预测起源于美国，美国人认为科学的发展是不可预测的，只有技术的发展才有一定轨迹可循，因此在科学技术的规划中，只有技术部分是按技术预测做出的。技术预测不同于一般的预言活动，它是以相当高的置信度对技术的未来发展做出的概率性评估。技术预见（Technological Foresight）是随着技术预测的发展和广泛使用，尤其是在国家制订科技计划和政策中大量应用。由于不同类型决策的需要而从技术预测中分化出来的，它在目标、规模和方法上与传统技术预测都有不同。不过，现在理论界对技术预见还没有一个统一的认识和专门的定义，因此在很多出版物中，这两个词是混用的。

（二）技术预见

1. 技术预见的定义

关于技术预见的定义当前学术界有不同的解释。技术预见是在技术预测基础上发展起

来的，也可以说技术预测是技术预见的前期工作，它对应于技术预见活动中的"趋势预测"环节，但还没有上升到技术预见理念中的"整体化预测"的高度。相比较而言，技术预见含有更加广泛的内涵，除了要考虑技术自身因素外，还要系统地考虑经济与社会需求，资源与环境制约等诸多因素。它实际上就是要将技术发展路径置身于一个大系统中进行多维度分析。

技术预见是"对科学、技术、经济和社会的远期未来进行有步骤的探索过程，其目的是选定可能产生最大经济与社会效益的战略研究领域和通用新技术"。这一定义有如下几方面的含义：必须对未来科学的技术进行系统研究；预见的时间跨度应该是长期的，可能为5~30年，通常为10~15年；预见是研究者、用户和政策制定者之间相互咨询和相互影响的过程，而非单纯的技术研究；预见的目的之一是及时确定对经济和社会的许多方面带来巨大好处的新技术群，这些技术目前仍然处于前期研究阶段，通过投入可以得到快速发展，另一目的在于战略研究，如特定的基础研究，可以为目前乃至将来遇到的实际问题提供坚实的知识基础；必须考虑新技术对社会的影响（好的或不好的），而不仅限于对工业和经济的作用。

技术预见的核心就是充分理解在技术政策形成计划和决策中应该考虑的塑造长远未来的各种力量和因素。技术预见过程在实践上包括预见和选择两个紧密相关的环节。预见是为了把握方向，选择是为了保证重点。技术预见对于科技创新具有重要的意义和作用，它将使科技创新符合时代发展规律，使科技创新的指向性更强，可以使创新的理论与实践有机地结合，更具针对性和操作性。

可见，技术预见所倡导的基本理念就是，在对科学、技术、经济和社会在未来一段时间整体化预测基础上，系统化选择那些具有战略意义的研究领域、关键技术和通用技术。技术的未来走向和发展战略是由科学驱动、经济拉动和社会需求等因素决定的，它们既可以决定技术的发展走向发展规模，又可以决定技术的发展周期和发展高度。技术预见本质上就是在充分考虑各种因素的促进和制约条件下如何确定一个国家或地区的技术发展战略，如何选择最有利于实现国家经济和社会长期目标的技术。

2. 技术预见的特点及功能

技术预见与一般的技术预测相比，在目标、规模和方法上各有不同。其特点主要体现在它的战略性、参与者的广泛性和预见的过程重要性。与此同时，技术预见在功能上起到了提供和交流信息、沟通思想、达成共识的作用。

战略性是技术预见产生的根源，前面已经明确指出了技术预见是战略性技术预测发展的结果。它不只是对已有技术发展趋势的外推，更强调对未来可能的技术突破、技术发展方向、在竞争环境中潜在的机会和挑战等的预见。这主要通过高层专家的远见卓识来实现。

技术预见的规模，即参与者的广泛性。由于技术预见的战略性和决策导向性，预见中必然要反映参与者的观点和思想。同时还要考虑社会多因素的影响和多方面的需求，才能获得为各部门都能接受的结果。技术预见应具有很强的信息提供和交流能力。技术预见不仅仅是以其结果来提供信息，而且是在它的全部过程中，向参与者和外界提供信息，因此，它强调的是过程，而不是结果。

有很多预见已经与决策融合在一起，成为决策管理程序链的一部分，不单单获得信息、了解现状、与自身发展有关的环境，而且掌握了总体发展方向。从而对本部门、机构或企业确定目标而言，任何一个阶层的专家，对参与这一过程，比获得预见的结果更感兴趣。

3. 技术轨道

（1）技术轨道与技术范式

同一企业、技术领域、行业，技术创新具有连续性与衍生性，这意味着创新者本身具有一定的思维定式，创新活动具有一定的技术定式，同一主体的创新具有引申性与延伸性。

思维定式与技术定式，实际上表现出一定的技术范式。或者说，技术范式包含了创新者的思考与技术本身特征的双重内容。就本质而言，技术范式是一定的新技术体系的规范化。只要一定技术体系相对地固定下来，在一定时期主导着人们的创新努力，那就可以认为这一体系已经构成了一种技术范式。一定的技术范式会给人们提出新的创新思路，为新的创新提供技术基础与前提，从而诱发、促成和实现众多的技术创新。当一定的技术范式或实现的技术创新较多时，就成为一种技术实现道路。技术创新具有连续性、衍生性以及延伸性，通常特定企业、领域，产业的创新总是遵循着既定的轨道。称某一技术范式引发新的创新的功能为技术轨道，是因为它主导着特定企业、领域、产业中人们的创新努力。这就是 20 世纪 80 年代初人们关注技术轨道研究的缘由。在相当程度上，技术轨道反映产业技术演变的轨迹，反映特定产业技术轨道核心特征的是其产品的主导设计，诸如某类产品的基本结构、联结方式等。

（2）产业技术轨道的形成

技术轨道不是一个纯技术上的概念，而是从经济学角度来认识创新中技术演进规律的经济学概念。本质上是创新者在技术创新过程中必须遵循的技术经济规律。在特定产业，技术轨道的形成主要是由以下三方面的作用决定的：

第一，科技的根本性进展。产业技术轨道是由技术选择方法、产品主导设计模式、核心技术路线、产品和工艺技术标准、技术整合方式惯性以及主流的制造流程等要素有机构成的。因此，一种技术轨道的形成，必然依赖于围绕这些要素的科技进展，其中既涉及技术科学的进展，又涉及管理科学的进展，甚至涉及行为科学的进展。

第二，行业技术积累。产业技术轨道往往表现为建立在一定技术积累基础之上的同行创新者共同遵守的相对稳定的技术范式。因此，当一个行业的专门技术知识与技术能力积累达到一定程度时，基于进行商品化产品开发的方便，特别是受制于产业核心共性技术和工艺技术创新的进展，该行业企业就不得不规范自己的主导产品设计，从而自觉或不自觉地培植同行企业共同的技术轨道。一个典型的例证是电话交换设备制造产业技术轨道的形成。

第三，市场需求递进扩张和品种扩展。如果市场对某个行业产品的需求不断扩张，生产者就得持续扩大生产批量。批量化产销要求规范的产品结构设计和一致的加工工艺，于是生产者就不得不规范自己的主导产品设计和工艺设计。当这类规范进入相对稳定的状态时，该行业的技术轨道就形成了。另外，在同类产品市场上，用户对该类产品的具体要求并非一致，而是有功能、性能、低端、高端的差别化要求。生产企业既要满足用户差异化的需求，又不可能不顾规模经济性的要求逐一开发每种产品。这样，一种经济合理的选择就是就一类产品培植一种主导设计，然后通过对主导设计的局部调整来满足用户多样化的需求。

（3）产业技术轨道的延伸

顺轨创新具有高效率、低成本的优势，努力培育、拓展、延伸本行业某类产品创新的技术轨道，是不少同行企业共同的愿望。一类因素是技术轨道向前延伸的可能性。这主要是由技术轨道的刚性及其刚性的方向、该行业发展依赖的科技进展、行业性技术知识积累和技术能力积累，以及行业投资能力四者决定的。另一类因素是技术轨道向前延伸的必要性。这主要是由市场需求态势决定的。从产业经济学角度看，任何产业能够生存与发展，首先是因为市场对其产品有较大需求。换言之，如果某个行业产品失去了市场需求，其技术轨道也就没有延伸的必要。市场需求方向决定着该产业技术轨道延伸的方向，市场需求扩张的速率决定着技术轨道向前延伸的极限速率。

(4) 产业技术轨道的转辙

特定行业的技术轨道不是一成不变的，而是会在若干因素作用下转辙，即由原来的技术轨道切换到新的技术轨道。理性地看，导致产业技术轨道切换、转辙的主要因素大致有三类：

第一，科学研究、技术攻关的新进展。一旦科学研究的新进展为产品创新、工艺创新、制造流程创新提供了新的思路，技术攻关为产品创新、工艺创新、制造流程创新提供了新的手段，特定行业产品的主导设计和核心技术体系即会发生根本性变化，或是引发企业进行提供新功能的产品设计，或是在不改变原有产品功能的前提下改变主导设计，或是改变产品和工艺技术标准，或是改变产品制造流程。电视机技术的发展使产业经历了从电子管到晶体管，然后是集成电路、大规模集成电路和超大规模集成电路的技术变革。相应于此，电视机结构的主导设计也发生了多代变化。由于电视机功能、性能、内部结构主导设计的变化，该行业不少企业也不得不调整自己的核心技术能力和技术范式。

第二，市场需求的重大变化。如果因为种种原因导致市场需求发生了重大变化，以致特定行业现有产品供给难以适应新的市场需求，则需求变化就可能诱发该行业的技术轨道转辙。其中的主要机理是，某个行业原有市场需求方向一旦发生重大变化，即会迫使该行业进行全行业的调整，推出系列化的创新产品，进而会迫使该行业改变自己的技术轨道。

第三，主导企业的技术轨道发生了跳跃。垄断程度高的行业，少数主导企业产业技术轨道发生转辙，是因为主导企业通常有较强的技术积累和研发能力，能够融通资本进行变革性的研究开发与商品化开发，主导企业一旦意识到自己的主导地位受到竞争者的威胁，即会选择产品差别化的竞争策略；为维持较长期的主导地位，主导企业通常会立足于根本性创新，以建立阻止他人与己竞争的技术壁垒。而根本性创新常常会改变主导企业的技术轨道。主导企业的根本性产品创新问世后，易于创造新的市场需求，并因此而在一定时期内获得超额利润。尽管一些主导企业努力设置自我保护的技术壁垒，但受超额利润的吸引，非主导企业中的能力较强者即会紧紧跟上，模仿主导企业的创新行为。由于模仿的是根本性创新，因此，这种模仿往往是以改变非主导企业的技术轨道为前提的，而一旦对同一根本性创新的模仿达到一定程度，这时整个行业的技术轨道就可能发生变化。

当然，这里需要说明的是，根本性创新不一定都是由主导企业率先实现的，一些小企业亦可能实现未来影响产业技术轨道的根本性产品创新。无论哪一类企业率先实现了某种根本性创新，都会产生前述产业技术轨道转辙的现象。问题仅仅在于，主导企业推动和率先实现根本性创新的可能性更大一些，进而推动产业技术轨道转辙的可能性也大一些。

（5）产业共性技术与产业技术轨道

产业共性技术与产业技术轨道的形成、转辙都有较大的关系。现实世界一旦形成某种产业共性技术，即会在整个产业迅速扩散。如果这种产业共性技术成为同行企业核心的技术范式，则该产业就形成了核心的、主导性的技术轨道。另外，如果某个产业产生了某种新的共性技术，只要它成为同行企业新一轮核心的技术范式，则该产业的技术轨道就可能转辙。产业技术联盟也是推动高技术发展的一种机制，它能够将技术产品、应用、服务集成形成产业技术链，也能将多个产业技术链布阵、联网，促进相互协作和共同的发展，促进特定产业技术轨道的形成和产业技术升级。产业技术联盟是一种平台，参与者可以通过该平台参加各种工作，为产业技术发展提供信息共享的平台。另外，政府在重大共性技术的应用和普及方面发挥着关键作用。固然，政府不可能直接管理每家企业的技术活动，但在重大共性技术方面，政府有着巨大的工作空间，政府可以通过制定激励性政策和限制性政策来推广普及重大共性技术，也可以利用政府指导的各种中介机构来推广和普及重大共性技术。

第六章 人力资源管理综述

第一节 人力资源

一、人力资源的概念

（一）资源

(1) 定义

《辞海》中对于资源的定义是生产资料或生活资料等的来源，一般指天然的财源。在经济学中，资源是与价值创造或财富创造联系在一起的。因此，资源可定义为生产过程中所使用的各种投入要素。我们可以将资源这样定义：在自然界和人类社会中，可以用以创造物质财富和精神财富的，一切可被人类开发和利用的客观存在。而在各种资源中，人力资源是一种具有非常明显的特殊性的社会资源。

(2) 资源的分类和内容

"资源"一般是指一国或一定地区内拥有的物力、财力、人力等各种物质要素的总称。

经济资源是在经济活动中能够产生效益的物质或非物质要素，包括自然资源、社会资源，因此，经济资源分为自然资源和社会资源两大类。自然资源是指用于生产活动中的一切未经人们加工的自然物，如阳光、空气、水、土地、森林、草原、动物、矿藏等；社会资源是指用于生产活动中的一切经过人们加工的自然物，包括人力资源、信息资源及经过劳动创造的各种物质财富。

企业资源的分类是把它们分为资本资源和人力资源，资本资源指资金、厂房、机器、设备等；人力资源是第一资源，构成企业核心竞争力的战略性资源。

（二）人力资源（human resources，简称 HR）

(1) 渊源及概念：人力资源概念的渊源可以追溯到 1954 年，国外最早使用人力资源概念的是彼得·德鲁克（Peter F. Drucker），他在《管理的实践》（*The Practice of Management*, 1954）中首次提出，和其他的资源相比而言，唯一的区别是它是人，并且是经理必须考虑的具有"特殊资产"的资源。国内最早使用人力资源概念的是毛泽东，他在1956年出版的《中国农村的社会主义高潮》中指出：中国的妇女是一种伟大的人力资源。

广义上，人力资源是指智力正常的人。它是包含在人体内的一种生产能力，它是表现在劳动者身上的、以劳动者的数量和质量表示的资源，对经济起着生产性的作用，使国民收入持续增长。它是最活跃、最积极的主动性的生产要素，是积累和创造物质资本、开发和利用自然资源、促进和发展国民经济、推动和促进社会变革的主要力量。它是能够推动整个经济和社会发展的劳动者的能力，即处在劳动年龄的已直接投入建设和尚未投入建设的人口的能力。它是企业组织内外具有劳动能力的人的总和。

狭义上，人力资源包括宏观和微观两个层面的含义。宏观上，人力资源是指一个国家或一个经济系统中所拥有的所有能够参与经济活动、创造价值的人口或能力的总和。微观上，人力资源是指一个组织（包括企业、公共部门及非营利机构）的所有成员所拥有的有助于实现组织战略、达到组织目标的潜在的体力和脑力总和。

总之，人力资源是指能够推动整个国民经济和社会发展的、具有智力劳动和体力劳动能力的人们的总和，它包括数量和质量两方面。

（2）与人力资源有关的概念

人口资源是指一个国家或地区具有的人口数量。劳动力资源则是一个国家或地区具有的劳动力人口的总称。人才资源不同于上述两个数量数据，它是指具有一定的知识或技能，能够进行创造性劳动的人。天才在生活中存在，虽然数量不多，但是异常突出。天才资源通常是指在某一领域具有特殊才华，有十分独特的创造发明能力的人。

二、人力资源的特点及作用

（一）特点

1. 能动性

能动性是人力资源区别于其他资源的本质所在，是人力资源最基本、最重要、最本质的特点。人力资源的载体是人们的劳动。劳动不仅是满足人类自己需要的一种活动，而且是人类有目的地改造世界的活动，同时人本身的脑力、智力也在这一过程中得到发展。其他资源在被开发的过程中，完全处于被动的地位。人力资源则不同，它在被开发的过程中，有思维与情感，能对自身行为做出抉择，能够主动学习与自主选择职业。更为重要的是，人力资源能够发挥主观能动性，有目的、有意识地利用其他资源进行生产，推动社会和经济的发展。同时，人力资源具有创造性思维，能够在人类活动中发挥创造性的作用，既能创新观念、革新思想，又能创造新的生产工具、发明新的技术。

2. 可变性

人力资源在形态上变化较大，在不可直接观察到的形态方面变化也很大，不同的个体可能千差万别。

3. 再生性

人力资源的耗费，人的体力与智力的耗费不同于其他资源，即其自身在一个耗费的过程中会由于再生而得到补充乃至发展。经济资源分为可再生性资源和非再生性资源两大类。非再生性资源最典型的是矿藏，如煤矿、金矿、铁矿、石油等，每开发和使用一批，其总量就减少一批，难以凭借自身的机制加以恢复。另一些资源，如森林，在开发和使用过后，只要保持必要的条件可以再生，保持资源总体的数量。人力资源也具有再生性，它基于人口的再生产和劳动力的再生产，通过人口总体内个体的不断更替和"劳动力耗费—劳动力生产—劳动力再次耗费—劳动力再次生产"的过程得以实现。同时，人的知识与技能陈旧、老化也可以通过培训和再学习等手段得到更新。当然，人力资源的再生性不同于一般生物资源的再生性，除了遵守一般的生物学规律之外，它还受人类意识的支配和人类活动的影响。从这个意义上来说，人力资源要实现自我补偿、自我更新、持续开发，要求人力资源的开发与管理注重终身教育，加强后期的培训与开发。

4. 高增值性

人力资源的智力价值——掌握了知识、技能、经验的人所带来的投资的收益，其收益率远远超过其他形态的资本投资的收益率。人力资源不仅具有再生性的特点，而且其再生过程也是一种增值的过程。人力资源在开发和使用过程中，一方面可以创造财富；另一方面通过知识经验的积累、更新，提升自身的价值，从而使组织实现价值增值。

5. 人力资源的社会性

人处在一定的社会之中，人力资源的形成、配置、利用、开发是通过社会分工来完成的，以社会的存在为前提条件。人力资源的社会性，主要表现为人与人之间的交往及由此产生的千丝万缕的联系。人力资源开发的核心，在于提高个体的素质，因为每一个个体素质的提高，必将形成高水平的人力资源质量。但是，在现代社会中，在高度社会化大生产的条件下，个体要通过一定的群体来发挥作用，合理的群体组织结构有助于个体成长及高效发挥作用，不合理的群体组织结构则会对个体构成压抑。群体组织结构在很大程度上又取决于社会环境，社会环境构成了人力资源的大背景，它通过群体组织直接或间接地影响人力资源开发，这就给人力资源管理提出了要求：既要注重人与人、人与团体、人与社会的关系协调，又要注重组织中团队建设的重要性。

6. 人力资源的时限性

时限性是指人力资源的形成与作用效率要受其生命周期的限制。作为生物有机体的个人，其生命是有周期的，每个人都要经历幼年期、少年期、青年期、中年期和老年期，其中具有劳动能力的时间是生命周期中的一部分，其各个时期资源的可利用程度也不相同。无论哪类人，都有其才能发挥的最佳期、最佳年龄段。如果其才能未能在这一时期充分利用开发，就会导致人力资源的浪费。因此，人力资源的开发与管理必须尊重人力资源的时限性特点，做到适时开发、及时利用、讲究时效，最大限度地保证人力资源的产出，延长其发挥作用的时间。

7. 两重性

人力资源具有生产者和消费者的双重角色。人力资源既是投资的结果，又能创造财富；或者说，它既是生产者，又是消费者，具有角色两重性。人力资源的投资来源于个人和社会两方面，包括教育培训、卫生健康等。人力资源质量的高低，完全取决于投资的程度。人力资源投资是一种消费行为，并且这种消费行为是必需的、先于人力资本的收益。研究证明，人力资源的投资具有高增值性，无论从社会还是个人角度看，都远远大于对其他资源投资所产生的收益。

8. 磨损性

人力资源在使用过程中会出现有形磨损和无形磨损，劳动者自身的疾病和衰老是有形磨损，劳动者知识和技能的老化是无形磨损。在现代社会，人力资源的这种磨损呈现出以下特点：第一，与传统的农业社会和工业社会里较多地表现为有形磨损不同，现代社会更多地表现为无形磨损；第二，当今社会的一个重要特征是新技术不断取代原有技术，而且更新周期越来越短，致使员工的知识和技能老化加剧，人力资源的磨损速度越来越快；第三，人力资源补偿的难度加大，这是因为当今社会的人力资源磨损主要表现为无形磨损，而无形磨损的补偿比起有形磨损的补偿要困难得多。同时，由于人力资源磨损速度的加快，补偿的费用也越来越高。

（二）作用

人力资源是财富形成的关键因素、经济发展的主要力量、企业的首要资源。无论对社会还是对企业而言,人力资源都发挥着极其重要的作用,因此,我们必须对人力资源有足够的重视,创造各种有利的条件,以保证其作用的充分发挥,从而实现财富的不断增加、经济的不断发展和企业的不断壮大。

1. 人力资源有助于经济增长

我国经济快速发展,得益于人力资源做出的巨大贡献。人力资源是经济发展的主要力量,它决定着财富的形成,随着科学技术的不断发展与知识技能的不断提高,人力资源对价值创造的贡献力度越来越大,社会经济发展对人力资源的依赖程度也越来越重。经济学家认为知识、技术等人力资源的不断发展和积累,直接推动物质资本的不断更新和发展。统计数据表明,知识和技术在发达国家的国民收入中占的比重越来越大。目前,世界各国都非常重视本国人力资源开发和建设,不断提高人力资源的质量来实现经济和社会的快速发展。

2. 人力资源对企业生存和发展起至关重要的作用

人力资源是企业的首要资源。企业是组成社会经济系统的细胞单元,是社会经济活动中最基本的经济单位之一,是价值创造最主要的组织形式。企业要想正常运转,就必须投入各种资源,而在企业投入的各种资源中,人力资源是第一位,是首要的资源。人力资源的存在和有效利用能够充分激活其他物化资源,从而实现企业的目标。尤其是处在知识经济时代,企业要想立于不败之地,就必须认识到人力资源是宝贵财富。

3. 人力资源是制约企业管理效率的关键因素

企业里面,众多人力资源凭借体力劳动或者脑力劳动为企业生产、销售大量产品,创造了极大的经济效益和社会效益,尤其是促进了经济的良性循环。当然,经济效益的好坏也取决于人力资源的素质水平高低。人力资源素质水平高,则企业管理效率就高,这是至关重要的。

三、人力资源的分布和结构

人力资源的构成分为数量、质量两部分,其中,人力资源数量是从宏观角度分析,而人力资源质量则是从微观角度分析。

(一)人力资源的数量

人力资源的数量是指一个国家或地区中具有劳动能力、从事社会劳动的人口总数。从宏观角度看,一个国家或地区的人力资源数量由八大部分构成,如图6-1所示。

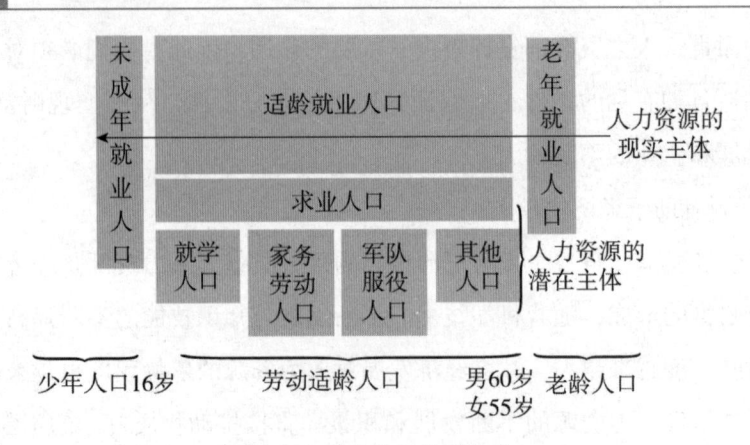

图 6-1 人力资源数量构成

影响人力资源数量的因素主要是人口总量及其再生产状况、人口年龄结构及其变动、人口迁移等。

(二) 人力资源的质量

人力资源的质量指人力资源所具有的体质、智力、知识和技能水平，以及劳动者的劳动态度。人力资源质量的衡量指标：一个国家或地区人力资源的充裕程度不仅取决于数量，更取决于质量。人力资源的质量重于数量，如发明家、科学家、艺术家等对社会做出的巨大贡献在某种程度上要高于普通人。

影响人力资源质量的因素主要是人类智能遗传、营养状况、教育状况、文化观念、经济与社会环境影响。

公式：人力资源总量＝人力资源数量×人力资源平均质量。其中，数量是指员工总数。质量有三个衡量指标：文化水平——人均受教育年限；专业技术水平——劳动者的技术等级状况；劳动积极性——劳动态度指标，如对工作的满意程度、工作的努力程度、工作的负责程度、与他人的合作性等。

(三) 企业人力资源的构成——数量、质量

企业（组织）人力资源的构成是指一个特定组织或企业员工总体所具有的生产和经营能力之和，如图 6-2 所示。企业人力资源的数量一般由正在被企业聘用的员工和企业欲从劳动力市场招聘的（潜在的）员工两部分组成。

```
                    企业人力资源的构成
         ┌──────────┬──────────┬──────────┐
       自然        文化       专业技       职业或工
       结构        结构       能结构       种结构
     ┌────┬────┐
    性别  年龄
    结构  结构
```

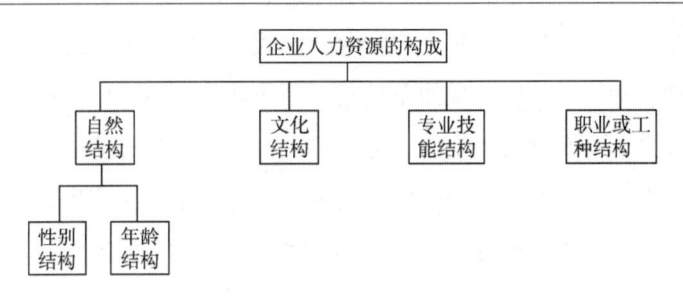

图 6-2　企业人力资源构成

企业中人力资源的质量在构成上与一个国家或地区人力资源的质量构成是一致的。企业的人力资源结构或构成是指多种类型、不同层次的人力资源在质量和数量上配置与组合的状况。具体说来有以下结构：

（1）自然结构

以人的自然属性或特征来进行的人力资源配置和组合，是人力资源队伍的最基本和最一般的情况。它包括性别结构与文化结构。

1）性别结构

在某一时点上，一个企业内的男女员工数量及其各自在企业人力资源总量中所占的比重。

2）年龄结构

某一时点企业内处于不同年龄的员工数量及其在企业员工总体中所占的比重，反映质量现状及企业后续力量情况。

（2）文化结构

某一时点企业中具有不同文化程度的员工数量及其各自在企业人力资源总量中所占比例，反映质量、智力资源拥有情况等。

（3）专业技能结构

在一定时间内，不同级别专业职称和技术等级的人员数量及其各自比例。

（4）职业或工种结构

以职业、业务类型或工种而组合配置的人力资源结构，是人力资源在企业直接经济运行或生产工艺流程过程中担当的经济职能结构。

资本是能够带来剩余价值的价值，是劳动力得以实现价值的条件。在工业社会，战略资源是资本。在新的信息社会中，关键的战略资源已转变为信息、知识和创造性。公司可以开发的有价值的新资源的唯一对象，是它的雇员。这就意味着新的重点在于人力资源。因此，人力资源在众多资源中被称为"第一资源"。资源终究仅仅是财富的来源，不是现实的财富，一个社会要发展，就要将人力资源开发起来，转变为人力资本。

资本是否能够带来剩余价值，最简单的判断办法就是：当一个人的产出小于投入或仅仅自给自足时，人力资源就没有转变为人力资本。换言之，只有当劳动生产率超过一定水平时，人力资源才真正转变成为人力资本。用这个指标来衡量，我国的大量人力资源还没有转化为人力资本。人力资源转化为人力资本的根本是人的知识和创造力，因此可以说：人力资本就是行动中的、现实的知识资本。

人力资本创造利润的前提条件是：第一，人力资本要有良好的制度环境；第二，人力资本具备一定的社会流动条件；第三，人力资本存量不断增加；第四，合理配置与有效激励人力资本。人力资本和物质资本应该同样参与利润分配。要真正留住高素质的人才，除了让人力资本取得相应的属于成本范围的报酬之外，还应该让它和物质资本一样共同分享利润。这是当今企业激励制度需要解决的一个重要问题。

人力资本是通过资本投资形成的，凝结于劳动者身上的知识、技能、品性和健康等。自20世纪80年代中到90年代末的"新经济增长理论热潮"后，经济学家开始在更为广阔的视野内探寻经济增长的内在发动机理，除技术进步、人力资本增长外，政府政策、分工与专业化、国际贸易、知识革命和制度演进与创新，都变成增长发动机中的核心部件。在当代经济学文献中，人们称这类试图从经济体系内部寻找推动经济增长动力源的理论为"内生经济增长理论"。目前，新增长理论体系渐成，正向着成熟化方向发展。人力资本投资对现代企业的意义为：人力资本投资是一种具有长期性、间接性、高效益特点的投资项目，它产生的效益是无形的、潜移默化的，借助于物质形态反映出来。只要企业有效地利用人力资源，并挖掘至今未发挥的潜力去实现企业目标，则职工个人生产效率提高50%以上并不罕见。人力资源与人力资本有着显著的不同，它们的比较如表6-1所示。

表6-1 人力资源与人力资本的比较

比较类目	人力资源	人力资本
关注点	价值	收益
概念范围	自然性、资本性人力资源	资本性人力资源
计量方式	存量问题	流量与存量问题
研究角度	视人力为财富源泉	视人力为投资对象
联系	都是以人为基础而产生的概念，以人所具有的脑力和体力为研究对象	

第二节　人力资源管理简述

一、人力资源管理的概念

管理的本质是管人,而人是管理的主体和客体,作为最主要的资源——人力资源必须进行科学而有效的开发和管理,才可能最大限度地造福社会、造福人类。因此,我们要依靠员工,实行参与管理、民主管理,加强对人才的管理。人力资源管理要兼顾组织目标和个人目标,尽可能地满足员工需求。

一般来说,人力资源管理是指运用现代的科学方法,对与一定物力相结合的人力进行合理培训、组织与调配,使人力、物力经常保持最佳比例(量的管理),同时对人的思想、心理和行为进行恰当诱导、控制和协调,充分发挥人的主观能动性(质的管理),使人尽其才、事得其人、人事相宜,以实现组织目标。就企业而言,人力资源管理可被认为是人事管理的一种较新方式,它把企业中的人视作一种关键资源。人力资源管理为某一组织的人员管理提供支持,它关注的焦点在于建立、维护和发展特定的体系,该体系作用于员工受雇于公司的整个过程,包括招聘、选拔、奖励、评估、培训、解雇等环节。

人力资源管理的广义目标是充分利用组织中的所有资源,使组织的生产率水平达到最高。而人力资源管理的狭义目标是帮助各个部门的经理更加有效地管理员工,具体而言就是人事部门通过人事政策的制定、解释、忠告和服务来使人的有效技能最大化发挥,利用价值标准、基本信念(社会价值观/群众价值观/个人价值观等)和现实的激励因素(任用情况/信任情况/晋升情况/工资制度/奖励制度/处罚制度/参与程度/福利状况)等发挥员工最大的主观能动性,实现员工和组织的绩效目标。人力资源管理与传统人事管理的区别如表 6-2 所示。

表 6-2　人力资源管理与传统人事管理的主要区别

比较项目	人力资源管理	传统人事管理
观念	员工是具有主观能动性作用的资源	员工是投入的成本负担
内容	不仅是人员与劳动管理,而且是人力资本管理	人员与劳动力简单管理
范围	扩大到非正式组织、团队乃至组织外的人力资源	正式组织内
组织结构	树形、矩阵形扩大到网络形	树形或矩阵形

续表

比较项目	人力资源管理	传统人事管理
视野	广阔、远程性	较狭窄
性质	战略、策略性	战术、业务性
深度	主动、注重开发	被动、注重"管人"
功能	系统、整合	单一、分散
地位	从决策层到全员	人事部门执行层
作用	决定企业前途	提高工作效率、生活质量
工作方式	参与	控制、隐秘
协调关系	合作、和谐	监督、对立
角色	挑战性、动态性	例行性、记载式
导向	组织目标与员工行为目标一致	组织目标与员工行为目标分离

人力资源管理贯穿始终的一个主题是：承认员工是公司的一种宝贵财富。应该认识到，从人事管理到人力资源管理的转变不只是管理职能称谓的改变，而是一次管理观念和管理实践的更新。

二、人力资源管理学

（一）人力资源管理的特点

1. 知识经济时代是一个人才主权时代，也是一个人才"赢家通吃"的时代

人才主权时代就是人才具有更多的就业选择权与工作的自主决定权，人才不是被动地适应企业或工作的要求。企业要尊重人才的选择权和工作的自主权，站在人才内在需求的角度，为人才提供人力资源的产品与服务，并因此赢得人才的满意与忠诚。人才不是简单地通过劳动获得工资性收入，而是要与资本所有者共享价值创造成果。人才"赢家通吃"包含两方面的含义：第一，越是高素质、稀缺、热门的人才，越容易获得选择工作的机会，其报酬也越高；第二，人才资源优势越大的企业越具有市场竞争力，也就越容易吸引和留住一流人才。

2. 员工是客户，企业人力资源管理的新职能就是向员工持续提供客户化的人力资源产品与服务

企业向员工所提供的产品与服务主要包括：

（1）共同愿景

通过提供共同愿景，将企业的目标与员工的期望结合在一起，满足员工的事业发展期望。

（2）价值分享

通过提供富有竞争力的薪酬体系及价值分享系统来满足员工的多元化需求，包括企业内部信息、知识、经验的分享。

（3）人力资本增值服务

通过提供持续的人力资源开发、培训，提升员工的人力资本价值。

（4）授权赋能

让员工参与管理，授权员工自主工作，并承担更多的责任。

（5）支持与援助

通过建立支持与求助工作系统，为员工完成个人与组织发展目标提供条件。

3. 人力资源管理的重心——知识型员工

国家的核心是企业，企业的核心是人才，人才的核心是知识创新者与企业家。人力资源管理面临新三角：知识型员工、知识工作设计、知识工作系统。

对待知识型员工：

第一，知识型员工由于其拥有知识资本，因而在组织中有很强的独立性和自主性。这就必然带来新的管理问题：授权赋能与人才风险管理；企业价值要与员工成就意愿相协调；工作模式改变，出现虚拟工作团队。

第二，知识型员工具有较高的流动意愿，不希望终身在一个组织中工作，由追求终身就业饭碗，转向追求终身就业能力。员工忠诚具有新的内涵，流动过频、集体跳槽给企业管理带来危机，企业人力投资风险由谁承担成为企业面临的抉择。

第三，知识型员工的工作过程难以直接监控，工作成果难以衡量，使得价值评价体系的建立变得复杂而不确定；个体劳动成果与团队成果如何进行确定；报酬与绩效的相关性；工作定位与角色定位。

第四，知识型员工的能力与贡献差异大，出现混合交替式的需求模式，需求要素及需求结构也有了新的变化。报酬成为一种成就欲望层次上的需求；知识型员工的内在需求模式混合交替，报酬设计更为复杂；需要分享企业价值创造的成果；同时出现了新的内在需求要素。

第五，领导界限模糊化。知识创新型企业中，领导与被领导的界限变得模糊，知识正替代权威；知识型员工的特点要求领导方式进行根本转变；信任、沟通、承诺、学习成为新的互动方式；要建立知识工作系统和创新授权机制。

4. 人力资源管理的核心——人力资源价值链管理

人力资源管理的核心是如何通过价值链的管理，来实现人力资本价值及其价值的增值。价值链本身就是对人才激励和创新的过程。

第一，价值创造就是在理念上要肯定知识创新者和企业家在企业价值创造中的主导作用，企业中人力资源管理的重心要遵循二八定律。注重形成企业的核心层、中坚层、骨干层员工队伍，同时实现企业人力资源的分层分类管理模式。

第二，价值评价问题是人力资源管理的核心问题，其内容是指要通过价值评价体系及评价机制的确定，使人才的贡献得到承认，使真正优秀的、企业所需要的人才脱颖而出，使企业形成凭能力和业绩吃饭，而不是凭政治技巧吃饭的人力资源管理机制。

第三，价值分配就是要通过价值分配体系的建立，满足员工的需求，从而有效地激励员工，这就需要提供多元的价值分配形式，包括职权、机会、工资、奖金、福利、股权的分配等。企业应注重对员工的潜能评价，向员工提供面向未来的人力资源开发内容与手段，提高其终身就业能力。

5. 企业与员工关系的新模式——以劳动契约和心理契约为双重纽带的战略合作伙伴关系

企业与员工之间的关系需要靠新的游戏规则来确定，这种新的游戏规则就是劳动契约与心理契约。

第一，以劳动契约和心理契约作为调节员工与企业之间关系的纽带。一方面要依据市场法则确定员工与企业双方的权利义务关系、利益关系；另一方面又要求企业与员工一道建立共同愿景，在共同愿景的基础上就核心价值观达成共识，培养员工的职业道德，实现员工的自我发展与管理。

第二，企业要关注员工对组织的心理期望与组织对员工的心理期望之间达成"默契"，在企业和员工之间建立信任与承诺关系，使员工实现自主管理。

第三，企业与员工要建立双赢的战略合作伙伴关系，个人与组织要共同成长和发展。

6. 人力资源管理在组织中的战略地位上升，管理责任下移

人力资源真正成为企业的战略性资源，人力资源管理要为企业战略目标的实现承担责任。人力资源管理在组织中的战略地位上升，并在组织上得到保证，如很多企业成立人力资源委员会，使高层管理者关注并参与企业人力资源管理活动。

人力资源管理不仅是人力资源职能部门的责任，而且是鼓舞员工及鼓舞管理者的责任。过去是人事部的责任，现在企业高层管理者必须承担对企业的人力资源管理责任，关注人力资源的各种政策。目前的人力资源管理在某种程度上可以分为三部分：一是专业职能部门人力资源管理工作；二是高、中、基层领导者如何承担履行人力资源管理的责任；三是员工如何实现自我发展与自我开发。人力资源管理的一项根本任务就是如何推动、帮助企业的各层管理者及鼓舞员工去承担人力资源开发和管理的责任。

人力资源管理由行政权力型转向服务支持型：人力资源职能部门的权力淡化，直线经理的人力资源管理责任增加，员工自主管理的责任增加。

由于目前组织变化速度很快（现在的组织是速度型组织、学习型组织、创新型组织），人力资源管理要配合组织不断地变革与创新，就需要创新授权，通过授权，建立创新机制。在企业中引入新的合作团队，形成知识型工作团队，将一个个战略单位经过自由组合，挑选自己的成员、领导，确定其操作系统和工具，并利用信息技术来制定他们认为最好的工作方法，即SMT（自我管理式团队）成为企业的基本组织单位。

7. 人力资源管理的全球化、信息化

人力资源管理的全球化、信息化，是由组织的全球化所决定的。组织的全球化，必然要求人力资源管理策略的全球化。

（1）员工与经理人才的全球观念的系统整合与管理

通过人力资源的开发与培训，使得我们的经理人才和员工具有全球概念，从而形成人才流动国际化、无国界。

（2）人才市场竞争的国际化

国际化的人才交流市场与人才交流方式将出现，并成为一种主要形式。人才的价值不仅是在一个区域市场内体现，而且更多的是要按照国际市场的要求来看待人才价值。跨文化的人力资源管理成为重要内容，人才网成为重要的人才市场形式。人才网要真正实现它的价值，就要最终走出"跑马圈地和卖地"的方式，真正通过利用网络优势来加速人才的交流与流动，并为客户提供人力资源的信息增值服务。

8. 人才流动速率加快，流动交易成本与流动风险增加，人才流向高风险、高回报的知识创新型企业，以信息网络为工具的虚拟工作形式呈不断增长趋势

第一，员工由追求终身就业饭碗转向追求终身就业能力，通过流动实现增值，使人才流动具有内在动力。

第二，人才稀缺与日益增长的人才需求，使人才面临多种流动诱因和流动机会。

第三，人才流动的交易成本增加，企业人才流动风险增加，需要强化人才的风险管理。在这种情况下，就需要企业把留住人才策略由筑坝防止人才跳槽流动转向整修渠道，即企业内部要有良好的人力资源环境。人力资源部门要强化对流动人员的离职调查，除与个人面谈外，还要对其所在的群体和组织进行调查，找出原因以及问题，并提出改进措施。

第四，集体跳槽与集体应聘成为人才流动的新现象：企业策略联盟和企业并购关注人才联盟与人才并购。并购企业要关心它的管理团队，关注它的人才团队，对所要并购企业的管理团队和人才团队进行科学分析，对其价值进行评估。

9. 沟通、共识、信任、承诺、尊重、自主、服务、支持、创新、学习、合作、支援、授权、赋能将成为人力资源管理的新准则

企业与员工之间、管理者与被管理者之间、同事之间将按新的游戏规则来处理各种关系，即如何在沟通基础上达成共识，如何在信任的基础上彼此之间达成承诺，尊重员工的个性。如何在自主的基础上达到有效管理，尤其是如何对创新型团队提供一种支持和服务，企业如何注重一种创新机制，如何变成一种学习型组织，如何进行团队合作和授权赋能。

10. 人力资源管理的核心任务是构建智力资本优势，人力资源管理的角色多重化，职业化

企业的核心优势取决于智力资本的独特性及其优势。智力资本包括三方面：人力资本、客户资本和组织结构资本。人力资源的核心任务是通过人力资源的有效开发与管理，提升客户关系价值。要将经营客户与经营人才结合在一起。要致力于深化两种关系：维持、深化、发展与客户的关系，提升客户关系价值，以赢得客户的终身价值；维持、深化、发展与员工的战略合作伙伴关系，提升人力资本价值。

第一，企业人力资源管理者要成为专家，要具有很强的沟通能力，必须对整个企业有一个很好的把握，通过沟通达成共识。中国企业的人力资源管理者要尽快实现从业余选手到职业选手的转化。职业选手主要包括三方面：要有专业的知识和技能，要有职业的精神，必须懂得职业的游戏规则。

第二，企业人力资源的政策与决策愈来愈需要外力，要借助于社会上的各种力量。没有外力的推动，企业很多新的人力资源政策、组织变革方案是很难提出并被高层管理人员及员工认同的。

（二）人力资源管理的职能

人力资源管理的职能是指人力资源管理在实现组织目标的过程中，围绕选人、留人、育人、用人这一核心管理活动所发挥的主要职责、功能和管理作用。人力资源管理体系的主要环节如下：

1. 选才

企业通过何种方式来招募人才？选择的标准是什么？选一个适合的人比选一个优秀的人更为重要，适才是企业用人的最高原则。

2. 用才

通过组织规划来合理组合现有的人力资源，使人力资源发挥出最大的经济效益。

3. 育才

在企业里对人才的教育和培训是相当重要的。通过教育培训，使员工不断更新知识，积累不同的经验，才能对千变万化的市场做出有效的应变。

4. 留才

对于企业来说，辛辛苦苦培育的员工不能留在企业里工作，将是一大损失。企业与员工之间需要长期相互了解，才能达成一种默契，使员工心甘情愿留在公司，为实现公司的目标而努力工作。

由此可见，人力资源管理职能有：帮助组织实现目标；招聘组织需要的人员，补充"新鲜血液"；培训员工以达到组织的要求；激励员工以组织建设优秀团队；指导员工进行职业规划；提高员工的工作生活质量和满意度；承担维护政策和伦理道德的社会责任。具体来说，人力资源管理职能包括人力资源规划、招聘与录用、培训与开发、绩效管理、薪酬福利管理、劳动关系管理、工作分析与设计、职业生涯规划。

（1）人力资源规划

把企业人力资源战略转化为中长期目标、计划和政策措施，包括对人力资源现状分析、未来人员供需预测与平衡，确保企业在需要时能获得所需要的人力资源。

（2）招聘与录用

根据人力资源规划和工作分析的要求，为企业招聘、选拔所需要的人力资源并录用安排到一定岗位上。

（3）培训与开发

通过培训提高员工个人、群体和整个企业的知识、能力、工作态度和工作绩效，进一步开发员工的智力潜能，以增强人力资源的贡献率。

（4）绩效管理

对员工在一定时间内对企业的贡献和工作中取得的绩效进行考核和评价，及时做出反馈，以便提高和改善员工的工作绩效，并为员工培训、晋升、计酬等人事决策提供依据。

（5）薪酬福利管理

包括对基本薪酬、绩效薪酬、奖金、津贴及福利等薪酬结构的设计与管理，以激励员工更加努力地为企业工作。薪酬管理中重要的一部分是员工激励，即采用激励理论和方法，对员工的各种需要予以不同程度的满足或限制，引起员工心理状况的变化，以激发员工向企业所期望的目标而努力。

（6）劳动关系管理

协调和改善企业与员工之间的劳动关系，进行企业文化建设，营造和谐的劳动关系和良好的工作氛围，保障企业经营活动的正常开展。

（7）工作分析与设计

它是对企业各个工作职位的性质、结构、责任、流程，以及胜任该职位工作人员的素质、知识、技能等，在调查分析所获取相关信息的基础上，编写出职务说明书和岗位规范等人事管理文件。

（8）职业生涯规划

鼓励和关心员工的个人发展，帮助员工制订个人发展规划，以进一步激发员工的积极性、创造性。

以上前六种职能是人力资源管理的核心职能，也是企业人力资源管理的主要体系，实际工作中，工作分析与设计是其他职能的基础和主要依据。而职业生涯规划是近些年来为大家所重视的模块，它倡导个人职业生涯规划与组织职业生涯规划的结合，在人力资源管理中发挥着重要作用。

（三）人力资源管理的主要作用

"科教兴国""全面提高劳动者的素质""创新型社会"等国家的方针政策，实际上谈的是一个国家、一个民族的人力资源开发管理。在一个组织中，只有求得有用人才、合理使用人才、科学管理人才、有效开发人才等，才能促进组织目标的达成和个人价值的实现，这都有赖于人力资源的管理。现代管理理论认为，对人的管理是现代企业管理的核心。现代人力资源管理的主要作用至少体现在以下五方面：

1. 有利于促进生产经营的顺利进行

企业拥有三大资源，即人力资源、物质资源和财力资源，而物质资源和财力资源的利用是通过与人力资源的结合实现的，只有通过合理组织劳动力，不断协调劳动力之间、劳动力与劳动资料和劳动对象之间的关系，才能充分利用现有的生产资料和劳动力资源，使它们在生产经营过程中最大限度地发挥其作用，形成最优的配置，从而保证生产经营活动有条不紊的进行。

2. 有利于调动员工的积极性，提高劳动生产率

企业中的员工，他们有思想、有感情、有尊严，这就决定了企业人力资源管理必须设法为劳动者创造一个适合他们的劳动环境，使他们乐于工作，并能积极主动地把个人劳动潜力和智慧发挥出来，为企业创造出更有效的生产经营成果。因此，企业必须善于处理物质奖励、行为激励及思想教育工作三方面的关系，使企业员工始终保持旺盛的工作热情，充分发挥自己的专长，努力学习技术和钻研业务，不断改进工作，从而达到提高劳动生产率的目的。

3. 有利于减少劳动耗费，提高经济效益并使企业的资产保值

经济效益是指经济活动中所获得的与所耗费的差额。减少劳动耗费的过程，就是提高经济效益的过程。所以，合理组织劳动力，科学配置人力资源，可以促使企业以最小的劳动消耗取得最大的经济成果。在市场经济条件下，企业的资产要保值增值，争取企业利润最大化、价值最大化，就需要加强人力资源管理。

4. 有利于现代企业制度的建立

科学的企业管理制度是现代企业制度的重要内容，而人力资源的管理又是企业管理中最为重要的组成部分。一个企业只有拥有第一流的人才，才能充分而有效地掌握和应用第一流的现代化技术，创造出第一流的产品。不具备优秀的管理者和劳动者，企业的先进设备和技术只会付诸东流。提高企业现代化管理水平，最重要的是提高企业员工的素质。可见，注重和加强对企业人力资源的开发和利用，搞好员工培训教育工作，是实现企业管理由传统管理向科学管理和现代管理转变不可缺少的一个环节。

5. 有利于建立和加强企业文化建设

企业文化是企业发展的凝聚剂和催化剂，对员工具有导向、凝聚和激励作用。优秀的企业文化可以增进企业员工的的团结和友爱，减少教育和培训经费，降低管理成本和运营风险，并最终使企业获取巨额利润。

（四）人力资源管理的主要内容

人力资源管理的主要内容概括如下：第一，人力资源招聘，根据组织发展需要，招聘合适人员，增加人力资源数量；第二，人力资源使用，根据岗位需要，竞争择优，让合适的人进入合适的岗位；第三，人力资源培养，根据工作需要，全方位培养，提高能力；第四，人力资源考核，根据工作表现，评价人力资源绩效，奖勤罚懒，激发人力资源潜力。

（五）人力资源管理的基本原理

1. 能级对应

能级层序原理是来自物理学的概念。能，表示做功的能量；能级，表示事物系统内部个体能量大小形成的结构、秩序、层次，这样才形成了稳定的物质结构，即能级对应关系。在人力资源管理中，是指具有不同能力的人，应配置在组织中的不同职位上，给予不同的权力和责任，使能力与职位对应，这样组织结构才会相对稳定。

2. 要素有用

要素有用，即在人力资源开发与管理中，任何要素（人员）都是有用的，关键在于知人善任。有时也叫用人之长、人岗匹配原理。

3. 互补增值

互补增值，即通过个体之间取长补短而形成整体优势，实现组织目标。它包括：

（1）知识互补

（2）能力互补

（3）性格互补

（4）年龄互补

（5）关系互补

4. 激励强化

所谓激励，就是以物质和精神满足员工的需求，激励员工的工作动机，使之产生实现组织目标的特定行为的过程。激励可以调动人的主观能动性，强化期望行为，使之适应企业目标，从而提高劳动生产率。

5. 公平竞争

公平竞争原理是指竞争条件、规则的同一性原则。在人力资源管理中，是指考核录用和奖惩过程中的统一竞争原则。运用竞争机制要注意以下三点：第一，竞争的公平性；第二,竞争的适度性;第三,竞争的目的性。

总之,在人力资源管理过程中要客观公正,公开透明;赏罚分明,优势互补;以人为本,能力为上。

(六)人力资源管理的四大机制

人力资源管理会受到以下几种力量的作用,如表6-3所示。

表6-3 人力资源管理机制

力量名称	机制名称	内容
控制力	约束监督机制	绩效管理体系;职业行为评价
推动力	激励机制	薪酬体系;职业生涯管理制度;分权授权规则
拉力	牵引机制	职位说明书;关键绩效指标(key performance indicators,简称KPI)体系;文化与价值观;培训与开发
压力	竞争淘汰制	竞聘上岗制度;末位淘汰制度;员工退出制度

第三节 人力资源管理的环境

所谓人力资源管理环境,实际上就是组织人力资源管理活动的不可控制的参与者和影响力。人力资源管理环境主要由两部分构成,即外部环境(external environment)和内部环境(internal environment)。外部环境是由那些从外部影响组织人力资源管理的因素构成,诸如劳动力市场、经济因素、政治因素、法律因素和社会文化因素等;内部环境是由那些从内部影响组织人力资源管理的因素构成,诸如组织的目标、组织的政策、组织的管理方式、组织文化、组织的性质与员工的类型等。

一、外部环境

外部环境有很多,诸如政府政策和法律法规环境(包括劳动合同、劳资关系、工作时间、工资水准、社会保险与福利、劳动安全与卫生等)、劳动力市场环境(包括当地的教育资源、经济发展水平、劳动力市场的发达程度等)、行业竞争者和客户环境。

在分析外部环境时,都采用英国学者提出的PEST模型。因人力资源管理同劳动力市场有着极其密切的关系,故在分析其外部环境时,还要分析劳动力市场经济发展水平和经济发展态势、科学技术、社会文化、政治法律因素的影响。

(一)劳动力市场

劳动力市场是组织的一个外部人员储备,是组织获取人力资源的源泉。为了尽可能准确地估计和预测组织所需人员的方向和可能性,组织应尽可能多地了解和掌握劳动力市场的信息。不但要了解其数量信息,还要了解其质量信息;不但要了解其静态信息,还要了解其动态信息,了解获取信息的渠道。

(二)经济环境

一个国家的经济发展水平和经济发展态势对人力资源管理的影响较大。一般来讲,在经济繁荣的时候,不容易招聘到合格的工人;而在经济衰退时,可适用的求职者就很多。但往往出现以下情况,即有些行业处于衰退期,有些行业处于缓慢复苏期,还有一些行业处于高速发展期,导致经济形势变得较为复杂,使组织的人力资源管理面临较为困难的经济环境。具体地讲,在市场经济的条件下,就业状况、利率、通货膨胀水平、税收政策,甚至股票市场的行情等都可能对组织的人力资源管理产生重大影响。

(三)科学技术环境

科学技术是第一生产力。科学技术是一种"创造性的破坏力量"。现代科学技术的发展正迅速地改变着组织的业务活动。随着技术和产品更新周期越来越短,导致现有的工作岗位不可避免地被逐渐淘汰,而需要新技术、新知识、新技能的新的工作岗位将随之不断产生。人力资源管理部门应密切关注科学技术的发展动向,预测本组织业务及工作岗位对工作技能需要的变化,及时制订和实施有效的人才培养开发计划。

(四)文化环境

文化有广义的界定,也有狭义的界定。广义的文化是指一切物质财富和精神财富的总和。狭义的文化是指在一定的历史条件下,通过社会实践所形成的、并为鼓舞成员所共同遵守的价值观、道德规范和行为准则。由于每个国家、每个地区,乃至每个组织的文化都不完全相同,导致其成员的行为也不完全一样。组织在进行人力资源开发与管理时,必须注意其所处的文化背景。

（六）组织文化

组织文化，是指组织成员的共同价值观体系。它使组织独具特色，区别于其他组织。从某种意义上讲，组织文化是组织内部环境的综合表现，它对员工的影响是持久而深远的。组织文化包含五大要素，即组织环境、组织价值观、英雄人物、礼仪和庆典、文化网络。组织文化具有如下特征：客观性、稳定性、层次性、非理性、独特性、群体性、非强制性、培养过程的长期性、社会性、时代性、动态发展性等。组织文化具有多种功能：动力功能、导向功能、凝聚功能、融合功能和约束功能。不同的组织文化环境下，实施人力资源开发与管理的方式应不尽相同。

第七章 企业人力资源战略与规划

第一节 人力资源战略

一、人力资源战略的概念

人力资源战略（Human Resource Strategy）是一种职能战略，同营销战略、产品战略等一样，从属于企业战略，并支持和服务于企业战略的实现。

美国人力资源管理学者舒勒和沃克指出，人力资源战略是程序和活动的集合，它通过人力资源部门和直线管理部门的努力来实现企业的战略目标并以此来提高企业目前和未来的绩效及维持企业竞争优势。库克则认为：人力资源战略是指员工发展决策以及对员工具有重要的和长期影响的决策。科迈斯等人则把人力资源战略定义为：企业慎重地使用人力资源，帮助企业获取和维持其竞争优势，它是组织所采用的一个计划或方法，并通过员工的有效活动来实现组织的目标。

综合上述观点，人力资源战略则是企业根据内部和外部环境分析，从企业的全部利益和发展战略出发，为支持企业战略目标达成充分考虑员工的期望，而制定的基于提升企业人力资源核心竞争力的人力资源开发与管理的纲领性的长远规划。

二、人力资源战略与企业战略的关系

作为一项重要的职能战略，人力资源战略以企业战略为依据，同时又影响着企业战略的制定和执行。二者之间的关系主要体现在以下两方面：

（一）企业战略是人力资源战略制定的前提和基础

作为企业的职能战略，人力资源战略是企业总体战略的一部分，是在企业战略的大框架下设计的。人力资源战略主要考虑人的问题，并以企业总体战略及其他职能战略的相关

情况为其制定的基础和条件。人力资源战略应在充分考虑企业发展战略、符合组织内外各方面的利益、争取全体成员的一致认同、得到企业管理高层的高度认可的基础上制定。

（二）人力资源战略影响着企业战略的制定和执行

人力资源战略为企业战略的制定提供信息。企业战略的制定不能脱离企业的实际情况，企业所面临的内外部资源状况是企业制定战略时的约束条件。人力资源作为企业中一种特殊的重要资源受到广泛关注的背景下，人力资源战略恰恰可以从内部资源状况和外部环境状况两方面提供企业人员方面的信息，帮助企业实现战略选择方面的决策。人力资源战略既可以提供企业战略制定所需要的内部信息，诸如人力资源素质、人力资源培训与开发的效果、人力资源的工作绩效与改进等，也可以提供企业决策所需要的外部信息，诸如外部劳动力市场上劳动力的供给情况、竞争对手所用的激励手段或薪酬设计情况、优秀组织的结构管理方式，以及劳动法等相关法律方面的信息等。

人力资源战略在企业战略的实施过程中起支持作用。人力资源战略服务于企业战略，是企业战略目标实现的有效保障。人力资源战略与企业战略之间的匹配使得企业能够有效地利用市场机会，提升内部组织优势，达成战略目标。企业战略中的各项工作都需要相应的人员来完成，对于人员的分配、调整、激励以及配套的组织结构调整等，都需要人力资源战略的配合。如果人力资源管理各项实践与企业战略能够实现"捆绑式"的匹配，那么便可以协调员工与企业之间的关系，充分调动员工的积极性和创造性。可见，人力资源战略要从过去作为企业战略的"反映者"向作为企业战略的"参与者"和"贡献者"转变。

三、与企业战略匹配的人力资源战略

在人力资源成为企业重要竞争力来源的今天，人力资源战略与企业战略的匹配对企业目标的实现具有更重要意义。企业要想实现战略目标，就必须制定相应的人力资源战略。

（一）与波特的企业竞争战略匹配的人力资源战略

戈麦斯和麦加等人提出了分别与波特的三种企业竞争战略（低成本战略、差异化战略、集中化战略）相协调的人力资源战略，见表7-1。

表 7-1　与波特的企业竞争战略相匹配的人力资源战略

企业竞争策略	组织特点	人力资源战略
低成本策略	①持续的资本投资 ②严密的员工监督 ③严格的成本控制，要求经常提交详细的控制报告 ④低成本的配置系统 ⑤结构化的组织和责任 ⑥产品设计以制造便利为原则	①有效率的生产 ②明确的工作说明书 ③详细的工作规划 ④强调具有技术上的资格证明与技能 ⑤强调与工作有关的特定培训 ⑥强调以工作为基础的薪酬 ⑦使用绩效评估作为控制机制
差异化策略	①营销能力强 ②注重产品的策划与设计 ③基础研究能力强 ④公司以质量或科技领先著称 ⑤公司的环境可吸引高技能的员工、高素质的科研人员或具有创造力的人	①强调创新和弹性 ②工作类别多 ③松散的工作规划 ④外部招募 ⑤团队基础的培训 ⑥强调以个人为基础的薪酬 ⑦使用绩效评估作为发展的工具
集中化战略	整合了低成本战略和差异化战略组织的特点	整合了上述人力资源战略的特点

低成本战略主要是通过严格控制成本和加强预算来使企业获得竞争优势的，与低成本战略相匹配的人力资源战略强调的是通过有效性、低成本市场、高结构化的程序来减少不确定性，并不关注创新性。

差异化战略是指为使企业产品、服务等与竞争对手有明显区别，以获得竞争优势而采取的战略。一般而言，这种战略下的组织具有很强的营销能力，强调产品的设计和研发，以产品质量闻名。与此相对应的人力资源战略强调创新性和弹性，基于团队进行培训和考核，采取差异化的薪酬策略等。

集中化战略整合了低成本和差异化这两种战略的特点，相应地，人力资源战略也整合了上述两种人力资源战略的特点。

（二）与基于顾客期望价值的业务战略匹配的人力资源战略

基于顾客期望价值的业务战略主要包括运营型业务战略、服务型业务战略、创新型业务战略三种。

采用运营型业务战略的企业,在人才需求类型上喜欢能够做事的人才(踏实肯干、执行力强)。在组织架构方面,应该采用集权式的组织架构,通过明晰的职责、统一的命令指挥,实现运营效率的最大化。在业务流程上,应该强化供应链和作业流程的管理,以期降低作业的成本,提高产品和服务的质量,缩短作业周期。

采用服务型业务战略的企业,在人才需求类型上需要情商高的人才(擅长交际、乐于助人)。在组织架构方面,应采用扁平式的组织架构,打破组织的垂直和水平边界,促进跨部门合作,以期为顾客提供快捷和高品质的服务。在业务流程上,必须具备良好的客户关系(管理)和客户服务流程,致力于为客户提供完美的整体解决方案和独特的客户体验。

采用创新型业务战略的企业,在人才需求类型上需要喜欢思考的人才(热爱创新、追求新奇)。在组织架构方面,应采用矩阵式的组织架构,通过被高度授权的项目团队推行受顾客欢迎的新产品。在业务流程上,必须具备优异的产品开发和产品上市流程,开发具有独特功能的新产品。

第二节　人力资源规划

一、人力资源规划的概念

从广义上来讲,人力资源规划是预测未来的组织任务和环境对组织的要求,即根据组织任务和环境对组织的要求制定人力资源管理行动方针的过程。

从狭义上来讲,人力资源规划是在企业发展战略和经营规划的指导下调控人员供需平衡,以满足企业在不同发展时期对人员质量和数量的需求,为企业的发展提供人力资源保障。也就是说,人力资源规划是对企业在某个时期内的人力资源供给和需求进行预测,并根据预测的结果采取相应的措施来平衡人力资源的供需。

有关人力资源规划的概念,需要注意以下三个要点:

第一,人力资源规划是在企业发展战略和经营规划的指导下进行的。如前所述,人力资源管理作为企业经营管理的子系统是服务于企业整体战略的,因此,人力资源规划必须以企业的整体战略为基础。

第二，人力资源规划包括两项紧密相连的活动：对企业特定时期的人员供给和需求进行预测；根据预测的结果采取相应的措施，达到供需平衡。预测是基础，离开了预测将无法进行人力资源的平衡工作；平衡是目的，如果不采取措施使供需平衡，单纯进行预测将变得毫无意义。

第三，人力资源规划对企业人力资源的预测包括数量和质量两方面。在数量方面，主要是分析现有的人力资源数量是否与组织所需的数量相一致。在质量方面，主要是分析现有人员受教育的程度及所受的培训状况，尤其是工作知识和能力方面是否与企业的需求一致。也就是说，供给和需求不仅要在数量上平衡，还要在结构上匹配。

二、人力资源规划的作用

进行人力资源规划，对企业的良性发展以及人力资源管理系统的有效运转有非常重要的作用。

（一）人力资源规划有助于企业发展战略的制定

前面多次强调人力资源规划要以企业的发展战略和经营规划为依据，但这并不意味着两者之间的关系是一种简单的单向关系，而是一种双向的互动关系。企业的发展战略是对未来的一种规划，这种规划同样也需要将自身的人力资源状况作为一个重要的变量加以考虑。如果预测的人力资源供给无法满足设定的目标，那么就要对战略和规划做出相应的调整。可见，做好人力资源规划有利于企业战略的制定，使战略更加切实可行。

（二）人力资源规划能够帮助企业保持人员状况的稳定

企业是在复杂的内外部环境中进行生产经营活动的，因此，会依据环境的变化及时对经营规划、组织结构等方面做出相应的调整，这些调整往往也会引起人员数量和结构的变化。此外，企业内部的人力资源自身也会因辞职、退休等因素发生数量和结构方面的变化。由于人力资源的特殊性，这些变化造成的影响往往具有一定的时滞性。企业为了保证人员状况的相对稳定，维持企业的正常运转，就必须提前了解这些变化并进行相应的人力资源规划。

（三）人力资源规划有助于企业降低人工成本

人力资源在为企业创造价值的同时，也为企业带来了一定的成本开支。如果企业拥有的人力资源超出自己的需求，不仅会造成人力资源的浪费，而且会增加人工成本。通过人力资源规划，企业可以将员工的数量和质量控制在合理的范围内，从而节省人工成本。

（四）人力资源规划对人力资源管理的其他职能具有指导意义

人力资源规划在人力资源管理作业活动中处于主导地位，是人力资源管理体系中的一项全局性工作。人力资源规划对于人力资源管理的其他职能具有一定的指导意义，为它们提供了行动的信息和依据，使得这些职能活动的开展更加有序，同时也使得这些职能活动与企业的发展结合得更加紧密。

三、人力资源规划的内容

组织的人力资源规划按照影响的范围分为两个层次：总体规划和各项业务规划。人力资源总体规划是指在计划期间内人力资源管理的总目标、总原则、总政策、总体的实施步骤和总体预算安排，它是连接人力资源战略和人力资源具体行动的纽带。各项业务规划是总体规划的展开和具体化，每一项规划都由目标、任务、政策、步骤、预算等部分构成。各项业务的规划应该能保证人力资源总体规划的实现。

（一）人力资源总体规划

人力资源总体规划是组织根据其竞争战略和发展战略确定的人力资源管理的总体目标、配套政策和长远计划。

该工作的内容主要如下：

第一，分析与评价组织人力资源的供需现状，进行组织人力资源供需的静态平衡工作。

第二，根据组织的发展战略和环境变化的趋势，预测组织人力资源供需关系，进行组织人力资源的动态平衡工作。

第三，规划组织人力资源管理程序，包括人员的补充、使用、培训等活动的具体目标、任务、政策、步骤和预算。

第四，保持组织人力资源管理专项业务规划的内在平衡，并确保人力资源总体规划与其他专项业务规划的相互衔接。

第五，有关人力资源规划效益的内容，包括降低成本，提高效益，改变员工的素质、质量、结构，辅助招聘、培训等其他人力资源政策的实施等。

（二）人力资源各项业务规划

人力资源各项业务规划主要包括以下内容：

1. 获取规划

获取规划是指根据外部劳动力市场和内部岗位空缺、能力和资源情况，制订人员补充计划，包括确定企业合适的人员规模、空缺人数、招聘计划、甄选和测试流程以及对其进行的预算。

2. 人员接替与提升计划

人员接替与提升计划是指保持人才的数量，以及提升人才结构水平的计划。

3. 培训与开发计划

培训与开发计划是指企业通过有计划地对员工进行培训，引导员工的技能发展与企业的发展目标相适应的策略方案。

4. 员工职业规划

员工职业规划是指通过帮助员工进行职业生涯规划，把员工的职业发展与组织需要结合起来，从而有效地留住人才，稳定企业的员工队伍。

5. 绩效计划

绩效计划是指被评估者和评估者双方对员工应该实现的工作绩效进行沟通的过程，并将沟通的结果落实为正式的书面协议，即绩效计划和评估表。它是双方在明晰责、权、利的基础上签订的一个内部协议。绩效计划的制订从公司最高层开始，将绩效目标层层分解到各级子公司及部门，最终落实到个人。对于各子公司而言，这个步骤就是经营业绩计划过程，而对于员工而言，这个步骤为绩效计划过程。

6. 薪酬激励计划

薪酬激励计划是指企业在预测企业发展的基础，对未来的薪酬总额进行预测，并设计、制订、实施未来一段时间的激励措施，以充分调动员工的积极性。

7. 劳动关系计划

劳动关系计划是关于如何减少和预防劳动争议、改进劳动关系、加强员工保护的计划。

四、人力资源战略与规划的过程

人力资源战略与规划要求根据企业业务战略制定企业的人力资源战略，并以此为基础进行人力资源规划与实施。可见，人力资源战略与规划是一项系统性的工作，企业在制定人力资源战略与规划时，可以按如下几个步骤进行，如图7-1所示。

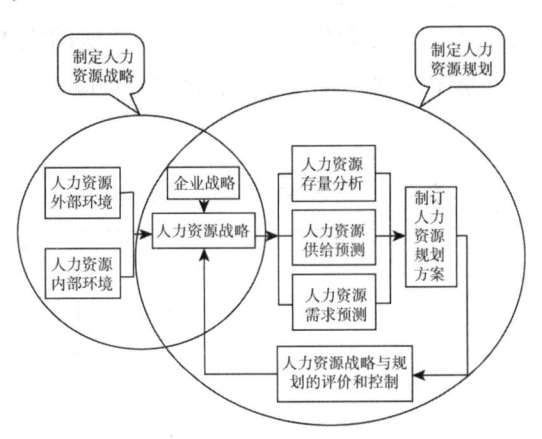

图7-1 人力资源战略与规划的过程

（一）进行环境分析

对企业的内部和外部环境进行分析和评价是人力资源战略与规划的第一步，是企业形成自己的人力资源战略的基础。一般较常采用SWOT（优势、劣势、机会、威胁）分析方法来进行环境分析，以明确企业内部存在的优势和劣势，以及外部面临的机会与威胁。

内部环境分析就是对企业可能获得的资源（比如，资金、技术、人力资源等）的数量和质量进行分析，明确企业自身的优势和劣势。内部分析的关键是对企业的现有状况进行客观评价，以明确每一种资源就目前和未来的发展而言，对于企业是优势还是劣势。

外部环境分析就是对企业的运营环境进行分析，明确企业所面临的战略机会和威胁战略机会包括尚未开发的客户市场、有助于企业发展的技术革新和尚未被完全利用起来的人力资源等。战略威胁包括将会进入市场的新的竞争对手、将会对企业产生不利影响的立法或竞争对手的技术创新，以及潜在的劳动力短缺问题等。

（二）制定人力资源战略

在对人力资源内部环境和外部环境进行分析的基础上，企业即以制定人力资源战略。如下所述，当企业的业务战略不同时，所采取的人力资源战略也会存在差异。此外，人力资源战略的选择还受到企业组织结构、企业生命周期等因素的约束。企业只有根据自身的情况选择合适的人力资源战略，才能实现可持续发展。

1. 根据组织结构制定人力资源战略

传统的金字塔式的层级结构与扁平化、网络化的组织结构所体现的管理哲学不同，对人力资源战略的要求也完全不同。组织中对员工数量和素质的需求、组织岗位的工作分析、绩效考核、员工报酬、员工培训与开发等人力资源管理的内容会随着组织结构的不同而变化，具体见表7-2。

表7-2　组织结构与人力资源战略

组织结构	管理哲学	人力资源管理
金字塔式结构	命令与控制	①层级化的、清晰的晋升路径 ②清楚、详细的工作说明 ③根据工作需要进行培训 ④最高管理者掌握信息
扁平化结构	①减少层级 ②工作丰富化 ③强调工作小组 ④员工授权	①有限的晋升路径，水平晋升 ②与员工分担事业前程 ③概括性的工作描述 ④报酬强调员工个人与工作小组的业绩 ⑤培训强调通用性和灵活性 ⑥与工作小组共享信息
网络化结构	①重建与供给者、需求者的边界 ②不强调职能专家 ③强调顾客 ④以工作小组为基础的工作单位	①事业前程由员工自己负责 ②概括性的工作描述 ③根据员工意愿进行培训 ④报酬强调个人知识和工作小组的业绩 ⑤信息共享

2. 根据企业生命周期理论制定人力资源战略

根据企业生命周期理论，企业是一个经历诞生、成长、壮大、衰退直至死亡过程的生命有机体。企业生命周期通常被划分为创业期、成长期、成熟期和衰退期四个阶段。各个阶段的企业特征不同，人才使用方式也存在差异，因此，人力资源战略也不同，具体见表7-3。

表 7-3 企业生命周期与人力资源战略

企业生命周期	企业特征	人才使用方式	人力资源管理的核心
创业期	①员工不计较名誉、地位、金钱 ②依靠创业者的极大热情和雄心以及较强的创新精神	人员少且没有明确分工导致高低配置（高级人才低位使用）	①充分发挥创始人的作用（人格魅力、创造力和影响力） ②注意向外界学习 ③发现和培养一批技术型和管理型人才
成长期	①产品有市场 ②企业员工大量增加 ③企业规模迅速扩大	人员结构脆弱，人才短缺，导致低高配置（低级人才高位使用）	①完善组织结构，加强组织建设 ②大量吸纳高级人才 ③丰富员工的工作内容，为员工提供有挑战性的工作 ④明确员工与企业双方的权利、义务和利益关系 ⑤与员工建立共同愿景，形成一致的核心价值观 ⑥在员工与企业间建立信任与承诺关系，实现员工的自我发展和管理
成熟期	企业在规模、销量、利润、员工、市场占有率、竞争能力、社会认可度等方面均达到最佳状态	出现高高配置（高级人才高位使用）	①增强企业的灵活性 ②建立"学习型组织"，提供企业发展的长远规划 ③建立人力资源储备库 ④组织职位设计分析，明确人员职责 ⑤加强针对性培训，解决老员工的知识老化问题 ⑥激励手段多样化，吸引、保留企业核心人才 ⑦编制关键人力资源"长名单"（即企业在关键职位上编制的两三个后备接替人名单），防止跳槽或突发事件发生
衰退期	①管理不善导致销售和利润大幅下降 ②企业面临两种前途：衰亡或者蜕变	低低配置（低级人才低位使用）	①人才转型，对员工的后期发展给予指导 ②在新的领域进行人才招聘和培训，实现企业的二次创业

（三）进行人力资源供给和需求预测

在人力资源战略确定后，企业可以据此进行相应的人力资源规划。第一，企业需要对现有的人力资源状况进行分析；第二，根据自身的未来发展战略，对未来的人力资源需求做出正确的预测，找出未来理想的人力资源状况与现在的差别；第三，根据劳动力市场的现状对未来人力资源供给做出正确的预测，确定未来劳动力市场能在质量和数量上提供企业发展相适应的人力资源。

（四）制订人力资源规划方案

当目前的人力资源状况与未来理想的人力资源状况存在差距时，企业就需要制订一系列有效的人力资源规划方案。当出现员工短缺的情况时，企业可以进行外部招聘，利用外部劳动力市场来保证有效供给，也可以在内部通过调动补缺、培训、工作轮换、晋升等方式解决这一问题。当出现员工过剩的情况时，企业需要制订一系列的人员裁减计划。

（五）人力资源规划的实施

制订了人力资源规划方案之后，就需要具体实施，在外部环境和内部条件未发生明显变化的情况下，要保证人力资源规划得到有效实施，发现不严格执行规划的行为要及时纠正。

（六）人力资源战略与规划的评价和控制

人类预测理性的有限性以及内外部环境的不断变化，都可能使得最初制订的人力资源规划无法真正有效地达到企业预期的目标和要求。因此，企业亟须建立一套科学有效的评价与控制体系，利用评价结果主动调整最初的人力资源规划以适应变化了的内外部环境，纠正企业在人力资源规划实施过程中的偏差，最终保证人力资源规划的持续发展。

对人力资源故略与规划进行评价、控制，目的是保证企业最初制定的人力资源规划与其具体实施过程动态实时地相互适应。人力资源战略与规划的评价和控制的基本内容包括：选择人力资源规划关键环节中的关键监控与评估点；确立评价与控制的基准和原则；监测评估关键控制点的实际变化及变化趋势；选择适度的控制力和正确的控制方法，调整偏差。

第三节　组织结构与职位分析

一、组织结构

职位分析是人力资源管理的基本职能之一，而在进行职位分析之前，组织必须先确定组织结构。只有组织结构确定了，组织才有可能在此基础上进行职位分析与后续的其他人力资源管理工作。因此，组织结构也是人力资源管理的组织基础之一。

（一）组织结构的概念与设计原则

1. 组织结构的概念

组织结构就是组织中使工作任务得以分解、组合和协调的框架体系。从组织结构的这一定义我们可以发现，组织结构需要解决三个重要问题：

第一，组织中的正式报告关系，包括职权层级数目和主管人员的控制跨度。

第二，将个体组合成部门，部门再组合成组织的方式。

第三，部门沟通、协作与力量整合的制度设计。

其中，前两个问题更多关注纵向的协调与整合；后一个问题主要关注横向的协调与整合。组织结构通过组织结构图来反映。组织结构图是对一个组织的一整套基本活动和流程的可视化描述。

2. 组织结构的设计原则

组织在开始运作之前，需要对组织结构进行设计。在进行组织结构设计时，一般需要遵循以下原则：

（1）任务目标原则

任何组织都有自己特定的目标，组织的结构、制度、流程、文化等都是为完成组织目标服务的。组织设计必须以组织任务目标为标准，一个完善的组织结构体系能够充分发挥员工的能力和潜能，促进组织任务目标的实现。

（2）精干高效原则

无论是营利性组织，还是政府、社会团体等非营利性组织，都应在努力完成组织目标的前提下力求将成本降到最低，效率至上已经成为衡量组织有效性的一个主要标准。因此，在进行组织结构设计时，要考虑效率原则，努力设计一种使组织能以最小的成本来实现目标的组织结构。

（3）统一指挥原则

统一指挥原则最早是由法约尔提出来的。他指出，无论一个组织怎么设计，都要保证指挥和命令的集中统一性，都要在组织的总体发展框架下运作。换句话说，员工只有在组织高层的统一指挥下工作，才能发挥其协同效应和整体效应。

（4）分工协作原则

组织目标的实现需要完成多种工作活动，尤其是在现代组织中，组织运营和管理所涉及的工作活动范围更大、专业化程度更高，因此，应充分考虑劳动分工与协作。在组织设计过程中，应坚持分工协作原则，通过设置不同的专业部门和专职人员来完成各种具体的、细致的工作；同时要注重协调各部门、专职人员的工作活动，使他们的活动既符合特定部门和职位的特性，又符合组织战略和目标的总体要求，这样才能提高效率。

（5）跨度适中原则

每一个部门、每一个职位都有特定的控制跨度，即管理幅度，这种跨度或幅度又影响组织管理层级的数量。在组织规模一定的情况下控制跨度越大的组织，其管理层级越少；相反，组织控制跨度越小，管理层级越多。在设计组织结构时，应保持适当的控制跨度和管理层级，以促进信息交流，保证组织与领导的有效性。

（6）责权对等原则

为了保证各部门、各职位有效开展工作，就必须使这些部门和职位拥有相应的权力，能够合理利用组织所拥有的资源，如果没有这种权力，就很难完成组织赋予的任务。但是，获得权力的部门或职位还必须承担相应的责任，而且这种权力和职责必须保持对等。否则，权责失衡必然造成组织系统紊乱，进而阻碍组织发展和组织目标的实现。

（7）集权和分权原则

在设计组织结构的时候，应坚持集权和分权原则，既要有一定的集权，也要有必要的分权，这样才能在保证工作效率的同时保证适度的工作积极性。

（8）执行机构和监督机构分设原则

执行机构是直接执行组织决策、保证组织任务完成的机构，而监督机构是监督执行机构是否按照国家法律法规和现行规章制度来完成组织任务的机构。如果将两个部门设置在一起，就会造成"自己监督自己"的局面，也就是通常所说的既当"裁判员"又当"运动员"，这就不能发挥监督机构应有的作用。

(9) 稳定性与适应性相结合原则

在设计组织结构时,既要保证组织在外部环境和任务发生变化时,能继续有序运行,又要保证组织在运转过程中,能根据外界环境的变化及时做出相应的调整,使组织具有一定的弹性和适应性。

(二) 组织结构设计的关键要素

在设计组织结构时,必须考虑六个关键要素:工作专门化、部门化、命令链、控制跨度、集权与分权、正规化,见表7-4。

表7-4 组织结构的关键要素

关键问题	由谁回答
(1) 在把任务分解成相互独立的工作单元时,应细化到什么程度?	工作专门化
(2) 对工作单元进行合并和组合的基础是什么?	部门化
(3) 员工个人和群体向谁汇报工作?	命令链
(4) 一名管理者可以有效管理多少名员工?	控制跨度
(5) 决策者应放在哪一级?	集权与分权
(6) 规章制度在多大程度上可以指导员工和管理者的行为?	正规化

1. 工作专门化

今天,我们用工作专门化(Work Specialization)这个术语来描述早期的劳动分工。工作专门化是指通过对动作和时间的研究,将工作分解为若干个很小的单一化、标准化及专业化的操作内容与步骤,并将其中的一项或者多项内容与步骤交给不同的人去完成,以提高工作效率。这样,员工承担的就是完整工作中的部分工作,而不是全部。个体承担的工作内容与步骤越少,细化程度就越高,工作专门化的程度也就越高;个体承担的工作内容越多,细化程度就越低,工作专门化的程度也就越低。

人们也发现,工作专门化也有可能带来问题,突出地表现在工作专门化程度越来越高之后,也有可能导致员工出现厌烦情绪、身体疲劳等。由此导致缺勤率、离职率上升、不合格产品增多等。为避免出现此类负面影响,人们提出工作丰富化、工作扩大化和工作轮换等一系列新的管理实践与措施。

2. 部门化

部门化(Departmentalization)指的是将组织中的职位、活动或工作组合在一起的方式。不同的组织,有不同的部门化方式,常见的部门化方式有:职能部门化、流程部门化、产品部门化、地区部门化、客户部门化,以及将几种方式混合在一起使用的混合部门化。职能部门化指根据职位、活动或工作的相似性来划分，把承担相似活动与工作的职位划分在同一部门。比如常见的研发部、生产部、营销部、财务部、人力资源部实际上就是职能部门化的结果。职能部门化方式是现代组织中应用最为广泛的部门化方式，企业组织、政府、医院甚至党团组织普遍采用这种方式。流程部门化是指按照产品生产或服务提供的过程或流程来划分部门，使各项工作或活动沿着这一流程来组织的一种方式。产品部门化是指根据产品或服务的种类来组合工作的一种方式。按照这种方式，相同领域的具有不同专长的人员都被分配到一位主管人员的管理之下。这位主管人员不仅是分管该产品线的专家，也是相关活动的负责人。地区部门化，也被称作地理位置部门化、区域部门化，指的是按照地理区域来组织活动和部门的一种方式。客户部门化是指按照客户的来源及类型来组合部门及其活动的一种方式，这种部门化方式的目的在于适应不同客户的需要。

3. 命令链

命令链（Chain of Command）是从组织最高层延续到最基层的一条持续的职权线。它界定了谁向谁报告工作、谁对谁负责的问题。有了命令链，组织中的部门或员工在有问题时就知道自己该向谁请示。命令链包括三个核心概念：职权、职责和统一指挥。

职权是指某个管理职位所固有的发布命令并期望该命令得以执行的一种权力。

职责指的是处在组织中特定职位上的员工，在上级的部署和协调下完成组织规定任务的责任和义务。

在组织中，职权和职责一般是对等的，有多大权力就要承担多大责任或义务，只有这样，才能保证权责平衡，从而促进组织目标的实现。

命令链的另一个概念是统一指挥，指的是每一位员工应当只接受来自一位上司的命令，而且只对这位上司负直接责任。如果破坏统一指挥原则，一个下属可能就不得不同时接受多个主管不同的命令，这就容易造成工作上的冲突，影响组织活动的开展。

4. 控制跨度

控制跨度，又叫管理跨度或者管理幅度，指的是一个管理者能有效管理的直接下属的数目。控制跨度在很大程度上决定了组织要设置多少管理层次，配备多少管理人员。在其他条件相同时，控制跨度越宽，管理层次越少；组织更为扁平化，组织效率越高；而控制跨度越窄，管理层次越多，组织更为纵高化，组织效率越低。

5. 集权与分权

集权与分权指的是组织的决策权集中或分散在某一层的程度。集权化（centralization）是指组织中的决策权集中在某一层级（通常指的是较高层级）的程度。如果一个组织主要由较高层次的管理者做出重大决策,很少考虑下属和员工的意见,那么这个组织的集权化程度就很高。在这种情况下,下属、基层管理人员甚至中层管理人员一般只负责执行高层管理者的命令,没有决策上的参与权和自主性。军事组织是典型的集权化组织,决策权集中在首长或上级的手中,下属军官和士兵只能服从命令,没有参与决策的权利。相反,如果一个组织中的基层管理人员和中层管理人员参与程度越高,甚至他们能在某种程度上做出决策,那么这个组织的分权化（decentralization）程度就越高。一个组织究竟应该选择集权方式还是分权方式,应该综合考虑组织所处的环境、组织的规模与生命周期、决策的重要性、中低层管理人员的特点与具体的情境等多个因素。

6. 正规化

正规化（normalization）是指组织中的工作标准化的程度。如果一种工作的正规化程度较高,就意味着做这项工作的人对工作内容、工作时间、工作手段没有多大自主权。企业希望所有承担该工作的人都以同样的方式开展工作,以获得稳定一致的产出结果,在高度正规化的组织中,一般都有明确的职位说明书,有严格的组织规章制度,对于工作过程有明确的要求。而在正规化程度较低的工作中,员工的自主权就比较大,不同组织的正规化程度可能会千差万别,有时即使在同一组织,不同职位的正规化程度也有可能会有所不同。

（三）组织结构的基本类型

1. 直线职能制结构

直线职能制结构（Line-functional Structure）是把直线制和职能制结合起来形成的一种组织结构形式（如图7-2所示）,也是最常见的组织结构形式。这种结构的特点是以直线为基础,在各级行政主管之下设置相应的职能部门从事专业管理,作为该级主管的参谋,实行主管统一指挥与职能部门参谋、指导相结合,职能部门拟订的计划、方案以及有关指令,统一由直线管理批准下达,职能部门无权直接下达命令或进行指挥,只起业务指导作用。各级行政领导人逐级负责,高度集权。

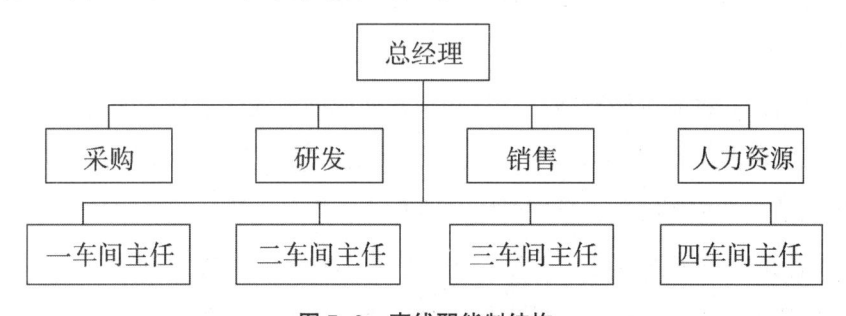

图7-2 直线职能制结构

直线职能制的优点在于:既保持了直线制的集中统一指挥,又吸取了职能制发挥专业管理的长处,从而提高了管理工作的效率。它的缺点在于:权力集中于最高管理层,下级缺乏必要的自主权;各参谋部门与指挥部门之间的目标不统一,各职能部门之间的横向联系较差,容易产生脱节与矛盾;信息传递路线较长,反馈较慢,适应环境变化较难,实际上是典型的"集权"管理的组织结构。这种结构适用于规模不大、经营单一、外部环境比较稳定的组织。目前,我国很多组织都采用这种组织结构形式。

2. 事业部制结构

事业部制结构(Divisional Structure)是一种集中指导下的分权管理体制,也叫分部式形态、产品部结构等,各事业部也被称为战略运营单位(Strategic Business Unit,SBU)。这种结构的典型特点是集中指导、分权管理、分级核算、自负盈亏。即将一个组织按照地区、利润中心、产品或服务类别等分成若干个中事业部,总部只保留人事权、预算权、监督权与重大问题决策权等,并通过各种财务指标等对事业部的活动进行必要的控制,各事业部全权负责自己经营单位的活动。从市场调查、产品设计、原料采购、产品生产,一直到产品销售和售后服务,各事业部都享有比较充分的自主权,能够根据本地区或某时期的特定情况制定决策。

事业部制的优点在于:能够根据不同地区、不同环境的特点制定灵活的经营方略,从而使组织能够满足不同的顾客群;分权化的管理方式有利于各事业部提高效率,快速应对环境的变化;在事业部内部有利于实现不同职能之间的高度协调。它的缺点在于:失去了职能制下的专业化和纵深化发展的机会和职能内部的规模经济;由于不同的事业部情况不同,在生产和管理上都难以使用统一的标准;各事业部有高度的自主权,在组织活动地域较大的情况下,很容易削弱总部的控制,出现本位主义与分散主义,不利于统一指挥。

这种组织结构形式主要是针对规模庞大、技术复杂、需要跨地区运营的大型组织而设计的。在当今全球化的形势下,一些大型组织(如跨国公司)纷纷采用这种组织形式,随着我国加入世贸组织,国内一些涉及海外业务的大型组织也选择了这种组织结构形式。

3. 矩阵式结构

矩阵式结构是一种既按照产品(项目)又按照职能或地区来划分部门的一种组织结构形式。这种结构的典型特点是同时存在纵向和横向两个部门体系,职能部门和产品部门,打破了传统的统一指挥的限制,员工要同时向职能经理和产品经理报告工作。

矩阵式结构的一个典型例子是,某公司组成一个专门的产品(项目)小组去开发一种新的产品。在研究、设计、生产、销售等各个阶段,分别由市场部、研发部、生产部、销售部等职能部门派人参加,以协调有关活动,保证任务的完成。这种组织结构形式是固定的，但人员构成是可以变动的，需要的时候就派相关的人员过来，任务完成后就可以离开项目小组，有关的负责人也是临时组织和任命的，任务完成后就解散，有关人员回原部门工作。因此，这种组织结构非常适用于横向协作和攻关项目。

矩阵式结构的优点是：有利于各种复杂活动之间的协调，加强不同职能部门之间的配合和信息交流，避免了职能制和直线职能制结构中各部门横向联系差、缺乏弹性、只顾本部门利益而忽视组织整体利益等缺点；组织方式机动、灵活，可随着产品（项目）的开发与结束进行组织或解散；由于这种结构是根据项目组织的，成员都是各方面的专家，而且目标明确，任务清晰。因此，有利于对人员和其他资源进行高效配置，这就为攻克难关、促进项目的实施提供了条件。涉及面广、复杂、临时性的重大工程项目或管理变革任务（例如，科学研究、改革试点等），适合采用矩阵式结构。

矩阵式结构的缺点是：从员工角度来看，同一员工要接受来自两方面的领导，缺乏统一的指挥和控制，这容易给员工带来模糊感和压力，进而带来组织管理上的混乱。从管理者角度看，产品（项目）负责人对其成员的管理仍然存在困难，因为参加该组织的人员都来自不同职能部门，组织关系仍隶属原单位。因此，容易产生一种临时的观念，如果没有合适的激励和约束手段，势必会给产品或项目团队的工作带来一定影响。从组织管理角度来看，为了更有效地开展本部门的工作，各产品部门之间、产品部门与职能部门之间很有可能为争夺核心人才和资源而进行权力斗争，这将影响组织的正常运作。

除了直线职能制结构、事业部制结构和矩阵式结构外，还有其他一些组织结构形式，如团队结构，需要综合考虑组织环境、人员素质等多方面的因素。

二、职位分析

我们已经知道，人力资源管理是对人进行的管理，在组织内部这种管理并不是抽象的，它总是以组织所承担或所从事的活动为基础来进行的，而一个组织所进行的活动最终都要落实在具体的职位上，表现为职位所对应的工作。因此，为了更好地进行人力资源管理，必须首先对组织内部各个职位的工作活动进行充分了解，而这正是职位分析所要完成的任务。

（一）职位分析的含义

职位分析是人力资源管理的一个重要的子系统，是建立以职位为基准的薪酬模式的主要基础性工作。职位分析又称岗位分析、工作分析，主要是指通过系统地收集、确定与组织目标职位有关的信息，对目标职位进行研究分析，最终确定目标职位的名称、督导关系、工作职责与任职要求等的活动过程。

具体来说，职位分析就是要为管理活动提供与工作有关的各种信息，这些信息可以用六个 W 和一个 H 加以概括，具体内容如下：

Who——谁来完成这些工作？

What——这一职位具体的工作内容是什么？

When——工作的时间安排是什么？

Where——这些工作在哪里进行？

Why——从事这些工作的目的是什么？

For Who——这些工作的服务对象是谁？

How——如何进行这些工作？

职位分析的结果是形成职位描述和职位要求。其中，职位描述以书面叙述的方法来说明工作内容，以及工作需要的设备和工作条件等信息。职位要求说明了承担这项工作的员工所必须具有的特定技能、工作知识以及身体健康状况和个人特征等内容。

（二）职位分析的目的与作用

1. 职位分析的目的

我们为什么要进行职位分析？任何组织设置某一职位，都是期望该职位能够去履行一定的职责，完成一定的任务。当组织规模小的时候，组织的拥有者可以作为代言人向职位的任职者传递组织的期望。当组织规模比较大的时候，就需要靠管理者去传递组织的期望。管理者对该职位有自己的认识，他们有可能正确地理解组织期望，也有可能错误地理解组织的期望。经管理人员传递，该职位的任职者对该职位也会有自己的认识，他们的理解同样有可能比较到位，也有可能不到位。最后，实际的情况就有可能是管理者并没有正确理解组织期望，传递也不到位，导致员工也没有正确理解组织期望。如果任职者按照这种方式开展工作，虽然每天工作很忙，但实际上很多工作都是无用功。为了保证任职者尽可能地多为组织做工作，理想的情况是组织期望、管理人员传递、员工的自我知觉完全一致。如何才能有这种效果呢？这就需要我们采用一定的方法，对该职位进行科学、客观的分析，形成职位说明书。这样，管理者与员工才能正确理解该职位，保证组织期望得以实现，这就是职位分析最根本的目的。

2. 职位分析的作用

职位分析是人力资源管理的一项基础性工作，它在整个人力资源管理系统中占有非常重要的地位，发挥着非常重要的作用。

(1) 职位分析为其他人力资源管理活动提供依据

职位分析为人力资源管理提供了一个平台，人力资源管理其他的职能活动都是在此基础上展开的。

职位分析为人力资源规划提供了必要的信息。通过职位分析可以对企业内部各个职位的工作量进行科学的分析判断，从而为职位数量的增减提供必要的依据。此外，职位分析形成的对各个职位任职资格的要求也有助于企业进行人力资源的内部供给预测。

职位分析为员工招聘提供了明确的标准。由于职位分析对各个职位所必需的任职资格条件做了充分的分析。因此，在招聘录用过程中就有了明确的标准，减少了主观判断的成分，有利于提高招聘录用的质量。

职位分析为人员的培训与开发提供了明确的依据。职位分析对各个职位的工作内容和任职资格都做出了明确的规定。因此，相关人员可以据此对新员工进行上岗前的培训，让他们了解自己的工作；还可以根据员工与职位任职资格要求的差距进行相应的培训，以提高员工与职位的匹配程度。此外，职位分析也可以为企业员工的职业生涯规划提供依据。

职位分析为制定公平合理的薪酬政策奠定了基础。按照公平理论的要求，企业在制定薪酬政策时必须保证公平合理，职位分析对各个职位承担的责任、从事的活动、资格的要求等做出了具体的描述，这样企业就可以根据各个职位在企业内部相对重要性的大小给予不同的报酬，从而确保薪酬的内部公平性。

职位分析还为科学的绩效管理提供了帮助。职位分析可以对每一职位从事的工作以及所要达到的标准进行明确的界定，这就为绩效考核提供了标准，减少了评价的主观因素，提高了考核的科学性。

(2) 职位分析对企业的管理具有一定的溢出效应

职位分析除了对人力资源管理本身具有重要意义之外，还对企业的整个管理具有很大帮助。

①职位分析有助于员工反省和审查自己的工作内容和工作行为，自觉主动地寻找工作中存在的问题，为企业发展做出贡献。

②在职位分析过程中，企业人力资源管理人员能够充分地了解企业经营的各个重要业务环节和业务流程，有助于公司的人力资源管理职能真正上升到战略地位。

③借助职位分析，企业的最高经营管理层能够充分了解每一个工作岗位上的员工目前

所做的工作，可以发现职位之间的职责交叉和职责空缺现象，通过职位的及时调整，提高企业的协同效应。

第八章 人力资源管理者队伍建设

第一节 人力资源管理者的职业化

一、人力资源管理者的概念

人力资源管理者即人力资源管理人员，是从事人力资源规划、员工招聘选拔、绩效考核、薪酬福利管理、培训与开发、劳动关系协调等工作的专业管理人员。人力资源管理者的任务是选人、育人、用人、留人，调动各类员工的积极性和创造性，同时也必须运用劳动法规和劳动合同来规范人力资源管理活动，协调处理企业的劳资纠纷，从而求得人与事相适应，达到事得其人、人适其事、人尽其才、事竟其功的目的。人力资源管理者的作用越来越受到企业决策层的重视，许多企业逐渐走出了人事管理的误区，把人力资源管理看成一种战略性的管理，并把人力资源经理或管理者称为战略合伙人。

就企业组织结构来讲，一般企业的组织都可以分成三个管理层次，即：决策层、中间层和操作层。组织的层次划分通常呈现金字塔式，即决策层的管理者少，执行层的管理者多一些，操作层的管理者更多。通常我们也称决策层的管理者为高层管理者，执行层的管理者为中层管理者，操作层的管理者为基层管理者。不同层次不同岗位的管理者，在组织运行中扮演着不同的角色。高层管理者最重要的角色是决策角色，确定公司经营的大政方针、发展方向和规划，掌握政策，制定公司规章制度以及进行重要的人事组织及其变动等，也就是说，凡关系到公司全局、长远发展的重大问题，凡是与外部协作和市场竞争有关的重大问题，均由高层经理处理决策。基层管理者则主要是调动下属成员进行团队合作，组织一线职工努力完成生产计划和工作任务。而作为中间的企业中层管理者是企业的中坚力量，则承担着企业决策、战略的执行及基础管理与决策层的管理沟通的工作。他们的工作具有既承上启下，又独当一面的特点。人力资源管理者属于执行层。

二、人力资源管理者的职业化

在人力资源管理的理念和实践萌芽与发展初期，人力资源管理者很多是从一线员工中调任的，通常是在经营业务上并不出色却善于与人相处的管理人员，甚至有部分是因为在工作中不能胜任或即将退休而被调配到该部门。部门多定位于从事行政性、事务性的工作，这与当时的工业时代背景和管理意识相一致。在知识化、网络化和竞争化的时代进程中，人力资源管理人员的职业化、专业化趋势日渐成熟，人力资源管理逐渐开始由一个专业成为一个职业。

职业和工作并非对应的概念，工作是职业的初级阶段，随着社会分工的细致和知识体系的强化与扩张，工作发展到一定阶段时，才成为职业。职业是具有较高社会地位的知识性工作，包含四个基本特征：专业化知识、自治、对其他次要工作群体的权威以及一定程度上的利他主义。因此，从工作向职业转变的过程可以说就是职业化的过程。

专家指出，工作如果能够向社会证明其将有的贡献性就能够成为职业，比如，责任感、较高的教育水平以及服务意识等，这些特征能够证明其符合公认的职业地位。对于职业特征的研究最终发展出职业主义意识形态，研究法规成功的企业在价值和职业主义方面与其他企业相比具有鲜明的特色。职业主义的两个基本要素就是专门化的知识和自治权，职业化是基于共同知识的专业化与基于独立利益的自治的形成过程。基于共同知识的专业化意味着共同的知识话语与规则的形成，但是知识话语的确立并不仅仅涉及知识的重新布局，而且势必涉及社会利益格局某种程度的改变，涉及利益的社会再分配。也就是说，它意味着拥有共同的文化资本，分享共同的文化背景，以及拥有同样的生产关系（话语的生产和分配）的阶段的形成。这里的自治包括职业独立，独立于政府和社会之外；也包括职业自律，职业角色通过职业理念和精神的内化而成为职业良心。

职业化是劳动社会化分工条件下的组织原则，也是劳动力市场构建的一种方式。职业化使工作跳出了自由竞争的劳动力市场，市场的准入资格、竞争程度、薪资水平等都发生了变化，各种形式的职业同盟逐渐形成。

随着人力资源管理在组织中的地位日益重要，人力资源管理者的角色定位被提升到前所未有的高度：组织的战略合作伙伴。在传统的人力资源管理中，更为强调个体人力资源的产出（营业额、满意度以及绩效），各个人力资源职能相互之间是分离而独立的。但在战略人力资源管理中，战略是商业导向，关注于组织的整体效能；人力资源则被作为资产、资源，采用广泛的、权变和一体化的方法进行管理。战略化意味着人力资源对其他工作、职业的影响力，以及在组织绩效的影响中权重更大。立足于职业化的角度，人力资源战略化的基础和核心是人力资源职业自治。

工业革命以前，技能型工匠保持了其对于工作的职业控制。工业革命开始后，他们慢慢丧失了这种权力而成为机械生产下的一般技术工人。早期的工艺依然存在，但是工人对于工作方式的控制权被工厂主（或者管理者）剥夺掉了，职业的特性也随之改变、消失。工人不再被看作"独立的承包人"，而成了依附于组织的"零部件"。行政管理工作在组织内的地位和工作控制权不断提升。社会学家在对一些专业如何重获对于工作控制权（比如医生、老师）的研究中发现，不同的工作就谁能胜任何种职业以及在多大程度上影响组织总体绩效不断地进行协商与博弈。以前，人力资源管理对组织绩效的影响是与其他职能的作用混杂在一起的，而在当前的有些组织内人力资源管理定位不高，也主要是由于其无法明确对于组织整体绩效的贡献程度。尚未成为组织战略伙伴的人力资源管理者不断地营销其拥有商业导向的人力资源知识和技能的权限主张，努力使最高管理层接受以提高其职业地位。

然而，要想使人力资源管理在组织内真正成为战略性职能，必须将其当成独立的职能部门来看待，即为了有效地向企业内部客户提供服务，人力资源管理者对于工作的控制权和自主权理应得到加强。人力资源管理的战略化进程正是人力资源管理职业化发展的体现，职业化的成熟将会为人力资源管理在组织内的定位和运作提供良好的基础和平台。

人力资源管理者的职业化已经成为大趋势。目前，我国已经出台相关的规定，对人力资源管理者进行规范，我国已经形成比较规范的人力资源管理者职业体系。根据人力资源和社会保障部有关规定，人力资源管理者的职业等级分为四个，分别为：企业人力资源管理员（国家职业资格四级）、助理企业人力资源管理师（国家职业资格三级）、企业人力资源管理师（国家职业资格二级）、高级企业人力资源管理师（国家职业资格一级）。目前开展有人力资源管理员（国家职业资格四级）、助理人力资源管理师（国家职业资格三级）、人力资源管理师（国家职业资格二级）的全国统一鉴定颁发证书工作。

第二节　人力资源管理者的任务

一、制订人力资源计划

现代人力资源管理是一个人力资源的获取、整合保持激励、控制、调整及开发的过程，包括求才、用才、育才、激才、留才等内容和工作任务。一般说来，现代人力资源管理主要包括以下几大系统：人力资源的战略规划、决策系统；人力资源的成本核算与管理系统；人力资源的招聘选拔与录用系统；人力资源的教育培训系统；人力资源的工作绩效考评系统；人力资源的薪酬福利管理与激励系统；人力资源的保障系统；人力资源的职业发展设计系统；人力资源管理的政策、法规系统；人力资源管理的诊断系统。具体地说，现代人力资源管理主要包括以下一些具体内容和工作任务：

人力资源管理者的首要任务就是制订人力资源规划。人力资源规划是预测未来的组织任务和环境对组织的要求，以及为了完成这些任务和满足这些要求而设计的提供人力资源的过程。它要求通过收集和利用信息对人力资源活动中的资源使用活动进行决策。对于一个企业来说，人力资源规划的实质是根据企业经营方针，通过确定企业人力资源来实现企业的目标。人力资源规划分战略计划和战术计划两方面。

（一）人力资源的战略计划

战略计划主要是根据企业内部的经营方向和经营目标，以及企业外部的社会和法律环境对人力资源的影响，制订的较长期计划，一般为两年以上。但同时要注意其战略规划的稳定性和灵活性的统一。在制订战略计划的过程中，必须注意以下四方面因素：

1. 国家及地方人力资源政策环境的变化

包括国家对于资源的法律法规的制定，对于人才的各种措施，如国家各种经济法规的实施，国内外经济环境的变化，国家以及地方对于人力资源和人才的各种政策规定等。这些外部环境的变化必定影响企业内部的整体经营环境，使企业内部的人力资源政策也应该随着有所变动。

2. 企业内部经营环境的变化

企业的人力资源政策的制定必须遵从企业的管理状况、组织状况、经营状况变化和经营目标的变化，由此，企业的人力资源管理必须依据以下原则，根据企业内部的经营环境的变化而变化。第一，变定原则。变定原则要求企业不断提高工作效率，积累经营成本，企业的人力资源应该以企业的稳定发展为管理的前提和基础。第二，成长原则。成长原则是企业在资本积累增加、销售额增加、企业规模和市场扩大的情况下，人员必定增加。企业人力资源的基本内容和目标是为了企业的壮大和发展。第三，持续原则。人力资源应该以企业的生命力和可持续增长，并保持企业的永远发展潜力为目的。必须致力于劳资协调、人才培养与后继者增加工作。现实中，企业的一时顺境并不代表企业的长远发展，这就要求企业领导者和人力资源管理者,具有长远目标和宽阔的胸襟,从企业长远发展大局出发,协调好劳资关系,做好企业的人才再造和增加接班人的工作。因此,企业的人力资源战略必须是企业整体战略的一个有机组成部分,而人力资源战略就是联系企业整体战略和具体人力资源活动的一座桥梁。

3. 人力资源的预测

根据公司的战略规划以及对企业内外环境的分析,而制订人力资源战略计划,为配合企业发展的需要,以及避免制订人力资源战术计划的盲目性,应该对企业的所需人才做适当预测。在估算人才时应该考虑以下因素:因企业的业务发展和紧缩而需增减的人才;因现有人才的离职和退休而潜在补充的人才;因管理体系的变更、技术的革新及企业经营规模的人才。

4. 企业文化的整合

企业文化的核心就是培育企业的价值观,培育一种创新向上、符合实际的企业文化。在企业的人力资源规划中必须充分注意企业文化的融合与渗透,保证企业经营的特色、企业经营战略的实现和组织行为的约束力,只有这样,才能使企业的人力资源具有延续性,具有本企业的人力资源特色。国外一些大公司都非常注重人力资源战略的规划与企业文化的结合,松下公司"不仅生产产品,而且生产人"的企业文化观念,就是企业文化在人力资源战略中的体现。总之,一个企业的人力资源规划,必须充分与企业外部环境和内部环境协调,并融合企业文化特色。

(二) 企业人力资源的战术计划

战术计划是根据企业未来面临的外部人力资源供求的预测,以及企业的发展对人力资源需求量的预测,而制订的具体方案,包括了招聘、辞退、晋升、培训、工资政策和组织变革等。在人力资源的管理中有了企业的人力资源战略计划,就要清楚企业的人力资源战术计划。人力资源的战术计划一般包括四部分:

1. 招聘计划

针对人力资源所需要增加的人才,应制订出该项人才的招聘计划,一般一个年度为一个时期。其内容包括:计算各年度所需人才,并计算考察出可内部晋升调配的人数;确定各年度必须向外招聘的人才数量;确定招聘方式;寻找招聘来源,对所聘人才如何安排工作职位,并防止人才流失。

2. 人才培训计划

人才培训计划是人力资源计划的重要内容，人才培训计划应按照公司的业务需要和公司的战略目标，以及公司的培训能力，分别确定下列培训计划：新进人才培训计划；专业人才培训计划；部门主管培训计划；一般人员培训计划；人才选送进修计划；考核计划。一般而言，企业内部因为分工的不同，对于人才的考核方法也不同，在市场经济情况下，一般企业应该把员工对于企业所做出的贡献作为考核的依据。这就是绩效考核方法。绩效考核计划要从员工的工作成绩的数量和质量两方面，对员工在工作中的优缺点进行判断。如市场营销人员和公司财务人员的考核体系就不一样，因此，在制订考核计划时，应该根据工作性质的不同，制订相应的人力资源绩效考核计划。它包括以下三方面：工作环境的变动性大小；工作内容的程序性大小；员工工作的独立性大小。绩效考核计划做出来以后，要制订相应考核办法。一般有以下主要方法：员工比较法；关键事件法；行为对照法；鉴定法；目标管理法。

二、激发员工积极性

现代企业人力资源管理的主要目的是通过卓有成效的管理和开发措施，充分调动职工的工作积极性，保证生产经营目标的实现。建立激励机制正是调动职工积极性的重要措施，具有十分重要的意义。人力资源管理者要通过物质激励、精神激励等多种途径充分调动员工的工作积极性。

（一）物质激励

物质激励是指通过发放工资奖金、实物等物质性手段对员工产生的激励作用。物质激励是建立企业激励机制的重要途径。设置科学合理的物质激励方案是现代企业管理的一项重要内容。过去，我国企业过分强调精神激励的作用，忽视了物质激励的重要性，导致职工积极性不高、企业效率低下等很多问题。改革开放以后，我国企业开始重视物质激励的重要作用，物质激励在企业管理中的作用日益重要。相对而言，西方国家对物质激励的研究起步早，方法科学，有很多我们可以借鉴的地方。

在企业人力资源管理中，要非常重视工资的激励作用。工资不仅仅是员工劳动的报酬，也是激励员工努力工作的重要手段。如何使工资成为激发员工努力工作的动力，是企业人力资源管理的一项重要内容。过去，我国企业普遍实行"大锅饭"的工资体制，这极大地制约了员工积极性的提高。在现代企业制度下，必须对企业的工资制度进行认真的研究和改革。

（1）拉开工资差距

拉开工资差距是充分发挥工资激励作用的有效办法。如果企业员工工资水平基本相同，员工就有可能感到没有追赶的目标，感到再努力工作也不会提高收入，从而影响工作积极性。拉开工资差距要考虑三个因素：

第一，工资差距要根据企业不同岗位承担的不同工作确定，真正使贡献大的员工得到高收入，体现按劳分配的原则。

第二，实行高工资的员工数量应少，如果多数员工普遍提高工资，就不能称为拉开工资差距，也起不到激励作用。这就需要企业在确定哪些岗位和人员实行高工资时，应平衡企业的实际情况，进行综合对比。

第三，工资差距要合理。工资差距过小，起不到激励的作用；工资差距过大，企业难以承受。因此，确定工资差距一定要合理。在具体标准上，高工资应是低工资的10倍以上，20倍以下。

（2）保证最低需要

保证最低需要要求企业在确定工资标准时，必须参照当地的生活水平和国家有关规定，使内部员工工资都能够满足基本的生活需要。如果企业做不到这一点，员工就会由于基本生活没有保障而无法安心工作，企业人力资源的各项措施都难以发挥成效。

（3）保持工资涨幅

企业在设计工资制度时，要使员工工资在一定基数的基础上，随企业效益的变化适当上涨。一般地说，多数企业都会及时调整员工工资。员工工资上涨必须保持一定的幅度。这个幅度要合理，不能太大，也不能太小。如果这个幅度过大，可能导致员工保持较高的期望值，一旦企业经济效益下降，员工期望值不能得到满足时，就会影响员工积极性的发挥。过高的工资涨幅也使企业的自我积累减少，容易削弱企业发展后劲。但是，涨幅过小又不能起到激励员工的作用。因此，研究符合我国企业实际情况的工资涨幅十分必要。

（4）照顾多数员工

企业设计工资制度时，既要体现按劳分配的原则，充分调动员工的工作积极性，形成竞争激励机制，又要注意照顾多数员工的利益。企业的发展要依靠广大员工的共同努力，否则就不能有大的发展。因此，企业要保证有足够的财力照顾多数员工的利益，保证多数员工的基本生活需要。在此前提下，设计工资制度。

在发挥好工资作用的同时，也要运用好奖金、实物等方法的激励作用。同时，在物质激励手段的运用中应坚持一定的原则：第一，坚持按劳分配原则。按劳分配使一切有劳动能力的人都能够努力为企业工作，坚持按劳分配原则能够体现出激励的作用，促使职工努力工作。第二，保证企业发展后劲的原则。搞好物质激励必须建立企业内部的自我约束机制，服从和服务于企业生产经营的需要。这就要求企业坚持分配总额与经济效益紧密挂钩，既要使企业员工收入不断提高，又不能影响企业的发展后劲。第三，物质激励和精神激励相结合的原则。物质激励不是万能的，这一点已经被中外企业实践和理论界所证明。因此，企业在对员工进行物质激励时一定要与思想教育相结合，引导员工正确看待物质利益，切实关心员工、爱护员工，从灵魂深处激发员工的工作积极性。

（二）精神激励

精神激励是相对于物质激励而言的。它是通过表扬、鼓励等思想工作的手段，使员工受到肯定和尊重，从而激发他们的工作热情，努力完成承担的工作任务。马克思主义哲学认为，内因决定外因。物质激励属于外因，精神激励才是调动员工积极性的动力。实践证明，当员工取得成就时，最渴望得到承认和表彰。

三、进行岗位分析

岗位分析是人力资源管理者的一项重要任务，它是一个全面的评价过程。这个过程可以分为四个阶段：准备阶段、调查阶段、分析阶段和完成阶段。这四个阶段关系十分密切，它们相互联系，相互影响。

1. 准备阶段

是岗位分析的第一阶段，主要任务是了解情况，确定样本，建立关系，组成工作小组。具体工作如下：明确工作分析的意义、目的、方法、步骤；向有关人员宣传、解释；与员工建立良好的人际关系，并使他们做好心理准备；组成工作小组；确定调查和分析对象的样本，同时考虑样本的代表性；把各项工作分解成若干工作元素和环节，确定工作的基本难度。

2. 调查阶段

是岗位分析的第二阶段，主要任务是对整个工作过程、工作环境、工作内容和工作人员等主要方面做个全面的调查。具体工作如下：编制调查问卷和提纲；灵活运用各种调查方法，如面谈法、问卷法、观察法、参与法、实验法、关键事件法等。广泛收集有关工作的特征以及需要的各种鼓励；重点收集工作人员必需的特征信息；要求被调查的员工对各种工作特征和工作人员特征的重要性和发生频率等做出等级评定。

3. 分析阶段

是岗位分析的第三阶段，主要任务是对有关工作特征和工作人员特征的调查结果进行深入全面的分析。具体工作如下：仔细审核收集到的各种信息；创造性地分析、发现有关工作和工作人员的关键成分；归纳、总结出工作分析的必需材料和要素。

4. 完成阶段

是岗位分析的最后阶段，前三个阶段的工作都是以达到此阶段作为目标的，此阶段的任务就是根据规范和信息编制"工作描述"和"工作说明书"。

四、人才的招聘与选拔

选拔与招聘人才是人力资源管理者的根本任务之一。人力资源管理者既要招聘并储备大量适合人才，又要做好人员及文化整合，搞好培训，做好员工职业生涯管理，实现企业与员工发展的双赢。

在人才的招聘问题上，首要明确一个前提：是选择最优秀的还是选择最适合企业的。也许有人认为，最优秀的人才才能为企业带来更多的创新和价值。而事实上，经过企业层层考核和筛选，最优秀的人才却往往和企业环境格格不入，有时似乎业绩也很一般，最终还是带着种种不如意选择离开，企业用来面试、评估的时间、成本一切投入都将付诸东流。如果说一次情况的出现可能只是巧合，而作为企业人力资源管理者却总是陷入这样的困境。研究表明，只有最适合企业的人才，才能很好地认同企业的文化，发挥他的积极性和创造性。那么，如何招聘最适合企业的人才？

（一）要对企业发展阶段和外部环境有清醒的认识

企业处于不同的发展阶段，对员工的要求也不同。在初创阶段，企业需要大量有经验的人员来完善企业的业务和制度，他们的经验对于企业来说是一笔财富；当企业处于快速成长期，对人员的要求主要偏重于创新和变革的能力，没有创新和变革能力的人，他们可能会把原有的工作开展得很好，但是企业在产品、服务和经营方式上却少有创新，因此，很难帮助企业取得进一步的发展。对于企业外部环境的评估也是很重要的一个方面。当企业的外部环境复杂变化很快时，其员工必须有敏锐的洞察力，同时具有快速学习、分析问题和解决问题的能力。这样的员工才能很好适应外部环境的变化，对面临的问题做出正确的判断。

（二）对应聘者的评估

在招聘过程中，企业的人力资源管理者一般都是以职位分析和描述来设计面试问题，但是这些问题只能提供关于工作内容的信息，但无从得知做好该职位须具备哪些行为方式。

因此，在面试问题的设计上就要权衡各方面的因素。好的问题能够探究应聘人行为方式，获得证据说明应聘人是否有能力做好工作。另外，不能将评估的标准统统设置在是否符合岗位的任职技能方面，将对任职技能的评估代替对应聘者综合能力以及与企业匹配程度的评估。

（三）双方的沟通

招聘是个双向选择的过程，在企业评估、选择应聘者的同时，也是应聘者对企业评估、选择的过程。招聘是为了让合适的人来企业工作。在与应聘者沟通的过程中，招聘人员为了吸引优秀的人才，往往只倾向于谈论工作和企业的积极因素，同时去粉饰不那么吸引人的现实。他们不去帮助应聘人员客观地评价个人技术和工作、组织目标间的适合程度，使应聘者对企业产生了过高的期望。这种在招聘过程中，应聘者与企业签订的"精神契约"会与未来工作中的现实感相差甚远，这种差距很可能导致员工离职。所以，在与应聘者的沟通过程中，人事经理应该使用开诚布公的原则，客观、真实地介绍企业的情况。要让应聘者真实地了解个人在企业中可能的职业发展道路。当应聘者对企业有一个客观真实的认识的时候，应聘者会做出对个人和企业都适合的选择。这可能会使企业失去小部分出众的应聘者，但有助于企业招到真正适合企业的人。

当然，人才的具体招聘要根据企业的岗位需要及工作岗位职责说明书，利用各种方法和手段，如接受推荐、刊登广告、举办人才交流会、到职业介绍所登记等从组织内部或外部吸引应聘人员。并且经过资格审查，如接受教育程度、工作经历、年龄、健康状况等方面的审查，从应聘人员中初选出一定数量的候选人，再经过严格的考试，如笔试、面试、评价中心、情景模拟等方法进行筛选，确定录用人选。人力资源的选拔，应遵循平等就业、双向选择、择优录用等原则。

（四）正确处理劳资关系

员工一旦接受组织聘用，就与组织形成了一种雇佣与被雇佣的、相互依存的劳资关系。为了保护双方的合法权益，人力资源管理者必须正确处理双方的关系，构建和谐的劳动关系。

目前，不少企业不重视劳动关系的和谐，如在制定企业薪资分配制度时，只注重向企业的忠心员工，即少数中高层管理人员倾斜，面对一线员工收入分配的公平性考虑较少。有的企业由于资金紧张，欠职工工资奖金、业务酬金和福利费用等，个别企业领导管理方法僵化，工作中只是发号施令，不注意和员工沟通交流，部分基层企业不注重生产条件及工作环境的改善，职工的身心健康和安心生产难以得到保障等。这些问题极大地制约了企业的发展，人力资源管理者的重要任务就是在建立劳动关系中做出应有的努力。在构建和谐劳动关系中，要做到以下四点：

第一，坚持以人为本，实现促进企业发展与构建和谐劳动关系的有机统一。发展是企业永恒的主题，但发展是一项系统工程，既需要好的战略和制度，更需要一支优秀的奋发进取的员工队伍。因此，企业要千方百计调动职工积极性，充分发挥职工在企业发展中的重要作用。必须把职工利益放在重要位置，不论企业出现什么问题，都不能以牺牲职工利益为代价换取发展。

第二，建立注重激励的薪酬分配制度，努力实现分配公平。权利公平、机会公平、规则公平、分配公平，这四个公平是对社会主义和谐社会提出的新要求。而分配公平又是全社会关注的焦点。不公平则心不平，心不平则气不顺，气不顺则难和谐。企业要发展，必须切实重视一线员工的收入分配公平问题，在注重提高企业中高层管理人员收入的同时，适当提高一线员工（包括劳务工）的收入水平，实现员工和企业的和谐发展。

第三，注重亲情管理，实现领导和职工、职工和企业的和谐相处。职工是企业的主体，只有满意的职工，才能创造满意的客户，企业领导在任何时候都要把关心职工、善待职工放在心上。要创造条件为职工提供安全舒适的生产条件和工作环境，增强职工为企业工作的荣耀感，然后要尊重职工，走近职工，与职工和谐相处。企业领导与职工的和谐相处是企业发展的一个重要问题。

第四，注重教育培训，提高员工素质。当今企业的竞争主要表现为知识的竞争、人才的竞争，因此，加强员工的教育培训、提高员工素质成为构建和谐劳动关系的一项重要内容。只有高素质的员工，才能适应企业未来发展的要求，才能在激烈的市场竞争中实现稳定就业。企业要加大对员工教育培训的力度，使员工掌握各种业务技能，提高知识素养，成为知识型、技能型员工，实现改革发展中凭知识参与竞争、凭知识创造价值、凭知识掌握命运的目的。

（五）入厂教育、培训和发展

任何应聘进入一个组织（主要指企业）的新员工，都必须接受相应的教育，这是帮助新员工了解和适应组织、接受组织文化的有效手段。入厂教育的主要内容包括企业的历史发展状况和未来发展规划、职业道德和组织纪律、劳动安全卫生、社会保障和质量管理知识与要求岗位职责、员工权益及工资福利状况等。为了提高广大员工的工作能力和技能，有必要开展富有针对性的岗位技能培训。对于管理人员，尤其是对即将晋升者有必要开展提高性的培训和教育，目的是促使他们尽快具有在更高级职位上工作的知识、熟练技能、管理技巧和应变能力。

当然，人力资源管理者的任务十分繁重，可以说人力资源管理者的任务涵盖了人力资源管理的所有工作。不同时期、不同企业人力资源管理的侧重点各有不同，需要人力资源管理者体会、把握。

第三节　人力资源管理者的素质要求

一、过硬的人格品质

人力资源管理者的素质要求是由人力资源管理的任务、职能以及人力资源管理者的角色决定的。现代企业中，需要人力资源管理者具有多方面的知识，在理论和实践经验方面都拥有过硬的专业素质，具体应包括如下素质：

人格，是一种内在修养，是一个人能力、气质、品格的综合反映。人格是人的一切品质的总和，人力资源管理者则应当具有高尚健全的人格，要有成熟的自我意识，具有自爱、自尊、自信、自强等心理品质，有强烈的责任感、事业心，能够全身心地投入到工作中去。人的素质是决定工作质量的根本因素。人的素质既与他的知识能力和悟性有关，也与其人格密不可分，并以人格为中轴线。因此，人格在一定程度上决定着一个人事业和社会活动的效果和成败。从内涵的角度看，主要是指人的心理素质、思维方式、个性特点和进取精神。由此进一步产生了人格的重要特征：使命感和责任心、敏感性和创新意识、合作精神、有目标的行为强度。人格的外延则是指，因重要的人格特征结构而产生的个人形象，以及对周围人的影响力。人脑海中智慧的释放不仅需要组织的物质动力，更需要来自他人和群体的精神感召与激励。

人格本身便是一种有价值的力量。作为人力资源管理者，只有依靠其人格所产生的威望（地位和权力难以产生人格魅力）潜移默化地影响企业的员工。因此，人力资源管理者既是组织人格化的体现，也代表了组织人力资源管理的总体水平。实践证明，导致企业人力资源管理水平低下的诸多要素，无不与人力资源管理者的品质（人格）有关。所以，有学者认为，未来的企业管理会以人格管理为核心。

有的管理专家认为，企业人力资源管理的首要任务是物色和引进具有良好人格的专业人才。人力资源管理与开发如若忽视员工管理，企业其他的管理措施将收效甚微，甚至出现负面效应。旧的经济体制还"塑造"了不少企业人力资源管理者乃至员工的"败坏人格"。无疑，这样的人格与市场经济机制所要求的"经济人格"格格不入。前者要的是崇尚谋略和幕后行为；而后者则需要它的主人持"利润眼光"看待经营，强调理性崇尚博弈和公开竞争。因此，国内的企业管理者应尽快完成由"政治人格"向"经济人格"的转变，以适应企业持续发展的要求。

企业如若忽视人力资源管理者的人格培养，即使建立了最现代的薪酬管理、员工培训、业绩评价体系，也难以真正实现人力资源管理的理想目标。我国在20世纪50年代曾提出"又红又专"的人才培养理念。如今，企业依旧可以借鉴这个理念，再赋予其市场经济的丰富内涵，"红"就是要塑造员工优秀的人格；"专"即提升他们的知识与技能。只有遵循这样的思路，正确处理好人格与才能之间的关系，企业方能拥有"德才兼备"的管理者与员工。

人力资源管理者的人格品质不应成为一个空洞的口号，它应包括两方面的内容：即思想修养与职业道德。人力资源管理者的思想修养一般包括以下内容：第一，具有坚定的人生观和全心全意为员工服务的精神，时刻以企业的利益为重，不为个人或小团队谋私利；第二，有先进的理论水平和正确的世界观与方法论，坚持理论联系实际的作风；第三，坚定不移地贯彻执行国家的法律法规，敢于同危害国家及企业利益的行为做斗争；第四，事业心强，有朝气、有干劲、有胆识，为企业建设勇于探索、锐意改革，做出积极贡献；第五，解放思想，实事求是，尊重知识，尊重人才；第六，有优良的思想作风和严格的组织纪律，谦虚谨慎，公平正派，作风民主，平易近人。

人力资源管理者的职业道德的基本要求：第一，爱心：爱职业，爱员工，敬重领导。第二，责任心：认真做好工作中的每一件"小事"。人力资源管理工作事无巨细，事事重要，事事都是责任。第三，业务精益求精：时时、事事寻求合理化，精通人力资源管理业务，知人善任，用人有方，追求人与事结合的最佳点。第四，具有探索、创新、团结协调、服从、自律、健康等现代意识。第五，树立诚信观念。诚信乃做人做事之本。

二、合理的知识结构

所谓合理的知识结构，就是既有精深的专门知识，又有广博的知识面，具有事业发展实际需要的做合适、最优化的知识体系。当然，建立合理的知识结构是一个复杂长期的过程，必须注意如下原则：①整体性原则，即专博相济，一专多通，广采百家为我所用；②层次性原则，即合理知识结构的建立，必须从低到高，在纵向联系中，划分基础层次、中间层次和最高层次，没有基础层次较高层次就会成为空中楼阁，没有高层次，则显示不出水平。任何层次都不能忽视；③比例性原则，即各种知识在顾全大局时，数量和质量之间的合理配比。比例性原则应根据培养目标来定，成才方向不同知识结构的组成就不一样；④动态性原则，即所追求的知识结构决不应当处于僵化状态，而必须是能够不断进行自我调节的动态结构。这是为适应科技发展知识更新、研究探索新的课题和领域、职业和工作变动等因素的需要，不然跟不上飞速发展的时代步伐。

人力资源管理者必须具有合理、广博的知识，其知识结构应是"金字塔"式的，基础知识是塔基，相关知识是塔身，而塔尖则是专业知识。作为人力资源管理者，起码应掌握哪些领域的知识呢？专家认为，对人力资源管理工作有益的主要的知识领域大体如下：

（一）专业知识

人力资源管理是专业性很强的工作，必须掌握与人力资源管理相关的专业知识，主要有：

1. 人力资源管理者战略与企业文化

根据企业的发展规划，诊断企业现有人力资源状况，结合企业经营发展战略，考虑未来的人力资源的需要和供给状况，如何把人力资源管理者战略与企业文化紧密地结合起来。

2. 组织结构设计

根据企业战略目标资源状况、现有的核心流程以及同行企业的最佳实践模式，分析公司的组织结构，设计企业组织机构。

3. 流程分析与流程再造

流程是组织内部从供应商到客户的价值增长过程，流程的有效性与效率将直接影响到组织的有效性效率与客户满意度。

4. 工作分析

工作分析是人力资源管理的一项传统的根本职能与基础性工作。一份好的职位说明书无疑是一幅精确的"企业地图",指引着人力资源的方方面面。

5. 基于战略的绩效管理

绩效问题是任何公司都面临的长期挑战,人力资源管理者必须掌握绩效管理与绩效目标分解的工具、方法;绩效制度设计与基本操作绩效目标设定与分解等相关知识。

6. 全面薪酬战略体系

薪酬的不同要素该如何正确的组合才能有效地发挥薪酬的作用;薪酬管理是有效支持公司的战略和公司价值提升的方法和工具。

7. 能力管理

建立素质模型,将素质模型应用到人力资源管理的不同领域,从而真正将人力资源管理回归到建构组织能力和人力资源开发利用上。

8. 招聘

制定人才选择战略,进行准确的工作分析和胜任特征分析,有效的人力资源分析与规划,应聘者的专业技能及综合能力的评估;对招聘成本的评估。

9. 培训体系的建立与管理

培训是促成"以人为本"的企业文化的重要手段,制订有效的年度培训计划是人力资源管理者面临的严峻挑战。

(二)其他领域的知识

企业在选择人力资源管理者时,要非常注重对候选人所掌握的专业知识的考察,但是,人力资源管理者要参与企业的战略决策,要与其他业务部门沟通,仅仅具备人力资源方面的专业知识显然是远远不够的,还必须掌握其他领域的知识,这样才能符合新时期对一个合格的人力资源管理人员的要求,那就是成为企业的战略合作伙伴,企业的人力资源管理领域的技术专家。相关知识包括组织行为学、心理学、项目管理经济学、统计学、市场营销学、财务管理学、生产管理学、战略学、法律等。这些学科对提高人力资源管理者的专业水平十分重要。通过学习哲学探索人类特性和人类行为的本质;通过学习伦理学,处理和解决道德观念与价值判断问题;通过学习逻辑学,讨论推理规律和原则;通过学习数学,推理数量、体积、系统之间的精确关系。通过学习心理学,研究个人意识和个人行动的现象；通过学习社会学，研究人类群体的形式和功能；通过学习人类学，研究自然、环境同人类社会和文化形态之间的关系；通过学习医学，明白所有分支都旨在保障人类的健康；通过学习历史学，汲取历史经验教训；通过学习经济学，旨在对有限资源的各种竞争的用途做出最佳选择；通过学习管理学，研究对有组织的人员的灵活领导；通过学习组织行为学，提高管理能力，促使管理者达成近期和远期目标，并使其所管理的人的目标也同时得以实现。

三、先进的人力资源管理观念

先进的人力资源管理观念主要是"管理观念"和"价值观念"的转变。先进的人力资源管理观念，强调提高员工的素质与能力，具体包括下述管理观念的转变：

（1）指导思想的转变：由"对工作负责""对上级负责"到"对工作的人负责"。

（2）管理方法的转变：由"教你如何"到"叫你如何"，再到"引导你如何"。

（3）管理手段的转变：由管理者的"中心指挥"变为"中心导向"。

（4）管理组织的转变：由下属的"参与管理"到共同肩负责任。

（5）管理职能的转变：由"组织控制指挥、协调"到"育才为中心，提高人的素质为目的"。

（6）管理环境的转变：由"简单缓慢"到"复杂""多变"。

（7）管理者自我意识的转变：由"上级比下级高明"到"下级的具体专长和具体能力应高于上级"。

（8）管理内容的转变：由"简单的任务完成"到"建设高情感的管理场所"。

（9）管理目标的转变：由追求"一般"到追求"卓越"。

（10）管理效果的转变：由"差强人意"到"主动精神"。

尊重人才，尊重知识，是现代价值观的核心。为了确立起这一个新的价值观念，必须丢弃以"长（官）者为尊"的旧的传统价值观念，切实做到"不唯上，不唯书，只唯实"的处事准则。在人才使用中，要遵守应有的原则：第一，用其所长：用人所长，容其所短，把人才放在最能充分显示其才能的岗位上，管者尽其谋，勇者尽其力。第二，用其所愿：在服从工作需要和服从分配的前提下，尽可能与个人的意愿、兴趣、特长结合，力求个人自身价值的实现和企业的发展目标相统一。第三，用当其时：珍惜人才的使用年限和最佳年龄。打破论资排辈、求全、平衡、照顾的束缚，大胆破格破例录用资历浅、资质好的青年人才。对业绩卓越、时代感强、身体健康的人才，即使到了退休年限，经审批仍可延期任用。同时，要保护积极做事的人，保护那些有干劲、有棱角、锋芒毕露的人。成功的人往往是个性很强的人。个性强的人，干得多，说得多，错得自然也多。只要能保住他，要尽量保住他。只要不是原则问题、道德问题，而是个性特征问题，如冒失、自认第一、易得罪人等，只要不影响大局，就应给予保护。

四、基本的工作能力

仅有合理的知识结构、先进的人力资源管理理念，对一个人力资源管理者来说是远远不够的，是否能胜任此工作，还必须具备大量的直接经验，这些直接经验体现于基本的工作能力之中。人力资源管理者的基本工作能力有写作能力、组织能力、表达能力、观察能力、应变能力、交际能力。

（一）写作能力

写作是人力资源管理者的基本任务，人力资源部门的规章制度、文书通告等大多出自人力资源管理者之手。所以，写作能力是人力资源管理者的基本功。符合人力资源工作要求的文字写作本身就是人力资源工作的有机组成部分。人力资源管理者写作任务的范围是比较广泛的。可能有制度通告、新闻稿件、公共关系简报、信函、致辞、演讲稿，有关公告、祝贺卡上的祝贺语等。人力资源管理者应是一名写作高手，在写作的文字中不仅要能够准确表达意思，而且要能准确地表达态度和情感。简单来说，人力资源管理工作的文字写作不仅要符合一般的写作要求，而且要符合人力资源工作的要求。

1. 内容要真实准确

人力资源管理工作的基本原则之一就是"真实"。人力资源管理者在进行文字写作时，要反映真实的情况，让事实说话。

2. 立场要公正

既不能偏袒组织的利益，也不能迎合公众不正当的要求和情趣，人力资源管理者要客观公正地反映情况。

3. 形式要多样

人力资源管理工作的文书，大多是干巴巴的公文，但也有洋溢着善意，向员工传递友好的情感慰问信等。涉外单位如宾馆等单位的人力资源管理者，还应有较强的外语表达能力。

（二）组织能力

人力资源管理者的组织能力是指人力资源管理者在从事人力资源管理活动过程中计划、组织、安排、协调等方面的组织能力。人力资源管理者的组织能力包括以下内容：

1. 计划性

人力资源管理活动是要有的，不仅要明确为什么进行，进行什么和怎样进行，而且要知晓先做什么，后做什么。只有明确了这些，人力资源管理活动才能有条不紊地顺利进行，否则将陷入杂乱无章的境地。

2. 周密性

要保证人力资源管理活动成功，就要对方方面面的问题考虑周全。作为人力资源管理者不仅要重视大的方面，如活动的内容形式，而且对一些细小的方面，如员工的接待，环境的布置、仪表、仪容、穿着服装等足够注意，不要因为细节方面的失误而破坏总体效应。

3. 协调性

一项人力资源管理活动并不是少数几个人力资源职员的事，而是需要各方面的配合和支持。所以，组织能力强的人力资源管理者也应是一个协调关系的专家，调动积极性的高手争取各方面的帮助，把人力资源管理工作做好。

（三）表达能力

作为经常要和各方联系的人力资源管理者，具有较强的交际能力是很必要的。要善于借助报告、信件、演讲和谈话来表达自己的想法；要学会用笑、点头、拍肩膀来激励手下的员工，通过各种方式肯定下属所取得的成绩；要不失时机地安慰失望者和悲伤者，充分支持和关怀下属。善于与人交流永远都是人力资源管理者必备的素质。在进行交流表达时，必须学会用积极的说话方式，这样有助于改善态度，更有力地影响周围的人。

（四）观察能力

人力资源管理者的观察能力是人力资源管理者在人力资源管理理论的指导下，对周围的人和事从人力资源管理者角度予以审视、分析、判断的能力。人力资源管理者观察能力的强弱对于人力资源管理工作的效果和组织的人力资源管理状态来说至关重要。人力资源管理者的观察能力可以从三方面表现出来：第一，对周围的事，从人力资源管理的角度予以审视。人力资源管理者的头脑中应有一根人力资源管理意识的弦，把周围发生的事与维持良好的人事关系结合起来。第二，对周围的事，从人力资源管理的角度予以分析。人力资源管理者应能准确地分析周围所发生的事件的前因后果，能够从此预测出人力资源管理发展的趋势。第三，对周围的事，从人力资源管理的角度予以判断。人力资源管理者应能对周围的事物现象给组织的人力资源管理状态所带来的影响做出正确的判断。人力资源管理者若能做到上述几方面，那么他的观察能力便是强的，便会有利于人力资源管理工作的开展。

（五）应变能力

人力资源管理者的应变能力是指人力资源管理者在遇到一些突发性的事件或问题时的协调和处理能力。人力资源管理工作的内容有时是多变的，因而对于人力资源管理者来说，要具备较强的应变能力也成为从事人力资源管理工作的基本要求之一。在人力资源管理工作上，应变能力强不是指一般意义上的化险为夷，保证员工不受伤害，而是指人力资源管理者在遇到突发性的问题并亲自解决时，使自己的工作对象——员工也不受到伤害，始终与员工处在良好的关系状态上。人力资源管理者的应变能力应包括这样的内容：

1. 遇事不慌张，从容镇定

应变能力首先要求的是遇到突如其来的事或问题，不可惊慌失措，而要保持镇静，迅速地寻找对策。

2. 忍耐性强，不可急躁发火

突发性的事件或问题，有些会令人力资源管理者难堪，这时，人力资源管理者要有较强的情感驾驭能力，要尽可能地克制和忍耐，耐心地说服和解释。

3. 思维灵活，迅速想出解决的办法

应变能力不是被动的能力，而是主动的，也就是说要根据突如其来的事件，找出解决问题的办法，或变通的办法，使工作不受突发性事件的影响。

4. 提高预见性，打有准备之仗

应变能力严格来说不是一时间的奇想，而是经验的总结和积累。如果对各种可能出现的情况都有所考虑，那么当问题形成出现时，也比较容易解决。

（六）交际能力

人力资源管理工作要求人力资源管理者具有一定的交际能力，人力资源管理者的交际能力不是日常生活中的应酬，而是与交往对象——员工迅速沟通，赢得好感的特殊才能。人力资源管理者的交际能力可以包括下列方面：

1. 交际礼仪的掌握

交际有一定的规范和要求，交际活动还要有序地遵守这些规范和要求。像服装、体态、语言、人际距离、宴会的座位安排等在交际活动中如运用得当，可以大大增强人际沟通的效果。人力资源管理者应通晓这些交际中的礼仪。

2. 交际艺术的掌握

交际艺术是指交际中的技巧，人力资源管理者掌握了这种技巧可以帮助他们更好地、更有效地与员工沟通。交际艺术涉及对时间地点的巧妙运用，对交际形式的创造性发挥，有助于消除对方的心理障碍等。

3. 交际手段的运用

交际能力也可在对交际手段的运用上表现出来。如怎样恰到好处地赠送礼品、纪念品；怎样准确地使用语言和非语言；怎样驾驭自己的情感等。

（七）其他能力

其他能力包括综合分析能力、直觉能力和认识自己的能力等。

1. 综合分析能力

人力资源管理者因其掌握着本单位的特殊业务而充满自信。然而，面对今后更加激烈的竞争环境，仅仅依靠自信是不够的。具有求知的欲望、分析问题的技巧、系统的方法、开放的思想以及立体的思维将是非常重要的，而且是必不可少的。总之，应具备融会贯通的综合分析能力。

2. 直觉能力

人力资源管理者的工作实际上是人情味很浓的工作。平时，员工不仅仅和人力资源管理者商谈工作，甚至有可能和人力资源管理者沟通生活中的事情。如果人力资源管理者能凭借个人的直觉，与员工建立起良好的关系，它将有助于单位同事之间的相互沟通与信任。

3. 认识自己的能力

成功的管理者往往注重对自己实力、弱点、机会和威胁进行定期分析，这有助于不断提高个人的素质，增强责任感。

（八）健全的心理素质特征

人力资源管理者应当具有健全的心理素质，以下为心理素质的内容：

1. 基本心理素质

人力资源管理者的基本心理素质包括性格、积极性、心愿、才智、意识、直觉、虚心、有说服力等内容。具体地说，第一，人力资源管理者必须有使人信任的性格和正直的品质。第二，人力资源管理者是主动工作的人。他提出的主意，有成功的机会，同时也冒失败的风险。第三，为员工服务的心愿。人力资源管理者相信并听取员工的意见，愿意帮助他们成长并有发展。第四，人力资源管理者必须有高水平的思维能力。对复杂事物能有效地加以分析，学习得快，并对学习有持续的兴趣。第五，意识和洞察力。人力资源管理者不但意识到他的周围在进行什么，而且有洞察力去评价对单位和人的重要性。第六，预见和远见。人力资源管理者有直觉和预见，有远见地意识到什么能影响环境和环境中的人们的各种可能情况，能够预测一些事件的发生。第七，虚心和灵活性。人力资源管理者是虚心考虑事实、有新思想的人，具有灵活性而不优柔寡断。第八，有说服力。人力资源管理者应有较强的表达力（口头和文学），并且对人有同情感。

2. 具有情商

情商是指通过知觉、调整、控制自己的情绪以适应环境需要的能力。生活质量高、工作业绩好的人，往往不是智商高的，而是情商高的人。情商低的人在不顺心时必然情绪低落，此时，再高的智商也会因不断受到情绪压抑而无从发挥。人力资源管理者一方面是领导的助手、参谋；另一方面，人力资源工作又直接关系到组织成员任免调迁、薪酬福利等员工的切身利益，这种角色特点决定受委屈和受气是免不了的，所以，必须具有较高的情商。情商高的第一要素是具备识别情绪的能力，不但能分辨出自己的不同情绪，还要能准确地判断别人的情绪，并且对不同情绪的前因后果有深刻的了解。及时准确地判断自己和他人的情绪，是进行人际交往、做好人力资源管理工作的首要条件。

一般地说，获得良好情绪要遵循以下方法：第一，管理习惯。人是习惯的动物，每一个小小的习惯都在时时决定着自己的处事方式。习惯导出行为，行为带出感觉，感觉产生情绪，所以，要获得良好的情绪，首先要管理好自己的习惯。无论是起居饮食，还是待人处事，保持自己已具有的良好习惯，改善不良习惯，不断尝试新的良好做法。从一点一滴做起，并且立即开始，持之以恒，决不可坐等奇迹出现。良好的情绪是从点点滴滴的良好行为中积累而得的。第二，乐观向上。情商高的人会时时处处提醒自己，先看到好的、美的长的、优胜的一面,把消息压缩到低限度。情商高的人还善于逆向思维,如,感激伤害你的人,因为他磨炼了你的心态;感激欺骗你的人,因为他增进了你的智慧;感激鞭打你的人,因为他激发了你的斗志;感激遗弃你的人,因为他教会你独立;感激一切使你坚强的人。第三,与人为善、助人为乐。多为别人着想,多帮助别人,世界会变得更加美好,情绪更容易调整。

(九)工作方法得当

人力资源管理要走向制度化、规范化,必须摒弃那些凭经验的随意性的管理方法。人力资源管理者应掌握以下人力资源管理的先进方法:

1. 任务管理法

通过时间运作研究确定标准作业任务,并将任务落实到人,这样一个组织中的每一个人都有明确的责任,按职责要求完成了任务,就付给一定的报酬。任务管理法的基本要求是规定组织中每一岗位人员在一定时限内完成任务的数额。也就是平常说的全额工作量科学管理和经验管理的区别,不在于是否给组织的成员分配任务,而在于所分配任务的质和量是否用科学方法计算得来的,用科学方法去计算任务的质量要求,就必须进行时间和动作研究。任务管理法最明显的作用在于提高组织的效率,而提高效率的关键又在于科学地做时间动作的研究。

2. 权变管理法

权变管理法的基本点可概括如下:"组织及其管理的权变认为,组织是一个由分系统所组成并由可识别的界限与其环境系统分开来的系统。权变观不仅探索了解组织与组织环境之间的相互关系,而且了解分系统之内和各分系统之间的相互关系,从而得出变化因素的关系模式或构图。它强调组织的多变特性,并力图研究组织在变化的条件下和在特殊的情况中如何进行经营管理。各种权变的最终目标是提出最适用于具体情况的组织设计和管理活动。"这就说明,权变方法是以组织的系统理论为基础,是组织系统理论在管理实践中的运用。权变理论指出了管理人员做选择时至关重要的四个因素:一是组织中人员的性格;二是任务和技术的类型;三是组织的经营活动所在的环境;四是组织面临的变化和不确定程度。大多数研究都是针对后三个因素进行的。运用组织管理的权变方法,首先要求我们善于"诊断"组织和环境的特点。根据组织和环境的特点来确定组织的目标,并调整组织结构,协调组织活动,使组织能适应环境的变化而存在和得到发展。

3. 法律管理法

组织管理的法律化只有通过法律制度才能贯彻和落实，因为组织管理的显著特点之一是法律管理。《中华人民共和国劳动法》等法律法规从法律角度保护企业人力资源管理的顺利开展，为推进企业人力资源管理的顺利进行提供了法律依据，因此，人力资源管理者要充分运用国家法律搞好人力资源管理，处理人力资源管理中的各种问题，提高管理。

4. 经济手段法

经济手段是指按照客观经济规律的要求，运用经济手段调节各方面的经济关系，以提高企业经济效益和社会效益的管理方法。在实际工作中，使用的经济手段有工资、奖金、罚款、经济责任等。运用这些经济手段，调节各方面的经济关系，有利于调动广大员工的积极性，有利于提高工作效率和效益。经济手段法的实质是贯彻物质利益原则，使员工从经济利益上关心自己的工作成果，积极主动地开展各项经济活动，实现管理目标。各种经济手段的使用，都有一定的环境和条件要求，在使用过程中，要对经济环境和经济条件进行分析，不能硬性规定，不能机械搬用。

5. 定量分析法

定量分析法已越来越普遍地被运用到企业的组织管理中。定量技术最重要的作用是迫使管理人员以明确的形式表述一个问题。人力资源管理者在人力资源管理活动中能够量化的工作尽量量化，这有利于增强工作的针对性和可操作性。

第四节　人力资源管理者的培养

一、建立人力资源管理者的激励机制

人力资源管理者的培养是一项系统的工程，总体上，要按照人力资源管理者的素质要求，采取切实措施，改进其素质，增强其能力，提高其工作积极性。

建立有效的激励约束机制是人力资源管理的关键与难点，但通常所说的激励，往往是指如何调动领导者的积极性，而有关人力资源管理者的激励问题却言之甚少。其实，企业的激励问题是一个系统工程，政策制定者要用系统的观点来考虑问题，谋求建立一条完整的"激励链"。因此，建立人力资源管理者的激励机制是非常重要的。

随着市场竞争的日益激烈，人力资源管理者将成为各类企业"争夺"的重点。在一些

企业里，人力资源管理者缺乏准确定位，从现代企业管理责权利角度分析这是一个典型的矛盾体。他的收入接近一般员工，却享有某些政治待遇和一些与其贡献不相称的职务津贴。

用人体制的不规范，堵死了许多人力资源管理者的升迁之路。权责失衡，升迁无望，严重挫伤了人力资源管理者的积极性，绝大多数人变成了"维持会长"。企业和人力资源管理者之间仅靠行政权力维系，缺乏共同的价值取向，企业的人才流失在所难免。一个技术工人带走的也许仅是一项技术，而一个人力资源管理者带走的可能是新技术和管理技术，更为严重的是造成了人心波动和士气低落，对企业的稳定和凝聚力是个很大的冲击。随着企业改革的深化，企业的产权结构将发生根本性转变，资本的力量日益显现，企业对人才的需求空前高涨，人才竞争日益激烈。作为企业的核心人力资源，人力资源管理者势必成为各类企业争夺的目标。目前，很多企业的薪酬体制不能留住人才，如果不未雨绸缪，提前做好准备，企业的关键人才很有可能在一夜之间"消失殆尽"。

人力资源管理者是企业的稀缺资源，是实现企业目标的原动力。在企业里，人力资源管理者起到承上启下的作用。企业的管理理念靠他们来传递，人力资源管理工作靠他们来组织实施。人力资源管理者的业务素质和工作态度直接影响企业的管理效率和经济效益。经营者的激励毕竟处于宏观层面上，对企业来说，微观层面上的激励问题往往是最关键的，也是最重要的。人力资源管理者是企业微观层面的核心部分，正确认识他们的价值，重点研究相关激励措施是企业不可或缺的。多数人力资源管理者具有丰富的实践经验和较高的业务水平，是人力资源中最为稀缺的部分。培养一名合格的人力资源管理者，企业需要付出巨大成本和代价。从一名普通员工成长为一名合格的人力资源管理者，通常需要十年左右时间，投入的金钱更是无以计数。一些具有管理潜质和创新意识的人力资源管理者本身就是企业一种特殊的无形资产，具有不可替代性，对企业的发展关系重大。因此，企业应将人力资源管理者作为一项重要的长期投资来看待，像经营有形资产一样，不断开发他们的潜力，使其为企业带来成倍的收益。

人力资源管理者是基层团队的带头人，是企业理念的传递者。所谓团队必须具备三方面的条件，第一，是一个具有凝聚力的整体，第二，是要有共同的愿景和价值取向，第三，要有学习与创新能力。现代企业的经营理念是企业文化的核心，是企业在长期实践中摸索出来的，具有深厚的人文底蕴和先进的管理思想，最关键的是要获得员工的认同。在企业经营理念的传递过程中，人力资源管理者是关键的一环，起到承上启下的作用。企业经营理念的传递不同于贯彻一般规章制度，很大程度上需要自觉自愿地接受。如果人力资源管理者缺乏热情和对企业的忠诚，那么经营理念的传递在人力资源管理者这一级就会大打折扣。为什么许多企业的员工乃至人力资源管理者跟不上企业决策层的思路，不是理解不了，而是不愿意接受。人力资源管理者是基层单位的带头人，先进理念的传递者、实践者，其价值取向、学习能力、人格魅力和组织能力构成了团队的内核，对团队成员具有极强的吸引力和导向作用。从需求角度出发，激发人力资源管理者的活力。在分析人力资源管理者的需求因素时，要有权变管理的思想。

采用科学方法形成有效激励机制。人力资源管理者是一个特殊的群体，大多都有成就一番事业的目标和冲动。如果简单地用"胡萝卜加大棒""重赏之下，必有勇夫"等措施，几乎起不到激励作用，有时可能适得其反。对人力资源管理者的激励应采用"动静"结合、"长短"结合的办法。"动静"是指动态与静态激励因素相结合，其中"静态"因素包括职务工资、职务消费等与职务相联系的待遇，"动态"因素包括绩效工资、项目工资等与工作效果与效率有关的收入。"长短"是长期与短期因素相结合。其中"短期"因素包括年度目标奖励、年度绩效评价与评比等以一个年度为周期的激励措施，"长期"因素包括期股期权、长期培训、签订长期雇佣合同等与企业长期目标与可持续发展相关的激励因素。在建立现代企业制度方面，许多企业只关注领导者的激励问题，对人力资源管理者的激励缺乏深入研究。高层管理人员实行了年薪制或期股期权，其人力与管理资本参与企业收益分配，而人力资源管理者的工资模式仍停留在旧体制上，通常情况下，高层管理人员的收入是人力资源管理者的 5~10 倍。收入差距过大，使高层管理人员与人力资源管理者的分配机制失去联动效应，"激励链"在人力资源管理者这个环节上断裂。在企业改革过程中，宏观与理论研究固然重要，但涉及企业具体问题的研究也必不可少。缺少了激励研究就失去了操作性和有效性，像人力资源管理者激励此类的激励问题应该引起企业的高度重视。

二、适时进行工作岗位轮换

很多企业领导人认为，使潜在的领导者轮换不同的职责是最有价值的领导才能发展技巧。企业要培养出能够独当一面的复合型人力资源管理人才，内部的岗位轮换可以说是一种既经济又有效的方法。定期改变人力资源管理者的工作部门或岗位，让他们到各个部门或岗位去丰富工作经验，扩大对企业各个工作环节的了解，以使他们对企业的经营管理或其他岗位的职责有更全面的了解，对人力资源管理者提高工作的分析能力和内部的沟通协调能力十分有帮助。不同地域之间的岗位轮换可以增进员工对不同文化的理解，部门之间的岗位轮换，可以提高部门之间的协作，减少部门摩擦。具体形式可以是只在每个部门做观察员，但更有效的方式是让受训者实际介入所在部门的工作，通过实际了解所在部门的业务，包括销售、生产、财务和其他业务，使人力资源管理者"通才化"。

三、对人力资源管理者搞好辅导

提高人力资源管理者的素质，不少企业重视对人力资源管理者搞好辅导。具体做法类似为每一位人力资源管理者配备一位导师，导师应是企业中富有经验的资深人员，他有培养被指导人的责任和义务，在日常的工作中对被指导者进行在职知识指导和提出职业发展规划建议。

导师一般都来自不同的部门，如营销部门的"见习经理"，导师可能来自财务部门；财务部门的"见习经理"，导师则可能来自研发部门。公司还可以制定见习经理与导师每周面谈的制度，同时也让见习经理和导师之间随时沟通。有时见习经理和导师在不同的城市工作，公司就会安排他们每两周见面一次，由公司负责来回机票和餐饮住宿等费用。另外，还有一些公司用较有经验的现任人力资源管理者作为其直接下属或新进员工的导师，负责对其直接下属的辅导，给下属下放职权，为其提供学习管理的机会，提供帮助。这种方法有助于确保当现任人力资源管理者因退休、提升、调动、辞职等离开岗位而出现职位空缺时，企业能有训练有素、熟悉业务进展情况的人员顶替，避免导致较严重的衔接问题。

四、使人力资源管理者参与企业决策

让人力资源管理者参与企业的重大决策，是培养人力资源管理者能力，提高素质的重要手段。很多企业让人力资源管理者参与高层次会议，让他们就高层次管理问题，如组织结构、经营管理人员的奖酬机制、部门之间冲突的协调等提出自己的建议，供企业董事会参考。

这样可以为人力资源管理者提供分析和处理整个企业范围内的高层决策问题的机会和经验，促进了他们的成长。它同时挖掘了管理者的创造力，给管理层带来了新思路。这一过程本身又促使人力资源管理者仔细研究政策问题，为自己的决策承担责任。特别是在企业酝酿变革的时候，采取这种方式让人力资源管理者更多地了解企业发展，让他们有更多机会参与决策过程，非常有利于人力资源管理者理解公司的发展状况，支持企业的变革。

第九章　人力资源管理职能的战略转型与优化

第一节　人力资源管理职能的战略转型

一、人力资源管理职能的变化

（一）以战略和客户为导向的人力资源管理

近十多年来，随着全球化步伐的加快、经营环境的复杂化、技术进步尤其是网络和信息技术的突飞猛进、员工队伍的多元化以及社会价值观的改变，组织所处的内外部环境都发生了很大的变化。这些情况都对组织中的人力资源管理职能提出了越来越严峻的挑战。在这种情况下，出现了很多关于人力资源管理职能变革的呼声。

人力资源管理职能的战略转变并不意味着人力资源管理彻底抛弃过去所做的一切，或者是完全放弃过去的所有做法。相反，现代人力资源管理职能必须在传统和现代之间找到一个适当的平衡点，只有这样才能为组织的经营和战略目标的达成提供附加价值，帮助组织在日益复杂的环境中获得竞争优势。

人力资源管理在一个组织的战略制定及执行过程中起着非常重要的作用，它不仅要投入到组织的战略制定过程之中，还要负责通过制订和调整人力资源管理方案和计划来帮助组织制定的战略得到贯彻和执行。然而，人力资源管理职能部门要想真正在组织中扮演好这种战略性角色，就必须对传统的人力资源管理职能进行重新定位；同时，要围绕新的定位来调整本部门的工作重点及在不同工作活动中所花费的时间。

如果想把人力资源管理定位为一种战略性职能，就必须把人力资源部门当成一个独立的经营单位，它同样有自己的服务对象，即内部客户和外部客户。为了向各种内部客户提供有效的服务，这个经营单位同样需要做好自己的战略管理工作，在组织层面发生的战略规划过程同样可以在人力资源管理职能的内部进行。近年来，在人力资源管理领域出现了一个与全面质量管理哲学一脉相承的新趋势,这就是企业的人力资源部门应当采取一种以客户为导向的方法来履行各种人力资源管理职能,即人力资源管理者把人力资源管理职能当成一个战略性的业务单位,从而根据客户基础、客户需要以及满足客户需要的技术等来重新界定自己的业务。以客户为导向是人力资源管理在试图向战略性职能转变时所发生的一个最为重要的变化。

这种变化的第一步就是要确认谁是自己的客户。需要得到人力资源服务的直线管理人员显然是人力资源部门的客户;组织的战略规划团队也是人力资源部门的一个客户,因为这个小组也需要在与人有关的业务方面得到确认、分析并且获得建议;此外,员工也是人力资源管理部门的客户,他们因与组织确立雇佣关系所获得的报酬、绩效评价结果、培训开发计划以及离职手续的办理等,也都是由人力资源部门来管理的。

第二步是确认人力资源部门的产品有哪些。直线管理人员希望获得忠诚、积极、有效且具有献身精神的高质量员工;战略规划团队不仅在战略规划过程中需要获得各种信息和建议,而且需要在战略执行过程中得到诸多人力资源管理方面的支持;员工则期望得到一整套具有连续性、充足性和公平性特征的薪酬福利计划,同时还希望能够得到公平的晋升及长期的职业生涯发展。

最后一步是,人力资源部门要清楚,自己应通过哪些技术来满足客户的需要,客户的需要是不同的,因此,人力资源部门所需要运用的技术也就有所不同。人力资源部门建立的甄选系统必须能够确保所有被挑选出来的任职者都具有为组织带来价值增值所必需的知识、技术和能力。培训和开发系统则需要通过为员工提供发展机会来确保他们不断增加个人的人力资本储备,为组织创造更高的价值,从而最终满足直线管理人员和员工双方的需要。绩效管理系统则需要向员工表明,组织对他们的期望是什么,同时还要向直线管理人员和战略制定者保证,员工的行为将与组织的目标保持一致。此外,报酬系统需要为所有的客户(直线管理人员、战略规划人员以及员工)带来收益。总之,这些管理系统必须向直线管理人员保证,员工将运用他们的知识和技能服务于组织的利益;同时,它们还必须为战略规划人员提供相应的措施,以确保所有的员工都采取对组织的战略规划具有支持性的行为。最后,报酬系统还必须为员工所做的技能投资及其所付出的努力提供等价的回报。

人力资源管理部门除了要把组织的战略规划人员、直线管理人员以及员工作为自己的客户,事实上还应该把外部求职者作为自己非常重要的客户。在当前人才竞争日益激烈的环境中,人力资源部门及其工作人员在招募、甄选等过程中表现出的专业精神、整体素质、组织形象等,不但直接影响到组织是否有能力雇用到高素质的优秀员工,而且对组织的雇主品牌塑造、在外部劳动力市场上的形象都有重要的影响。因此，人力资源部门同样应当非常关注这些外部客户，同时设法满足他们的各种合理需求。

（二）人力资源管理职能的工作重心调整

在现实生活中，很多企业的人力资源管理者经常抱怨自己不受重视。他们认为，尽管我们在招聘、培训、绩效、薪酬等很多方面做了大量工作，受了不少累，但却没有真正受到最高领导层的重视，一些工作得不到高层的有力支持，很多业务部门也不配合，自己就像是在"顶着磨盘跳舞——费力不讨好"。为什么会出现这种情况呢？除了与组织自身的问题有关外，与人力资源管理部门及其工作人员由于未能围绕组织战略的要求来调整自己的工作重心，合理安排在各种不同工作活动中的时间和精力也有很大的关系。这是因为尽管从理想的角度来说，人力资源管理职能在所有涉及人力资源管理的活动中都应该做到非常出色，但是在实践中，由于面临时间、经费和人员等方面的资源约束，人力资源管理职能想要同时有效地承担所有工作活动往往是不可能的。因此，人力资源部门必须做出这样一种战略选择，即应当将现有的资源分配到哪里及如何进行分配，才最有利于组织的价值最大化。

对人力资源管理活动进行类别划分的一种方法是将其归纳为变革性活动、传统性活动和事务性活动。变革性活动主要包括知识管理、战略调整和战略更新、文化变革、管理技能开发等战略性人力资源管理活动；传统性活动主要包括招募和甄选、培训、绩效管理、薪酬管理、员工关系等传统的人力资源管理活动；事务性活动主要包括福利管理、人事记录、员工服务等日常性事务活动。

值得注意的是，压缩人力资源管理职能在事务性活动上所占用的时间并不意味着人力资源部门不再履行事务性人力资源管理活动职能。相反，人力资源部门必须继续履行这些职能，只不过是采取一种更为高效的方式来完成这些活动。

第二节　人力资源管理职能的优化

一、循证人力资源管理

（一）循证人力资源管理的内涵

在当今社会，企业界越来越充分地认识到人力资源管理对组织战略目标的实现和竞争优势的获得所具有的重要战略作用。不仅人力资源专业人员，组织内各级领导者和管理者在人力资源管理方面投入的时间、精力、金钱也在逐渐增多。组织期望自己的人力资源管理政策和实践能够帮助自己吸引、招募和甄选到合适的员工，进行科学合理的职位设计和岗位配备，实现高效的绩效管理和对员工的薪酬激励等。但是，随着人力资源管理的投入不断增加，企业也产生了一些困惑。其中的一个重要疑问就是：这些人力资源管理政策、管理活动以及资金投入是否产生了合理的回报、达到了预期的效果？这就要求对组织的人力资源管理活动进行科学的研究和论证，以可靠的事实和数据来验证人力资源管理的有效性，进而不断实施改进。这种做法称为循证人力资源管理（又称为实证性人力资源管理，或基于事实的人力资源管理）。

　　循证人力资源管理实际上是循证管理理念在人力资源管理领域的一种运用，它是指运用数据、事实、分析方法、科学手段、有针对性的评价以及准确的案例研究，为人力资源管理方面的建议、决策、实践以及结论提供支持。简而言之，循证人力资源管理就是审慎地将最佳证据运用于人力资源管理实践的过程。循证人力资源管理的目的就是要确保人力资源管理部门的管理实践对于组织的收益或者其他利益相关者（员工、客户、股东）产生积极的影响，并且能够证明这种影响的存在。通过收集关于人力资源管理实践与生产率、流动率、事故数量、员工态度以及医疗成本之间的关系的数据，循证人力资源管理实践就可以向组织表明，人力资源管理确实能对组织目标的实现做出贡献，人力资源管理对组织的重要性实际上和财务、研发以及市场营销等其他职能是一样的，因此，组织对人力资源项目进行投资是合理的。从本质上说，循证人力资源管理代表的是一种管理哲学，即用可获得的最佳证据来代替陈旧的知识、个人经验、夸大的广告宣传、呆板的教条信念以及盲目的模仿，摒弃"拍脑袋决策"的直觉式思维，使人力资源决策牢固建立在实实在在的证据之上，同时证明人力资源管理决策的有效性。

　　通过对很多组织的人力资源管理实践进行考察，不难发现，很多人力资源管理决策都缺乏科学依据，往往依靠直觉和经验行事，这不仅难以保证人力资源决策本身的科学合理，同时也无法证明或者验证人力资源管理活动对组织的战略和经营目标的实现所做出的实际贡献，结果就导致人力资源管理在很多组织中处于一种比较尴尬的境地。因此，学会基于事实和证据来实施各项人力资源管理活动，将会产生两方面的积极作用。第一，确保并且向组织中的其他人证明人力资源管理职能确实是在努力为组织的研发、生产、技术、营销等其他职能提供有力的支持，而且对组织战略目标的实现做出了实实在在的贡献；第二，考察人力资源管理活动在实现某些具体目标和有效利用预算方面取得的成效，从而不断改善人力资源管理活动本身的效率和效果。

（二）循证人力资源管理的路径

既然循证人力资源管理如此重要，人力资源管理者在日常工作中要怎样做才能有助于真正实现循证人力资源管理呢？总的来说，如果人力资源管理者做好以下四方面的工作，将有助于贯彻循证人力资源管理的理念，提高人力资源管理决策的质量，增加对组织的贡献。

1. 获取和使用各种最佳研究证据

所谓最佳研究证据，是指经过同行评议或同行审查的质量最好的实证研究结果，这些结果通常是公开发表的、经过科学研究得到的。在科学研究类杂志（主要是符合国际学术规范的标准学术期刊）上发表的文章都是按照严格的实证标准要求并且经过严格的同行专家匿名评审的，这类研究成果通常都必须达到严格的信度和效度检验要求才能发表。举例来说，想要研究绩效标准的高低对员工绩效的影响，那么，在一项高质量的实证研究中，通常会使用一个控制组（或对照组），即在随机分组的情况下，要求两个组完成同样的工作任务，但是对实验组的绩效标准要求较高，然后考虑两组的实际绩效水平差异。在另外一些情况下，则需要采取时间序列型的研究设计。

2. 了解组织实际情况，掌握各种事实、数据以及评价结果等

要系统地收集组织的实际状况、数据、指标等信息，从而确保人力资源管理决策和所采取的行动是建立在事实基础之上的，即使是在使用最佳实证研究证据时，也必须同时考虑到组织的实际情况，从而判断哪些类型的研究结果可能是有用的。总之，必须将各种人力资源判断和决策建立在对事实尽可能全面和准确把握的基础之上。当然，关于组织实际情况的所谓事实既可能涉及一些相对软性的因素，比如，组织文化，员工的教育水平、知识技能，以及管理风格等，同时也可能会涉及一些比较硬性的因素，比如，部门骨干员工流动率、工作负荷以及生产率等。

3. 利用人力资源专业人员的科学思考和判断

即人力资源专业人员可以借助各种有助于减少偏差、提高决策质量、能够实现长期学习的程序、实践以及框架的支持，做出科学的分析和判断。有效证据的正确使用不仅有赖于与组织的实际情况相关的高质量科学研究结果，还有赖于人力资源决策过程。这是因为证据本身并非问题的答案，而是需要放在某个具体的情况下考虑，即要想做出明智的判断和高质量的人力资源决策，还需要对得到的相关证据和事实进行深入的思考，而不能简单

地拿来就用。但问题在于所有的人都会存在认知局限，从而在决策中不可避免地会存在各种偏差。这样，就需要有一些方法和手段帮助我们做出相对科学和客观的决策。幸运的是，在这方面，一些经过论证和实际使用效果很好的决策框架和决策路径有助于提醒决策者注意一些很可能会被忽视的特定的决策影响因素。例如，假如一个组织正在设法改进新入职员工的工作绩效，并且知道在其他条件一定的情况下，在通用智力测试中得分较高的人通常工作绩效也会较好。那么，简单地通过让所有的求职者参加通用智力测试能否确保员工入职后取得较好的绩效呢？显然不一定，例如，如果这家公司已经是从最好的学校中挑选成绩最好的毕业生，那么，这种测试实际上已经暗含在组织的现有甄选标准中。在这种情况下，人力资源管理人员就要判断影响新入职员工绩效的其他因素，如他们是否具备特定职位所要求的特定技能，或者是否存在需要解决的某种存在于工作环境之中的特定绩效问题，比如，上级的监督指导不够、同事不配合等。总之，在批判性思考的基础上对情境因素进行仔细分析，找到一个能够对判断所基于的各种假设进行考察的决策框架，了解事实和目标等，将有助于对问题得出更为准确的判断和解释。

4. 考虑人力资源决策对利益相关者的影响

人力资源管理者在进行人力资源决策时，必须考虑到伦理道德层面的因素，权衡决策对利益相关者和整个社会可能产生的长期和短期影响。人力资源决策和人力资源管理实践对于一个组织的利益相关者会产生直接和间接的后果：这些后果不仅会对普通员工产生影响，而且会对组织的高层和中层管理人员产生影响，同时还有可能会对组织外部的利益相关者，如供应商、股东或者普通公众产生影响。例如，组织的人力资源招募和甄选政策会对不同群体的求职者产生不同的影响，一些影响是正当的，而另一些影响却是有问题的。总之，对各种利益相关者的关注是考虑周全且基于证据的人力资源决策所具有的重要特征之一，它有助于人力资源决策避免在无意中对利益相关者造成不必要的伤害。

（三）人力资源管理职能的有效性评估

循证人力资源管理一方面要求组织的人力资源管理决策和人力资源管理实践应当建立在事实和数据等的基础之上，另一方面也要求对人力资源管理职能的有效性进行评估。在评估组织的人力资源管理职能有效性方面，主要可以运用两种方法，即人力资源管理审计法和人力资源管理项目效果分析法。

1. 人力资源管理审计

在人力资源管理领域，以数字为基础的分析常常始于对本组织内人力资源管理活动进行人力资源管理审计。人力资源管理审计是指按照特定的标准，采用综合研究分析方法，对组织的人力资源管理系统进行全面检查、分析与评估，为改进人力资源管理功能提供解决问题的方向与思路，从而为组织战略目标的实现提供科学支撑。作为一种诊断工具，人力资源管理审计能够揭示组织人力资源系统的优势与劣势以及需要解决的问题，帮助组织发现所缺失或需要改进的功能，从而支持组织根据诊断结果采取行动，最终确保人力资源管理职能最大限度地为组织使命和战略目标的达成做出贡献。

人力资源管理审计通常可以划分为战略性审计、职能性审计和法律审计三大类。其中，战略性审计主要考察人力资源管理职能是不是企业竞争优势的来源以及对组织总体战略目标实现的贡献程度；职能性审计旨在帮助组织分析各种人力资源管理职能模块或政策的执行效率和效果；而法律审计则比较特殊，它的主要作用在于考察组织的人力资源管理活动是否遵循了相关法律法规的规定。

比较常见的人力资源管理审计都是考察人力资源管理对于组织的整体贡献以及各人力资源管理职能领域的工作所产生的结果，即以战略性审计和职能性审计居多。其中，战略性审计主要考察人力资源管理对组织的利润、销售额、成本、员工的离职率和缺勤率等整体性结果所产生的影响，而职能性审计则主要通过收集一些关键指标来衡量组织在人员的招募、甄选与配置、培训开发、绩效管理、薪酬管理、员工关系、接班计划等领域的有效性。关于人力资源管理审计中的战略性审计和职能性审计所使用的指标，因为审计的出发点不同，各个组织的行业特点存在差异，所以，审计指标的选取以及指标的详细程度也会有所差异。

在确定了人力资源管理审计使用的绩效衡量指标之后，相关人员就可以通过收集信息来实施审计了。关键经营指标方面的信息通常都能在组织的各种文件中找到。有时，人力资源部门为了收集某些特定类型的数据，可能需要创建一些新的文件。比如，在人力资源管理审计中通常都会涉及对人力资源管理职能所要服务的相关客户（主要是组织的高层管理人员、各级业务部门负责人以及普通员工等）的满意度进行调查和评估。其中，员工态度调查或满意度调查能够提供关于一部分内部客户的满意度信息，而对组织高层直线管理人员的调查则可以更好地判断人力资源管理实践对组织的成功经营所起到的作用。此外，为了从人力资源管理专业领域的最佳实践中获益，组织还可以邀请外部的审计团队对某些具体的人力资源管理职能进行审计。现在，由于电子化员工数据库及相关人力资源管理信息系统的建立，人力资源管理审计所需要的关键指标的收集、存储、整理以及分析工作越来越容易，很多满意度调查也可以通过网络来完成，这些情况都有助于推动企业通过实施人力资源管理审计来提高人力资源管理政策和实践的效率及有效性。

2. 人力资源管理项目效果分析

衡量人力资源管理有效性的另一种方法是对某项具体的人力资源管理项目或活动进行分析。该分析方法对人力资源管理项目进行评价的方式有两种：第一，以项目或活动的预期目标为依据来考察某一特定的人力资源管理方案或实践（比如，某个培训项目或某项新的薪酬制度）是否达到了预定的效果；第二，从经济的角度来估计某项人力资源管理实践可能产生的成本和收益，从而判断其是否为组织提供了价值。

在进行成本-收益分析时，通常可以采取两种方法，即人力资源会计法和效用分析法。人力资源会计法试图为人力资源确定一个货币价值，就像为物力资源（比如，工厂和设备）或经济资源（比如现金）进行定价一样，如它要确定薪酬回报率、预期薪酬支付的净现值以及人力资本投资收益率等。而效用分析法则试图预测员工的行为（比如，缺勤、流动、绩效等）所产生的经济影响，如员工流动成本、缺勤和病假成本、通过甄选方案获得的收益、积极的员工态度所产生的效果、培训项目的财务收益等。与审计法相比，人力资源管理项目分析法的要求更高，因为它要求必须得到较为详细的统计数据，同时需要支出较多的费用。

二、人力资源管理职能优化的方式

为了提高人力资源管理职能的有效性，组织通常可以采取结构重组、流程再造、人力资源管理外包以及人力资源管理电子化等几种不同的途径。

（一）人力资源管理结构重组

传统的人力资源管理结构是围绕员工配置、培训、薪酬、绩效以及员工关系等人力资源管理的基本职能构建的，是一种典型的职能分工形式。这种结构的优点是分工明确、职能清楚，但是问题在于，人力资源部门中的每一个人往往都只了解组织内部全体员工某一方面的情况，如员工所受过的培训或员工的薪酬水平、绩效状况等，却没有人对某一位员工尤其是核心员工的各种人力资源状况有一个整体性的了解。这样，人力资源部门在吸引、留住、激励以及开发人才方面能够为组织做出的贡献就会大打折扣。同时，由于各个人力资源管理的职能模块往往各行其是，各种人力资源管理职能之间的匹配性和一致性较差，无法满足战略性人力资源管理的内部契合性要求，从而使人力资源管理工作的整体有效性很容易受到损害。因此，越来越多的组织发现，传统的人力资源部门结构划分需要重新调整。

近年来，很多大公司都开始实施一种创新型的人力资源管理职能结构，即人力资源管理的基本职能被有效地划分为三个部分：专家中心、现场人力资源管理者和服务中心。专家中心通常由招募、甄选、培训及薪酬等传统人力资源领域中的职能专家组成。这些人主要以顾问的身份来开发适用于组织的各种高水平人力资源管理体系和流程。现场人力资源管理者是由人力资源管理多面手组成的，他们被分派到组织的各个业务部门之中。他们常常有双重工作汇报关系，既要向业务部门的直线领导者报告工作，同时也要向人力资源部门的领导报告工作。这些现场人力资源管理者主要承担两方面的责任：第一，帮助自己所服务的业务部门的直线管理者从战略的高度来强化人的问题，解决作为服务对象的特定业务部门中出现的各类人力资源管理问题，相当于一个被外派到业务部门的准人力资源经理；第二，确保整个组织的人力资源管理体系能够得到全面、有效的执行，从而强化帮助组织贯彻执行战略的功能。在服务中心工作的人员所承担的主要任务是，确保日常的事务性工作能够在整个组织中有效地完成。在信息技术不断发展的情况下，这些服务中心常常能够非常有效地为员工提供服务。

这种组织结构安排通过专业化改善了人力资源服务的提供过程，真正体现了以内部客户为导向的人力资源管理思路。专家中心的员工可以不受事务性工作的干扰，专注于开发自己现有的职能性技能。现场人力资源管理者则可以集中精力来了解本业务部门的工作环境，而不需要竭力维护自己作为一个专业化职能领域中的专家地位。服务中心的员工可以把主要精力放在为各业务部门提供基本的人力资源管理服务方面。

此外，从激励和人员配备的角度来看，这种新型的人力资源部门结构设计方式也有其优点。过去，由于人力资源管理职能是按模块划分的，每一位人力资源管理专业人员往往都陷入了本职能模块所必须完成的事务性工作中。尽管在一些人力资源管理专业人员的工作中也有小部分需要较高水平的专业知识和技能才能完成的工作，但是大部分工作都属于日常事务性的，这必然会导致一些人力资源管理专业人员感觉工作内容枯燥，缺乏挑战性。而根据工作内容的复杂性和难度设计的三层次人力资源部门结构，可以让相当一部分人力资源管理专业人员摆脱日常事务性工作的束缚，集中精力做专业性的工作，同时还可以让一部分高水平的人力资源管理专业人员完全摆脱事务性的工作，主要发挥他们在知识、经验和技能上的优势，重点研究组织在人力资源管理领域中存在的重大问题，从而为人力资源管理职能的战略转型和变革打下良好的基础。这不仅有助于组织的人力资源管理达到战略的高度，同时也有利于增强对高层次人力资源管理专业人员的工作激励。

这种新型的人力资源部门的结构设计方式已经在很多大型企业中得到有效实施。例如，在西门子公司，人力资源管理职能就划分为三类：第一，是人力资源战略职能，主要负责与大学的联络、人力资源管理工具的开发等，包括招聘、薪酬福利、领导艺术方面的培训课程、人力资源政策开发、法律事务等；第二，是人力资源咨询职能，即由人事顾问向各业务部门的经理和员工提供招聘、雇佣以及员工发展方面的咨询；第三，是事务性管理职能，主要完成日常工资发放、医疗保险、养老金上缴、档案管理、签证等方面的事务。这种组织结构设计的特点是，将第二种职能当作人力资源管理部门面向公司员工与经理人员的窗口，一个工作人员负责几个部门。第一和第三种职能分别作为两个支柱，给人事顾问以强大的支持。

（二）人力资源管理流程再造

所谓流程，就是指一组能够一起为客户创造价值的相互关联的活动进程，它是一个跨部门的业务进程。一个流程就是一组将输入转化为输出的活动进程。显然，流程是一组活动，而非单独的活动；同时，流程的一个重要特点为它是一组以客户为导向的创造价值的活动。所谓流程再造，通常也称为业务流程再造，是指对企业的业务流程尤其是关键或核心业务流程进行根本的再思考和彻底的再设计，其目的是使这些工作流程的效率更高，能够生产出更好的产品或提高服务质量，同时更好地满足客户需求。尽管流程再造常常需要运用信息技术，但信息技术的应用并不是流程再造的一个必要条件。此外，从表面上看，流程再造只是对工作的流程所做的改进，但事实上，流程再造对员工的工作方式和工作技能等都提出了全新的挑战，因此，组织的业务流程再造过程往往需要得到员工的配合并做出相应的调整；否则，流程再造很可能会以失败告终。

流程再造的理论与实践起源于20世纪80年代后期，当时的经营环境是以客户、竞争和快速变化等为特征的，而流程再造正是企业为最大限度地适应这一时期的外部环境变化而实施的管理变革。它是在全面质量管理、精益生产、工作流程管理、工作团队、标杆管理等一系列管理理论和实践的基础上产生的，是发达国家在此前已经运行了一百多年的专业分工细化及组织科层制的一次全面反思和大幅改进。

流程再造可以用于对人力资源管理中的某些具体流程，如招募甄选流程、薪酬调整流程、员工离职手续办理流程等进行审查，也可以用于对某些特定的人力资源管理实践，如绩效管理系统等进行审查，在大量的信息系统运用于组织的人力资源管理实践的情况下，很多组织的人力资源管理流程可能都需要进行优化和重新设计。

在对人力资源管理的相关流程进行再造时，可以由人力资源部门的员工首先对现有的流程进行记录、梳理和研究，然后由公司的高层管理人员、业务部门管理人员以及人力资源专业人员共同探讨，确定哪些流程有改进的必要。在进行人力资源管理流程优化的过程中，很多时候会用到人力资源管理方面的信息技术，大量的人力资源管理软件以及共享数据库的建立等，为人力资源管理的流程再造提供了前所未有的便利。流程再造以及新技术的应用通常会带来书面记录工作简化、多余工作步骤的删减、手工流程的自动化以及人力资源数据共享等多方面的好处，这些都能大大提高人力资源管理工作的效率和有效性，企业不仅可以节约在人力资源管理方面耗费的时间，有时还能降低成本。

（三）人力资源管理外包

在人力资源管理职能内部进行结构重组和流程再造，是一种从内部来改善人力资源管理职能有效性的方法。除了通过内部的努力来实现人力资源管理职能的优化，近年来，很多企业还在探讨如何通过外包的方式来改善人力资源管理的系统、流程和服务的有效性。所谓外包，通常是指一个组织通过与外部的专业业务承包商签订合同，让他们为组织提供某种产品或者服务，而不是利用自己的员工在本企业内部生产这种产品或服务。

很多组织之所以选择将一些人力资源管理活动或服务外包，主要原因可能有以下四点。第一，与组织成员自己完成这些工作相比，外部的专业化生产或服务提供商能够以更低的成本提供某种产品或服务，从而可以使组织降低生产或管理成本。第二，外部服务有能力比自己更有效地完成某项工作。之所以出现这种情况，往往是因为这些外部服务提供者通常是某一方面的专家。由于专业分工的优势，他们能够建立和培育起一整套可以普遍适用于多家企业的综合性专业知识、经验和技能，因而这些外部生产或服务承包商所提供的产品或服务的质量往往也会更高。事实上，很多组织一开始都是出于效率方面的原因才寻求业务外包的。第三，人力资源管理服务外包有助于组织内部的人力资源管理工作者集中精力做好对组织具有战略意义的人力资源管理工作，摆脱日常人力资源管理行政事务的困扰，从而使人力资源管理职能对组织的战略实现做出更大、更显著的贡献，真正进入战略性人力资源管理的层次。第四，有些组织将一些人力资源管理活动外包则是因为组织本身由于规模等方面的原因，根本没有能力自行完成相关的人力资源管理活动。

那么，哪些人力资源活动正在被外包出去呢？刚开始的时候，企业主要是把人力资源管理中一些事务性的工作外包出去。现在，许多传统性活动和一些变革性活动也已经被企业用外包的方式加以处理。有些企业甚至将人力资源管理中 50%~60% 的成本和职责都外包出去，只把招募高层管理人员和大学毕业生的工作及人力资源的战略管理工作留在组织内部来完成。然而，一方面，人力资源管理活动的外包可能会帮助组织节约时间和成本，有利于为组织提供最优的人力资源管理实践，提高组织为员工提供的各种人力资源管理服务的质量，同时还能够使组织将精力集中在自己的核心经营活动上；另一方面，走这种道路的很多公司在将来也许会面临潜在的问题。这主要表现在以下几方面：

第一，成本节约的情况在短期内可能不会出现。这是因为这些将人力资源业务外包出去的公司不仅要设法处理好与外部伙伴之间的合作关系，同时还要重新思考战略性人力资源管理在公司内部扮演的角色。尽管从理论上讲，将人力资源管理中的一些行政职能外包出去可以将人力资源专业人员的时间解放出来，从而使他们能够将精力集中于战略性人力资源管理活动，但在很多情况下，企业中现有的人力资源专业人员可能并不具备做出战略贡献的能力。因此，企业还必须在提升现有人力资源专业人员的水平方面进行投资。

第二，将人力资源管理业务外包出去的企业可能会对某个单一外部服务提供者产生依赖，这就会促使供应商随后提高服务成本。此外，有时在究竟谁应当占据主导地位方面也不可避免地会产生一些冲突。

第三，人力资源管理外包可能会向员工发出一个错误的信号。即如果一家公司将太多的人力资源管理职能外包给外部承包商来管理，那么，员工可能会认为公司并没有认真对待人的问题。

人力资源管理外包服务的上述潜在问题提醒企业，在实施人力资源管理服务外包时，必须充分考虑外包的成本和收益以及可能出现的各种问题。同时，在选择人力资源管理服务提供商的时候，也要综合考虑其资质、服务能力、业务专长、未来服务的可持续性，并就相关的人力资源数据的保密等问题签订相关的协议，以确保数据及员工隐私的安全。目前，我国出现了一批专业化的人力资源管理外包服务提供商，可以提供从人员招募甄选、员工培训、薪酬福利管理到外派员工管理、劳务派遣、劳动合同管理等各种人力资源管理外包服务，但是各企业的服务水平参差不齐，因此，企业如果决定选择人力资源管理服务外包，就应当慎重选择适当的服务提供者。

尽管人力资源管理服务外包有上述潜在问题，但这种趋势并没有发生改变。这种情况提醒组织内部的人力资源管理者必须不断开发战略性人力资源管理方面的技能，如果只能够承担一些行政事务性或初级的服务性工作，那么，将来很可能会因为自己所从事的工作被外包出去而失去工作岗位。

（四）人力资源管理电子化

在提升人力资源管理的效率和有效性方面，计算机、互联网以及相关的一系列新工具和新技术发挥着非常重要的作用。不仅如此，信息技术的发展还为人力资源管理职能朝战略和服务方向转型提供了极大的便利。从人力资源管理信息技术应用的角度来看，这一转型大体经历了三个阶段：第一，人力资源信息系统阶段；第二，人力资源管理系统阶段；第三，人力资源管理电子化阶段。

1. 人力资源信息系统阶段

人力资源信息系统是一个组织在从事人力资源管理活动的过程中对员工及其从事的工作等方面的信息进行收集、保存、分析和报告的系统，人力资源信息系统早期主要是对员工个人的基本情况、教育状况、技能、经验、所在岗位、薪酬等级以及家庭住址、紧急联络人等基本信息加以整理和记录的系统，后来在这些基本的人事管理信息模块的基础上，逐渐扩展到出勤记录、薪酬计算、福利管理等基本人力资源管理功能方面。可以说，人力资源信息系统是一个人力资源管理辅助系统和基础性的人力资源管理决策支持系统，它可以随时提供组织的人力资源决策所需要的各项基础数据以及基本的统计分析数据。尽管人力资源信息系统也可以是手工的，如以人工档案系统和索引卡片系统为载体，而不一定要计算机化，但是随着计算机的普及，目前，人力资源信息系统基本上都是在电脑上运行的。对于大企业来说，由于员工人数众多，数据量较大，需要的计算、统计和查询的人力资源信息非常多，通过计算机存储和使用人力资源信息更是必然的。在人力资源信息系统中往往有一个关联性数据库，即相关的人力资源信息存储在不同的文件之中，但是这些文件可以通过某些共性要素或字段（如姓名、员工号、身份证号等）连接在一起。例如，员工的个人信息保存在系统的一份文件中，但是薪酬福利信息、培训开发信息却保存在其他文件中，但是可以通过员工的姓名将几份文件中的信息联系在一起，这样就方便在进行人力资源管理活动时随时取用和合并相互独立的员工资料。

2. 人力资源管理系统阶段

人力资源管理系统是在人力资源信息系统上进一步发展而来的，这种系统在传统的人事信息管理模块、员工考勤模块以及薪酬福利管理模块等一般性人力资源管理事务处理系统的基础上不断扩展，进一步增加了职位管理系统、员工招募甄选系统、培训管理系统、绩效管理系统、员工职业生涯规划系统等几乎人力资源管理的所有职能模块。此外，人力资源管理系统以互联网为依托，属于互联网时代的人力资源管理信息系统，它从科学的人力资源管理角度出发，从企业的人力资源规划开始，一般包括个人基本信息、招募甄选、职位管理、培训开发、绩效管理、薪酬福利管理、休假管理、入职离职管理等基本的人力资源管理内容。它能够使组织的人力资源管理人员从烦琐的日常工作中解脱出来，将精力放在更加富有挑战性和创造性的人力资源管理活动上，如分析、规划、员工激励以及战略执行等工作领域。

概括来说，人力资源管理系统在人力资源信息系统的日常人力资源管理事务处理功能之外，增加了决策支持系统和专家系统。首先，日常事务处理系统主要提供在审查和记录人力资源管理决策与实践时需要用到的一些计算和运算，其中包括对员工工作地点的调整、培训经费的使用、课程注册等的记录以及填写各种标准化的报告；其次，决策支持系统主要用来帮助管理人员对相对复杂的人力资源管理问题提出解决方案。这种系统中常常包括一些"如果……"的字句，它使得该系统的使用者可以看到，一旦假设或数据发生了改变，结果将会出现怎样的变化。举例来说，当企业需要根据不同的人员流动率或劳动力市场上某种类型的劳动力的供给量来决定需要雇用多少位新员工时，决策支持系统就能够给企业提供很大的帮助；最后，专家系统是整合某一领域中具有较丰富专业知识和经验的人所遵循的决策规则而形成的计算机系统。这一系统能够根据使用者提供的信息向他们提出比较具体的行动建议。而该系统所提供的行动建议往往都是现实中的人力资源专家在类似的情形下可能会采取的行动。例如，在与一位员工进行绩效面谈时，如果员工情绪激动或者不认可领导做出的绩效评价结果，则主持面谈的管理者应当采取何种行动。

3. 人力资源管理电子化阶段

电子化人力资源管理，是指基于先进的软件、网络新技术和高速且大容量的硬件，借助集中式的信息库、自动处理信息、员工自助服务及服务共享实施人力资源管理的一种新型人力资源管理实践。它通常能起到降低成本、提高效率以及改进员工服务模式的作用。概括地说，电子化人力资源管理实际上是一种电子商务时代的人力资源管理综合解决方案，它包含"电子商务""互联网""人力资源管理业务流程再造""以客户为导向""全面人力资源管理"等核心理念，综合利用互动式语音技术、国际互联网、客户服务器系统、关联型数据库、成像技术、专业软件开发、可读光盘存储器技术、激光视盘技术、呼叫中心、多媒体和各种终端设备等信息手段和信息技术，极大地方便了组织人力资源管理工作的开展，同时为各级管理者和广大员工参与人力资源管理工作以及享受人力资源服务提供了很大的便利。显然人力资源信息系统、人力资源管理系统都只是电子化人力资源管理得以实现和运行的软件平台和信息平台之一。这些平台在集成之后，以门户的形式表现出来，再加上外部人力资源服务提供商，共同构成了一个电子商务网络，如电子化学习系统、电子化招募系统、在线甄选系统、在线人力资源开发系统、在线薪酬管理系统等。

从电子商务的角度来讲，电子化人力资源管理中包括需要通过网络平台和电子化手段处理的三大类关系：企业与员工之间的关系、企业与企业之间的关系以及企业与政府之间的关系。电子化人力资源管理可以帮助企业处理与政府、劳动力市场、劳资关系和社会保障等事务的主管部门发生的业务往来，将原来通过书面或人工方式实现的往来转移到网上自动处理，比如，各项劳动保险的办理、劳动合同和集体合同的审查等。

总的来说，电子化人力资源管理可以给组织带来以下四方面的好处：

第一，提高人力资源管理的效率以及节约管理成本。相比传统手工操作的人力资源管理，电子化人力资源管理的效率显然要高得多。由于电子化人力资源管理是一种基于互联网和内联网的人力资源管理系统，公司的各种政策、制度、通知等可以通过这个渠道来发布，很多日常人力资源管理事务，如薪酬的计算与发放、所得税的扣缴以及各种人力资源报表的制作等，都可以自动完成，并且员工和各级管理人员也可以通过系统自主查询自己需要的各种人力资源信息，或者自行注册自己希望得到的各种人力资源服务（如希望参与的培训项目或希望享受的福利计划等）。因此，组织实施人力资源管理活动以及提供人力资源服务的速度得以加快，效率得以大大提升。与此同时，人力资源管理活动或服务所占用的组织人员数量和工作时间则相应地大幅减少，管理成本得到大幅降低，尤其是对那些员工分散在全球各地的全球性或国际化企业来说更是如此。

第二，提高人力资源管理活动的标准化和规范化水平。由于电子化人力资源管理通常是对数据进行集中式管理，将统一的数据库放在客户服务器上，然后通过全面的网络工作模式实现信息全面共享，这样，得到授权的客户都可以随时随地接触和调用数据库中的信息。此外，在电子化人力资源管理中，很多人力资源管理实践都是建立在标准的业务流程基础之上的，它要求使用者的个人习惯服从于组织的统一管理规范，这对实现人力资源管理行为的一致性是非常有价值的。这种信息存储和使用模式就使得人力资源管理活动和服务可以跨时间、跨地域实现，能够确保整个组织的人力资源管理信息和人力资源管理过程的规范性、统一性、一致性，同时也提升了人力资源管理工作的透明度和客观性，有助于避免组织因为人力资源管理事务处理的过程不一致或者其他个人的因素掺入其中而陷入法律诉讼，从而确保员工受到公平对待，提升员工的组织承诺度和工作满意度。

第三，彻底改变人力资源部门和人力资源专业人员的工作重心。在传统的人力资源管理方式下，人力资源部门和人力资源专业人员大量从事的是行政事务性工作，其次是职能管理类工作，而在战略性工作方面花费的时间很少。在电子化人力资源管理的环境下，人力资源专业人员所从事的主要工作就是帮助企业在人员管理上提供管理咨询服务，行政事务性工作被电子化、自动化的管理流程大量取代，甚至过去需要完成的大量数据维护工作，也可以逐渐由直线经理与员工自己分散完成，这样，人力资源管理工作的效率就会明显提高。因此，电子化人力资源管理积极推动了人力资源职能的变革进程，它使人力资源部门和人力资源专业人员能够真正从烦琐的日常行政事务中解脱出来，同时使他们从简单的人力资源信息和日常性人力资源服务的提供者转变为人力资源管理的知识和解决方案的提供者，能够随时随地为领导层和管理层提供决策支持，促使他们真正对组织最为稀缺的战略性资源即各类人才给予更为全面的关注。由于电子化人力资源管理能够为人力资源管理专家提供有力的分析工具和可行的建议，帮助人力资源部门建立积累知识和管理经验的体系，所以，它还有助于提升人力资源部门和人力资源专业人员的专业能力和战略层次，提高他为组织做出贡献的能力，这不仅有助于其他组织成员对人力资源专业人员的重视，而且有助于人力资源部门名副其实地扮演战略伙伴的角色。

　　第四，强化领导者和各级管理者的人力资源管理责任，促进对组织人力资源管理活动的全员参与。电子化人力资源管理带来的另一个变化是，随着人力资源管理过程的标准化、简便化以及决策支持力度的增强，除了人力资源管理体系的建立，人力资源管理活动的规划，对整个组织的人力资源管理过程的监控，人力资源管理结果的汇总、分析，以及电子化人力资源管理平台的搭建等工作仍然需要人力资源部门来统一完成，具体人力资源管理活动将会越来越多地委托给直线经理人员来完成。直线经理可在授权范围内在线查看所有下属员工的相关人事信息，更改员工的考勤信息，向人力资源部提交招聘或培训等方面的计划，对员工提出的转正、培训、请假、休假、离职等流程进行审批，并且能够以在线方式对员工的绩效计划、绩效执行以及绩效评价和改进等绩效管理过程加以管理。其次，电子化人力资源管理也会成为组织领导者对重要的人力资源信息和人力资源指标变化情况进行查询、展示以及做出相关决策的支持平台。领导者不仅可以通过电子化人力资源管理平台直接在网上（在离开办公室的情况下甚至可以利用智能手机）进行相关人力资源事务的处理，而且可以在不依赖人力资源部门的情况下，自助式地获知组织的人力资源状况并且对其进行实时监控。同时，电子化人力资源管理平台也有助于他们获得做出决策所需要的各项人力资源指标变动情况等方面的信息，从而使领导者和管理者越来越直接地参与到人力资源管理的各项决策和政策的实施过程之中。员工也可以利用电子化人力资源管理平台，通过在线的方式查看组织制定的各项规章制度、组织结构、岗位职责、业务流程、内部招募公告、员工的各种人事信息、薪酬的历史与现状、福利申请及享受情况、考勤休假情况、注册或参加的组织内部培训课程、提交的请假或休假申请等。此外，员工还可以在得到授权的情况下自行修改某些个人信息数据，填报个人绩效计划及绩效总结，还可以与人力资源部门进行电子方式的沟通和交流等。

正是由于电子化人力资源管理所具有的上述优势，利用这种能够适应以网络化、信息化、知识化和全球化为特征的新环境的人力资源管理模式成为当今企业人力资源管理领域的一个重要发展趋势。值得一提的是，近年来，我国很多企业的电子化人力资源管理系统也正在逐渐构建和完善，它们通过网络来完成一些传统上必须面对面才能完成的人力资源管理活动，如通过网络进行求职简历的收集和初步筛选、对求职者进行初步面试；建立电子化的员工培训开发系统，为员工提供网络化的学习平台；通过绩效管理软件对员工的日常工作进行跟踪，并通过在线的方式完成绩效反馈等。总之，越来越多的人力资源管理工作能够通过电子化人力资源管理系统来完成。此外，我国市场上也出现了不少电子化人力资源管理服务的供应商，一些大型软件供应商在原来的人力资源管理系统的基础上，纷纷开发出综合性的电子化人力资源管理信息平台。可以预见，电子化人力资源管理在我国企业中的普及速度会越来越快，也必将会有越来越多的企业从中受益。

参考文献

[1] 吴玥. 知识经济时代下企业人力资源管理 [M]. 上海：同济大学出版社，2019.

[2] 刘燕，曹会勇. 人力资源管理 [M]. 北京：北京理工大学出版社，2019.

[3] 李涛. 公共部门人力资源开发与管理 [M]. 北京：中央民族大学出版社，2019.

[4] 闫培林. 人力资源管理模式的发展与创新研究 [M]. 南昌：江西高校出版社，2019.

[5] 陈劲. 管理的未来 [M]. 北京：企业管理出版社，2019.

[6] 张同全. 人力资源管理 [M]. 沈阳：东北财经大学出版社，2018.

[7] 奚昕，谢方. 人力资源管理 [M]. 2版. 合肥：安徽大学出版社，2018.

[8] 马小平. 高等教育与人力资源管理研究 [M]. 北京/西安：世界图书出版公司. 2018.

[9] 温晶. 新时期人力资源战略管理 [M]. 南京：江苏凤凰美术出版社，2018.

[10] 郦巍铭. 现代人力资源管理 [M]. 杭州：浙江大学出版社，2017.

[11] 刘泓汐，程娇，马丹. 人力资源与企业管理研究 [M]. 长春：吉林人民出版社，2017.

[12] 文跃然. 人力资源战略与规划 [M]. 2版. 上海：复旦大学出版社，2017.

[13] 刘琴琴，戴剑. 新常态下的人力资源管理：战略、体系和实践 [M]. 上海：上海财经大学出版社，2017.

[14] 苗仁涛. 经济新常态下的高绩效人力资源管理系统 [M]. 北京：经济管理出版社，2020.

[15] 李颖. 知识经济时代的企业人力资源战略管理 [M]. 北京：科学出版社，2019.

[16] 杨蕾. 经济转型视角下的绿色人力资源管理 [M]. 北京：经济管理出版社，2019.

[17] 陈德智，毕雅丽，云娇. 金融经济与财务管理 [M]. 长春：吉林人民出版社，2020.

[18] 赵高斌，康峰，陈志文. 经济发展要素与企业管理 [M]. 长春：吉林人民出版社，2020.

[19] 赵扬. 经济管理基础 [M]. 北京：电子工业出版社，2020.

[20] 郭泽林. 新形势下企业经济管理的创新策略 [M]. 北京：九州出版社，2018.

［21］许志龙. 企业管理的经济学分析［M］. 北京：海洋出版社，2019.

［22］罗进. 新经济环境下企业财务管理实务研究［M］. 北京：中国商业出版社，2019.

［23］董俊岭. 新经济环境背景下企业财务会计理论与管理研究［M］. 北京：中国原子能出版社，2019.